貓頭鷹書房

有些書套著嚴肅的學術外衣，但內容平易近人，非常好讀；有些書討論近乎冷僻的主題，其實意蘊深遠，充滿閱讀的樂趣；還有些書大家時時掛在嘴邊，但我們卻從未看過……

如果沒有人推薦、提醒、出版，這些散發著智慧光芒的傑作，就會在我們的生命中錯失——因此我們有了**貓頭鷹書房**，作為這些書安身立命的家，也作為我們智性活動的主題樂園。

貓頭鷹書房——智者在此垂釣

大師為你說希臘神話：永遠的宇宙、諸神、人

本書結合了說書人與研究者的角色，引領我們隨著情節去感受希臘神話故事的戲劇張力，重新體會其中的豐富、樂趣以及蘊含的人類智慧。精采流暢的故事情節，讓人有如在讀章回小說一般不忍釋卷。除此之外，我們更可看到在文化的詮釋與解讀下，希臘神話所展現全然不同的新面貌。

作者簡介

凡爾農（Jean-Pierre Vernant）法蘭西學院名譽教授，古希臘文化研究權威，精通古希臘的哲學、神話、悲劇、歷史與宗教等，研究領域跨越哲學、歷史學、社會學與人類學，因此豐富了他在希臘神話的研究與詮釋。有二十多本相關研究的專書出版，在法國受到一致的好評。

譯者簡介

馬向民　台大法律系、哲學系、法律研究所刑法組碩士畢業，巴黎第十大學法律哲學ＤＥＡ、巴黎第十大學法律哲學博士班研究生，研究主題為柏拉圖與亞里斯多德的法律、政治與倫理哲學。目前從事法語教學與翻譯工作。

大師為你說希臘神話：永遠的宇宙、諸神、人
（前版書名：大師為你說的希臘神話：永遠的宇宙諸神人（長銷十六年典藏版））

作　　者　凡爾農（Jean-Pierre Vernant）
譯　　者　馬向民
責任編輯　劉偉嘉、張瑞芳（三版）、李季鴻（四版）
專業校對　黃筱茵、管中琪、李鳳珠
版面構成　張靜怡
封面設計　児日設計
行銷統籌　張瑞芳
行銷專員　段人涵
出版協力　劉衿妤
總 編 輯　謝宜英
出 版 者　貓頭鷹出版

發 行 人　凃玉雲
發　　行　英屬蓋曼群島商家庭傳媒股份有限公司城邦分公司
104 台北市中山區民生東路二段 141 號 11 樓
劃撥帳號：19863813；戶名：書虫股份有限公司
城邦讀書花園：www.cite.com.tw　購書服務信箱：service@readingclub.com.tw
購書服務專線：02-2500-7718~9（週一至週五 09:30-12:30；13:30-18:00）
24 小時傳真專線：02-2500-1990~1
香港發行所　城邦（香港）出版集團／電話：852-2877-8606／傳真：852-2578-9337
馬新發行所　城邦（馬新）出版集團／電話：603-9056-3833／傳真：603-9057-6622
印 製 廠　中原造像股份有限公司
初　　版　2003 年 5 月／二版 2008 年 1 月／三版 2015 年 7 月／四版 2022 年 11 月
定　　價　新台幣 400 元／港幣 133 元（紙本書）
新台幣 280 元（電子書）
I S B N　978-986-262-580-4（紙本平裝）／978-986-262-583-5（電子書 EPUB）

讀者意見信箱　owl@cph.com.tw
投稿信箱　owl.book@gmail.com
貓頭鷹臉書　facebook.com/owlpublishing

國家圖書館出版品預行編目資料

大師為你說希臘神話：永遠的宇宙、諸神、人／凡爾農（Jean-Pierre Vernant）著；馬向民譯. -- 四版. -- 臺北市：貓頭鷹出版：英屬蓋曼群島商家庭傳媒股份有限公司城邦分公司發行, 2022.10
面；　公分.
譯自：L'univers, les dieux, les hommes
ISBN 978-986-262-580-4（平裝）

1. CST：希臘神話

284.95　　111015133

本書採用品質穩定的紙張與無毒環保油墨印刷，以利讀者閱讀與典藏。

大師為你說希臘神話：永遠的宇宙、諸神、人

目次

Récits grecs des origines

L'univers Les Dieux Les Hommes

大師為你說希臘神話

永遠的宇宙、諸神、人

Jean-Pierre Vernant

凡爾農——著 馬向民——譯

■中文版序

再現希臘神話生命力

南方朔

人活著，都要尋找意義。意義是觀察，是歸類，是故事；當然也是想像與智慧，它搭建起人生存的精神基礎，以及理解世界的通道。意義最早的成就即是神話，它是各種「原型」的開始。

今天的人若要理解西方世界，不能不對西方世界共同基礎的希臘神話和基督教神學先有一定程度的認知，因為西方心靈許多基本的思維模式和範疇概念，都在這兩大精神傳統中。就以希臘神話而言，它就是西方語源、象徵和隱喻，以及世界觀的基本參考與架構，許多後來的想法都從它的土壤裡發生。它是經典中的經典，也是通向西方心靈的第一把鑰匙。

早期的希臘人和其他民族一樣，面對著複雜迷離的世界，都意圖為它尋找出意義。於是，他們開始馳騁他們的想像，藉著說故事的方式表達出他們對世界的恐懼、期待和理解。這些故事一代代地藉著口語流傳，被不斷地改編、充實、修葺、重新包裹，用便於記憶的韻文體傳承了下來。這些故事即是神話，它由許多「神話核」為中心，聯結出龐大的「神話叢」，構成了古代希臘的「世界圖像」。神話所涉及的必然都是根本問題，如「創造－毀滅」，「渾沌－秩序」，

「陰－陽」，「光明－黑暗」，「善－惡」，以及各類現象的啟示性意義。用現在的說法來表達，神話可以說是古代的魔幻寫實寓意故事，也是古代的集體記憶和知覺模式。在「神話」裡，真正隱藏的乃是古代的「道」，它指的是古代理性思維的模式。

希臘神話大概在紀元一世紀時被用書面語記錄了下來，從此成為西方的文化「寶庫」（repository），被後人不斷延伸發展。舉例而言，單單荷馬的一萬三千行《奧德賽》，就延伸出了無數的小說、詩、歌劇、芭蕾、舞台劇、繪畫與雕塑，甚至像塞萬提斯的《唐吉訶德》、喬艾斯的《尤里西斯》、卡繆的《瘟疫》、亞瑟．米勒的《推銷員之死》，都受其影響或啟發。連浪漫大詩人柯列芝都說過：「神話是後代創造性旅程的起點。」

神話除了是後代創造性旅程的起點，同時也啟動了後來神話學的研究。它被神話學家、文化人類學家、歷史人類學家作為解釋文化傳統的最重要素材。現代學者認為「神話－傳說－寓言－真實歷史」乃是一個連續體。神話除了是故事外，還有更多實體上的意義，也是認同的起源。從認同角度來解讀神話，似乎是一九八〇年代「多元文化」興起後所延伸出來的新關心趨勢。

因此，關心神話是重要的，不但要關心希臘神話，還要關心我們自己的神話，並試著去解讀它所隱藏的深層意義。而在希臘神話方面，由真正名家凡爾農所寫的這本書則無疑的是個很好的起點，因為它賦予了神話在它初起時的生命力。

我們都知道，隨著希臘神話由口語而記錄為書面、並演變為專業的神話學之後，儘管神話的底蘊被探索得更為深刻周延，但必不可免的乃是它也難免因此而被分類切割。我們會很清楚並深刻的去探討個別神話，但卻漸漸失去了神話的整體觀照，以及它原生時的想像模樣。

而身為近代希臘神話真正名家的凡爾農，所做的即是要恢復希臘神話的「原樣」。他早年即對孫子講希臘神話故事，後來歷經大半生的神話研究後，再以接近口語講故事的方式寫下這本「神話故事書」。我們可以理解到，他「再講」的希臘神話，除了再現希臘神話早期那種可以讓人親近的形貌外，其實他已選擇性地賦予這些故事他所認為的意義。這也就是說，希臘神話被他「再講」之後，它的條理感已變得更為清晰。在讀了這本著作後，每個神話的文化意涵，在神話結構上的相關位置，以及神人間的互動象徵意義，也都自然而然地浮現出來。這也就是說，凡爾農教授是在重建神話，讓那個龐大的神話架構有了更容易進入的門路。

讀完這本書之後，我原本很想申論他「再讀」神話的思考方式，一則由於篇幅所限，另則也在於理解這個問題應是讀者權利，因而遂就此打住。相信聰明的讀者一定會自己找到這個答案。

南方朔 文化評論家。

■中文版序

關於神、英雄與人的傳奇

畢安生

每一次，當有大學教授、個別專家、歷史學者或是權威的研究員發表說，他要替廣大的讀者群，或是替天真的小孩子寫書的時候，我都會感到一種莫名的恐懼。因為我有預感，我們絕對逃不過他那艱深難懂的科學性語言，或是他要以學術權威，把講述方式弄得巨大而複雜。

但凡爾農他老少咸宜的說故事方法，卻和以往古希臘祖先在村落裡說書的方式相同；如同古時長者向後輩子孫說故事的方式一樣，他說希臘之神、奧德修斯的冒險故事，或是梅杜莎蛇髮女妖的神話。我們聽這故事聽得仔細，我們也打開了他的書本，一頁一頁地翻看，竟然看得愛不釋手，看得趣味十足。

凡爾農向我們說起希臘神話中，宇宙的起源和樣子；他也整理了希臘神話那古老傳說的千絲萬縷。

這些神話談到了孕育和創造，這些神話也說明了我們的世界其實是有組織的，它的一切都有行為準則可以因循和規範的。

這些神話裡，也解答了許多宇宙間的大問題，例如：大地的來源、宇宙萬物的生命與物質、大自然、還有大自然那偉大的力量。

神話不僅定義了神，也解說了神與人類之間的種種關係，更有生者與死者之間的息息相連。這不只是簡簡單單的神的歷史，也解釋了神與英雄的形成與原因。因此，這些英雄人物對我們來說，不僅有血有肉，更是栩栩如生，真實到貼近我們的生活。

除此之外，當我們觀察太陽系的星座和宇宙系統，並發現它們是以希臘神祇來命名的時候，這些小細節，不禁讓人對神話與傳說樂此不疲，且津津有味。因為我們的希臘老祖先在抬頭望向天穹的同時，早把天體運動和行星準則，與他創造的希臘神祇那無窮的力量畫上了等號了。

在希臘神話的故事裡，不是神創造了大地，而是大地創造了神。

凡爾農從兩位希臘神祇的天地大戰開始說起，到多少代之後的宙斯勝利，和宙斯如何把王權建立在公平正義之上，並且，宙斯讓各個天神各得其位，各得其權。宙斯創造了審慎有分寸、和諧有節守的宇宙秩序。

凡爾農也講特洛伊城的慘烈戰爭、奧德修斯的神奇冒險、泰西殺死米諾多牛頭人身神的英雄事蹟、伊底帕斯的悲劇故事，和酒神戴奧尼索斯的瘋狂……所有這一切，凡爾農鉅細靡遺，井然有序地向我們說出古希臘文化裡精彩的神話與美麗傳奇。

這些神話故事裡，凡爾農用深入淺出的方法來講述，同時帶給我們極大的熱情來參與其中。可以說，這說書方式是非常現代化的。因為看他的書，再來對照古今，聯想到改朝換代的爭權奪勢，所有的情形和今日人類相比對，基本上是沒有多大的不同的。

此外，凡爾農也提到神祇的日常生活，當他們對神仙生活厭煩時，這些神祇會將注意力轉到人世間渺小的人類裡頭來。就好像我們走到鄉野去散心，突然之間，發現了有個大蟻堆，裡頭成千上萬的螞蟻在忙碌著，讓我們又驚訝又好奇。在興趣心的驅使之下，我們找到了小樹枝，撥動了這個蟻窩，看蟻群的反應、窺視牠們的躲避或救護，有時候你還製造個小災難去刺激牠們。

同樣地，當神祇不想掩蓋地底之火，或對照顧人類農作物的四季生長倦怠的時候，他們對人類也有了像玩蟻穴般的好奇心。他們依神的形像，創造了一個美麗又危險的禮物給人類，史上第一位女人——潘朵拉。

潘朵拉隨身帶著一個盒子，到達了大地。男人訝異竟有這麼美麗的人：女人。

這盒子絕不能被打開的。但是，潘朵拉好奇地打開它了！好啦，盒子裡頭帶給全人類的「好」禮就此散逸到人世間！這些特殊好禮包括：邪惡小心眼、仇恨的報復、恐懼的感覺、妒忌的不快和各種人身的病痛。

但神也會愛上人類。

連宙斯也免不了這愛神之箭。他化身為大天鵝，或是雄偉的公牛來誘惑美女。凡爾農跟我們一一道來，誰是誰的愛人，哪位神是哪個人的父親，還有，哪個人是神的愛人；要了解神話歷史的來龍去脈，這些是非常重要的知識來源。

因為若奧德修斯沒有刺傷獨眼巨人的眼睛，而我們知道，獨眼巨人正是海神波塞冬的兒子，那麼，也許奧德修斯，早就可以一帆風順回鄉享受人生，也不用在汪洋大海中遭遇到那麼多狂風和巨浪的報復了。

我們一頁一頁地翻看，我們認識一個又一個的希臘天神，我們了解一位又一位的英雄事蹟。非常有趣，讓人愛不釋手。

凡爾農不僅是一位權威專家，一位淵博的學者，更重要的，他真正是個精采的說書人。

畢安生（Jacques Picoux, 1948-2016）　法國巴黎第七大學中國文學碩士，曾任國立台灣大學外文學系專任講師。

宇宙的起源，諸神交相戰

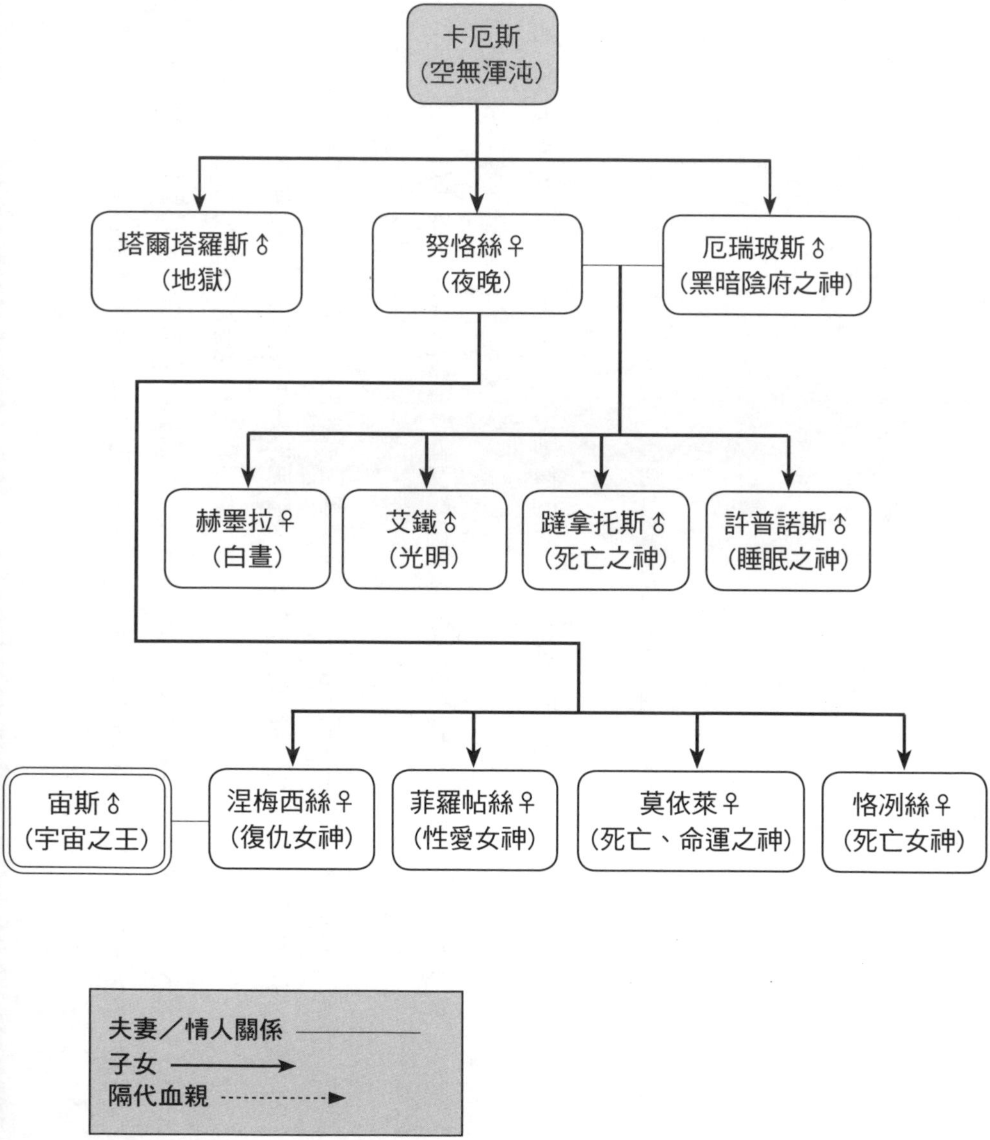

卡厄斯
(空無渾沌)
塔爾塔羅斯♂
(地獄)
努恪絲♀
(夜晚)
厄瑞玻斯♂
(黑暗陰府之神)
赫墨拉♀
(白晝)
艾鐵♂
(光明)
躂拿托斯♂
(死亡之神)
許普諾斯♂
(睡眠之神)
宙斯♂
(宇宙之王)
涅梅西絲♀
(復仇女神)
菲羅帖絲♀
(性愛女神)
莫依萊♀
(死亡、命運之神)
恪洌絲♀
(死亡女神)
夫妻／情人關係
子女
隔代血親

宇宙的起源，諸神交相戰

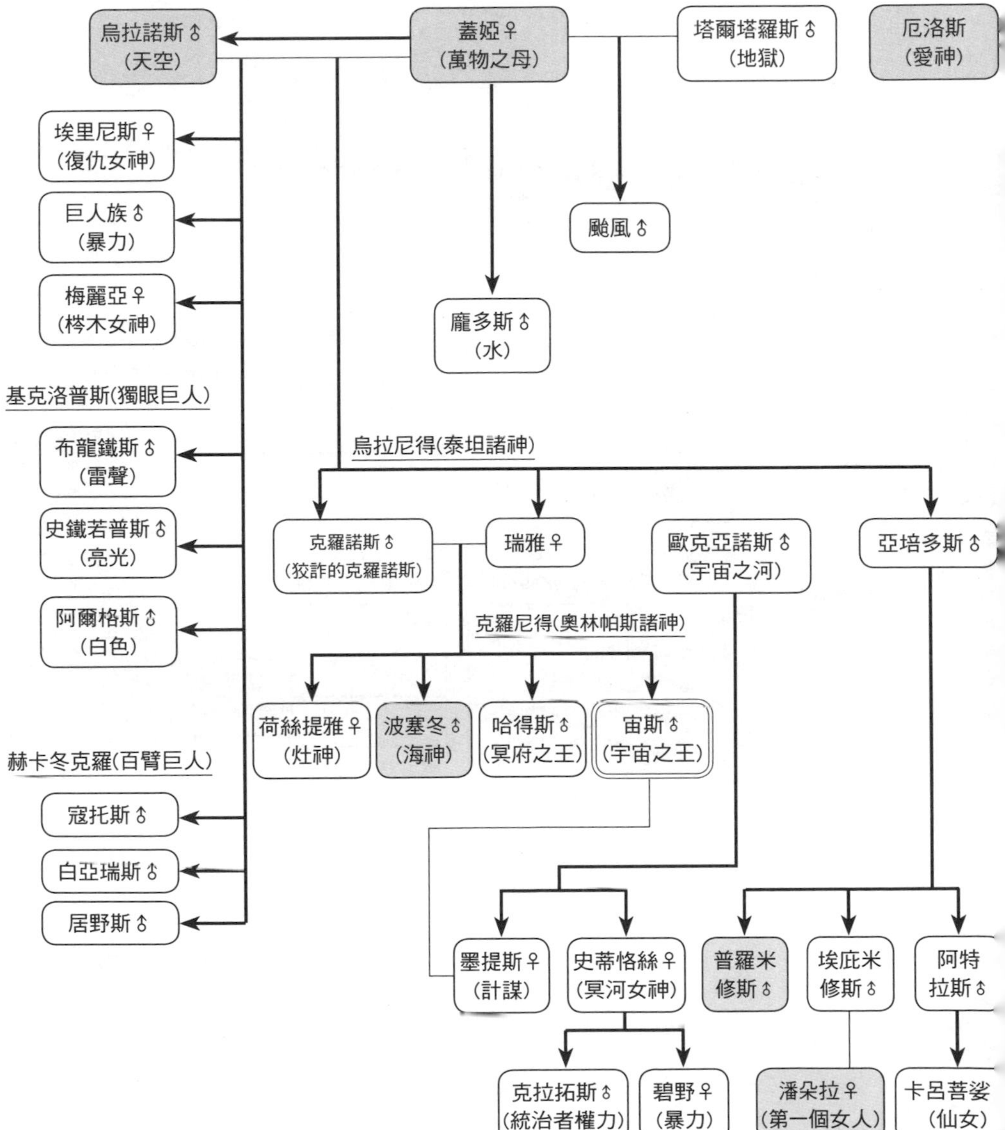

烏拉諾斯♂
（天空）
蓋婭♀
（萬物之母）
塔爾塔羅斯♂
（地獄）
厄洛斯
（愛神）
埃里尼斯♀
（復仇女神）
巨人族♂
（暴力）
梅麗亞♀
（梣木女神）
颱風♂
龐多斯♂
（水）
基克洛普斯（獨眼巨人）
布龍鐵斯♂
（雷聲）
史鐵若普斯♂
（亮光）
阿爾格斯♂
（白色）
烏拉尼得（泰坦諸神）
克羅諾斯♂
（狡詐的克羅諾斯）
瑞雅♀
歐克亞諾斯♂
（宇宙之河）
亞培多斯♂
克羅尼得（奧林帕斯諸神）
荷絲提雅♀
（灶神）
波塞冬♂
（海神）
哈得斯♂
（冥府之王）
宙斯♂
（宇宙之王）
赫卡冬克羅（百臂巨人）
寇托斯♂
白亞瑞斯♂
居野斯♂
墨提斯♀
（計謀）
史蒂恪絲♀
（冥河女神）
普羅米修斯♂
埃庇米修斯♂
阿特拉斯♂
克拉拓斯♂
（統治者權力）
碧野♀
（暴力）
潘朵拉♀
（第一個女人）
卡呂菩娑
（仙女）

宇宙的起源，諸神交相戰

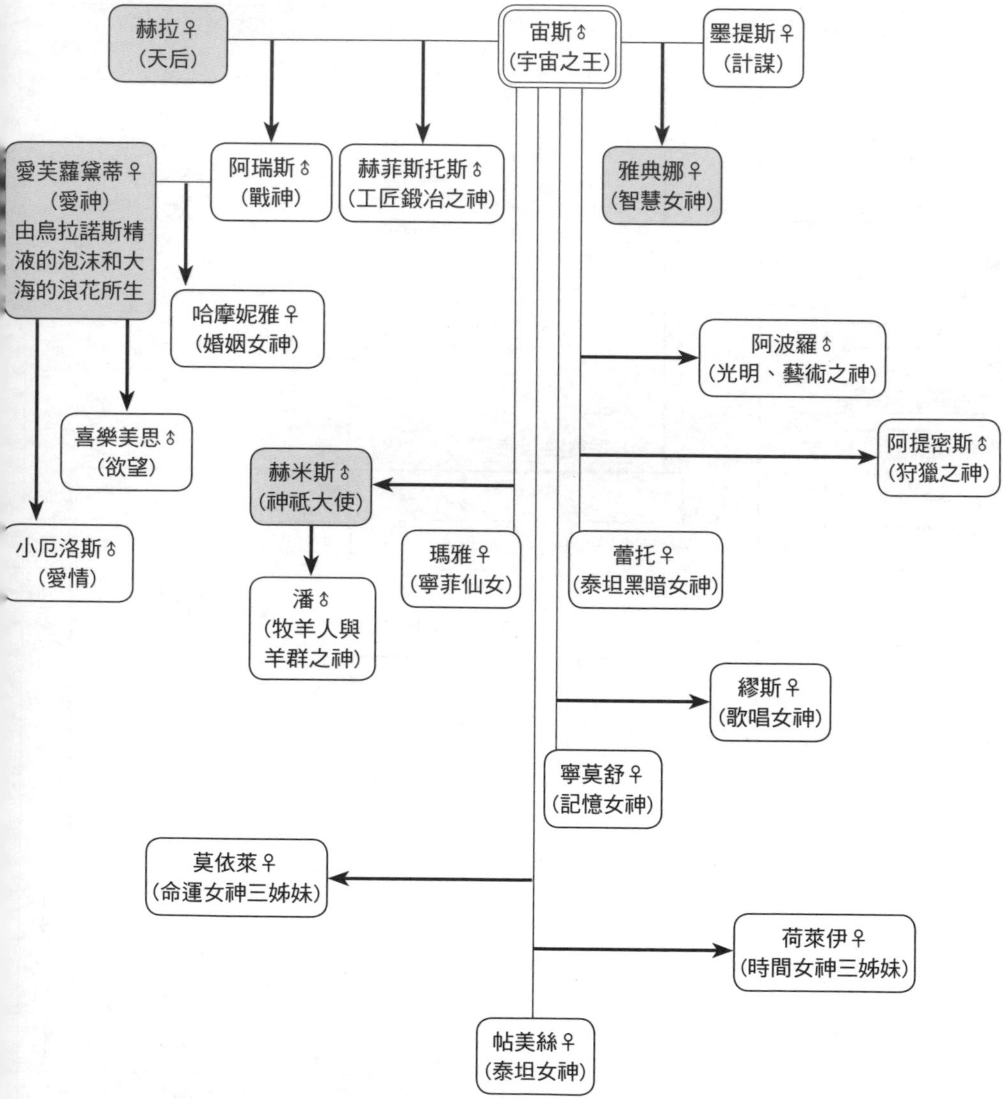

赫拉♀
(天后)
宙斯♂
(宇宙之王)
墨提斯♀
(計謀)
愛芙蘿黛蒂♀
(愛神)
由烏拉諾斯精液的泡沫和大海的浪花所生
阿瑞斯♂
(戰神)
赫菲斯托斯♂
(工匠鍛冶之神)
雅典娜♀
(智慧女神)
哈摩妮雅♀
(婚姻女神)
阿波羅♂
(光明、藝術之神)
喜樂美思♂
(欲望)
阿提密斯♂
(狩獵之神)
赫米斯♂
(神祇大使)
小厄洛斯♂
(愛情)
瑪雅♀
(寧菲仙女)
蕾托♀
(泰坦黑暗女神)
潘♂
(牧羊人與羊群之神)
繆斯♀
(歌唱女神)
寧莫舒♀
(記憶女神)
莫依萊♀
(命運女神三姊妹)
荷萊伊♀
(時間女神三姊妹)
帖美絲♀
(泰坦女神)

特洛伊戰爭

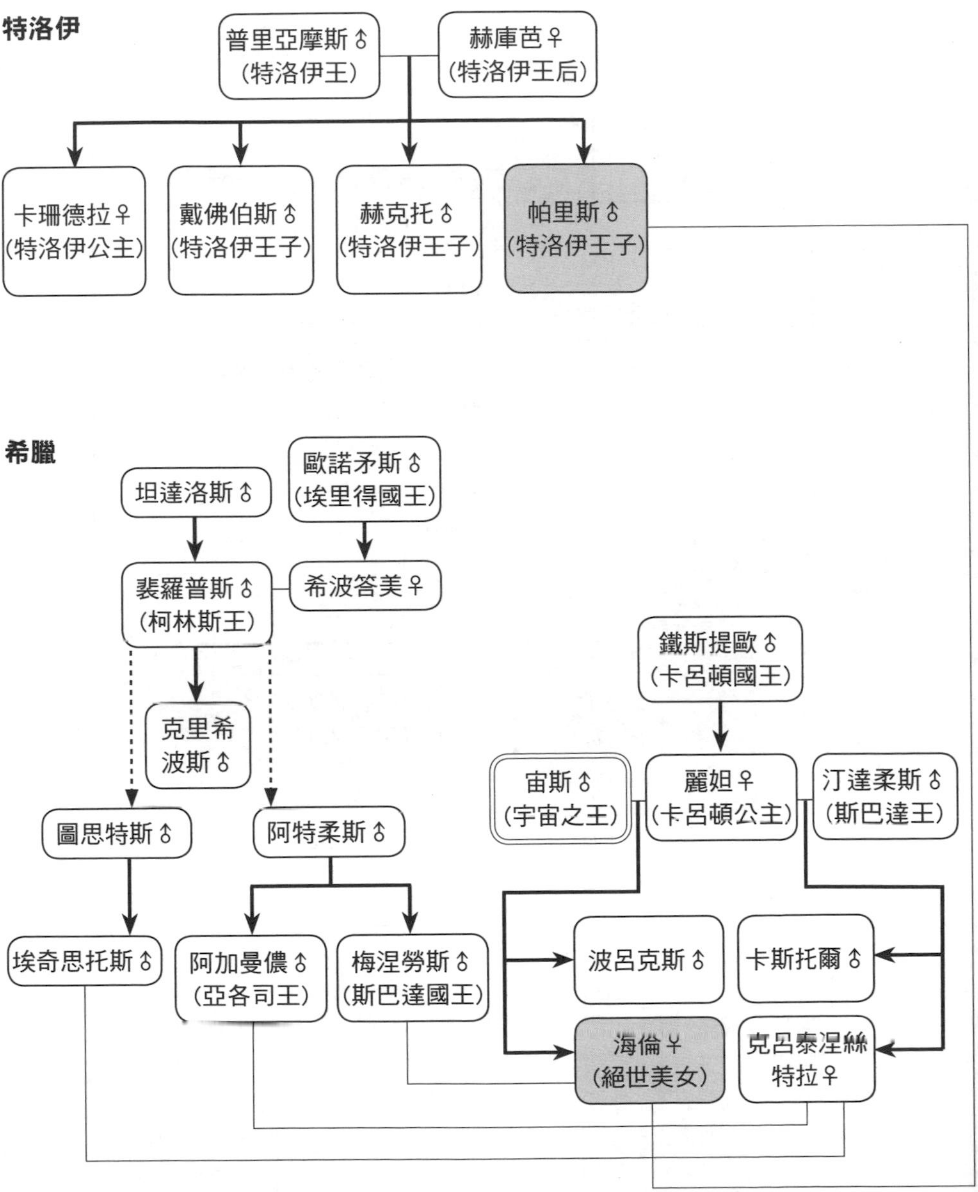

特洛伊
普里亞摩斯♂
（特洛伊王）
赫庫芭♀
（特洛伊王后）
卡珊德拉♀
（特洛伊公主）
戴佛伯斯♂
（特洛伊王子）
赫克托♂
（特洛伊王子）
帕里斯♂
（特洛伊王子）
希臘
坦達洛斯♂
歐諾矛斯♂
（埃里得國王）
裴羅普斯♂
（柯林斯王）
希波答美♀
克里希波斯♂
圖思特斯♂
阿特柔斯♂
埃奇思托斯♂
阿加曼儂♂
（亞各司王）
梅涅勞斯♂
（斯巴達國王）
鐵斯提歐♂
（卡呂頓國王）
宙斯♂
（宇宙之王）
麗妲♀
（卡呂頓公主）
汀達柔斯♂
（斯巴達王）
波呂克斯♂
卡斯托爾♂
海倫♀
（絕世美女）
克呂泰涅絲特拉♀

阿奇里斯的族譜

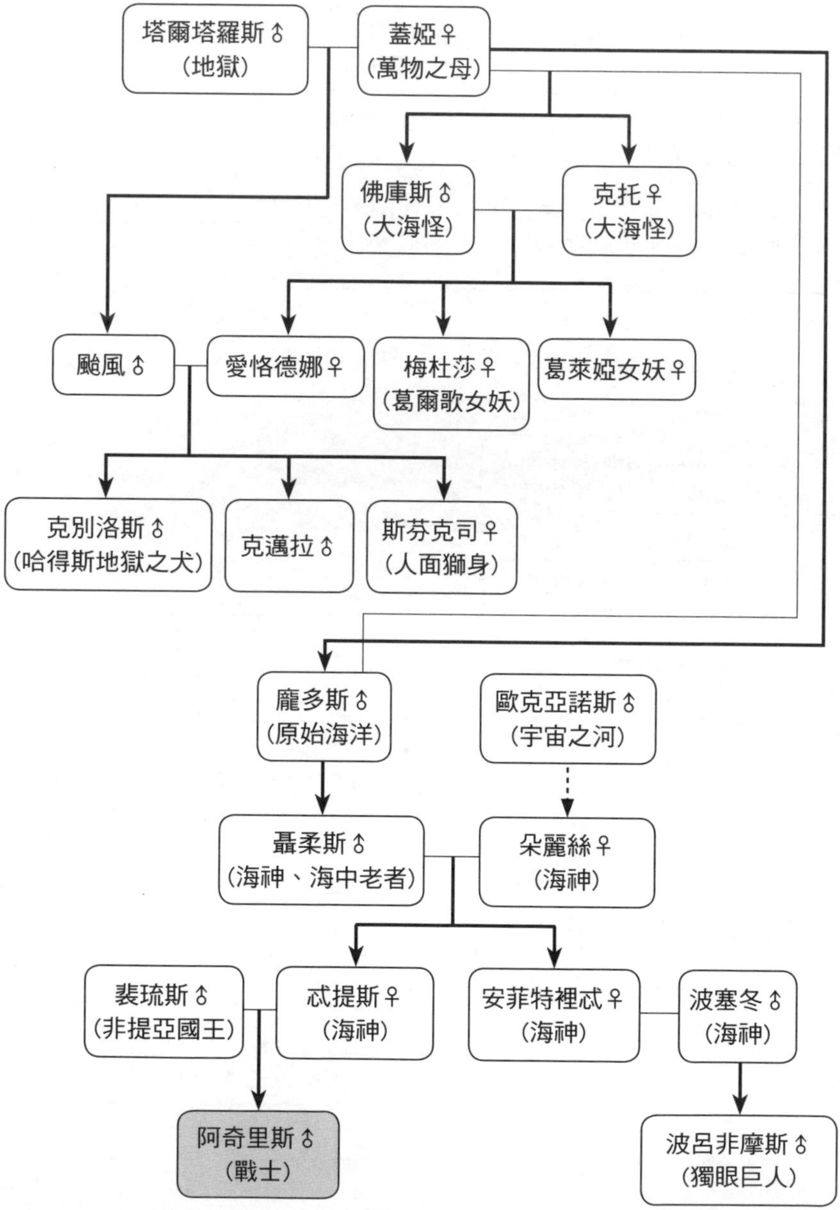
塔爾塔羅斯♂ (地獄)
蓋婭♀ (萬物之母)
佛庫斯♂ (大海怪)
克托♀ (大海怪)
颱風♂
愛恪德娜♀
梅杜莎♀ (葛爾歌女妖)
葛萊婭女妖♀
克別洛斯♂ (哈得斯地獄之犬)
克邁拉♂
斯芬克司♀ (人面獅身)
龐多斯♂ (原始海洋)
歐克亞諾斯♂ (宇宙之河)
聶柔斯♂ (海神、海中老者)
朵麗絲♀ (海神)
裴琉斯♂ (非提亞國王)
忒提斯♀ (海神)
安菲特裡忒♀ (海神)
波塞冬♂ (海神)
阿奇里斯♂ (戰士)
波呂非摩斯♂ (獨眼巨人)

戴奧尼索斯、伊底帕斯、奧德修斯的族譜

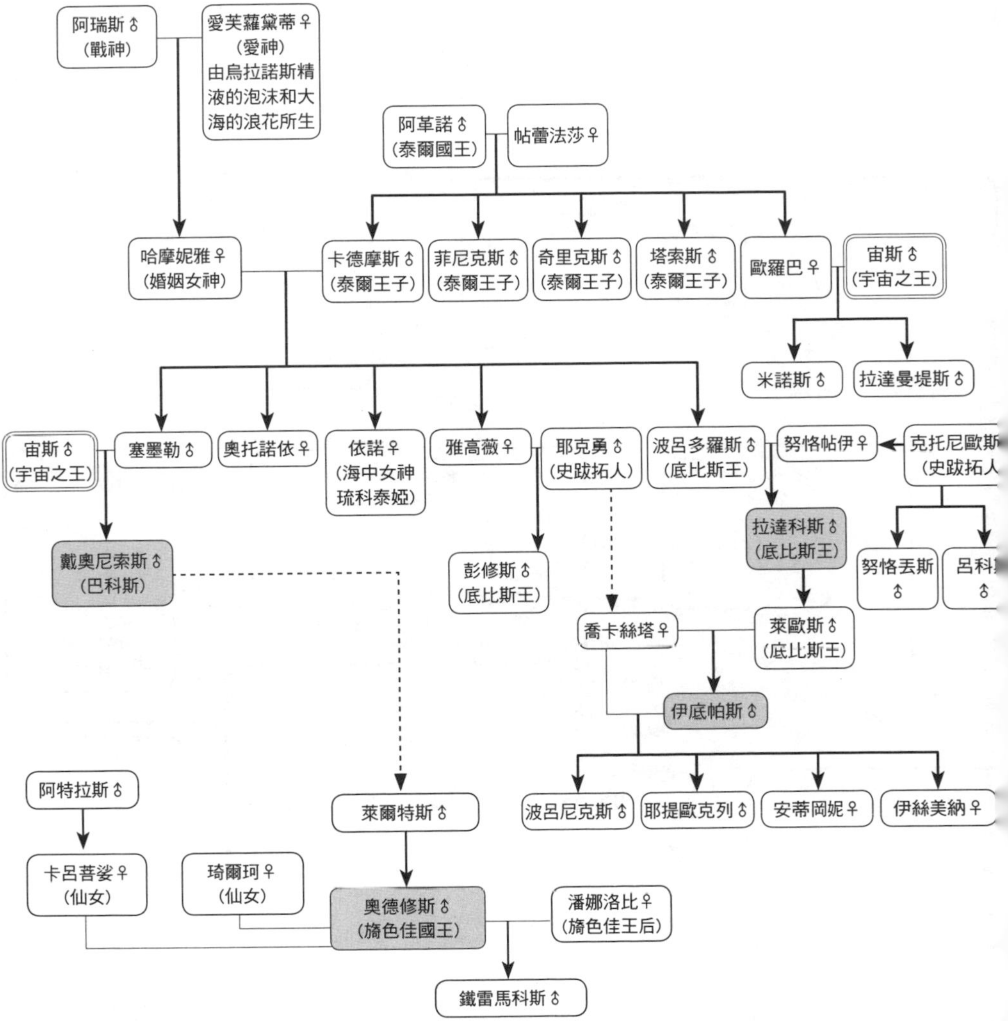

奧德修斯的人間歷險

特洛伊

戰勝後，奧德修斯率領十二艘船隊返回旖色佳。

→ 被大風吹散

特雷司

奇科聶人的領土，奧德修斯攻占城池，並且收下阿波羅的祭司馬隆所贈的神酒。後為奇科聶人拂曉伏擊。

→ 七天七夜的暴風

蘿佗法各島(忘憂島)

蘿佗法各人是吃蘿佗果維生的民族，一旦吃下這種美味的果實，就會忘記一切，是個令人遺忘一切的國度。

→ 在濃霧中漂流

獨眼巨人島

獨眼巨人波呂非摩斯為海神波塞冬之子，被奧德修斯以神酒灌醉刺瞎。他詛咒奧德修斯永遠回不到旖色佳，就算他逃離險境回到故鄉，也沒有人認識他。

埃歐樂斯的島

奧德修斯與埃歐樂斯分享奇聞軼事，並收下埃歐樂斯所贈的牛皮風袋。再回旖色佳的旅途中，因水手將牛皮風袋擅自打開，又被吹回埃歐樂斯的島。

萊斯楚貢巨人島

巨人以大石砸爛希臘船隻，並將水手吃光。奧德修斯因將船躲在港灣旁而逃過一劫。

埃阿島

位於地中海，太陽神赫利奧斯之女仙女琦爾珂將水手變成豬，但奧德修斯在奧林帕斯的大使赫米斯的幫助下破解魔法，並與琦爾珂熱戀。

奇美利奧人之島

通往地獄的入口，只有黑夜與濃霧，在仙女琦爾珂的指引下，奧德修斯以公羊血獻祭，並找到底比斯的老先知泰瑞修斯，泰瑞修斯告訴他回程的途中要注意的事。

奧德修斯回程中途再次停靠，琦爾琦指引必須冒險航行在卡呂迪絲與史庫拉兩海怪之間，以及如何通過賽芒女妖所住的小島。

→ 水手在耳中封上蠟，以逃離賽芒女妖的歌聲

特里那其亞島

太陽神赫利奧斯的領地，但水手將太陽神的神牛烤來吃。在太陽神赫利奧斯的要求下，宙斯降下懲罰，以閃電擊碎所有船隻。

→ 漂流九天九夜

卡呂菩娑之島

阿特拉斯的女兒仙女卡呂菩娑救起倖存的奧德修斯，並與他相守纏綿十年。雅典娜趁波塞冬不在，請求宙斯讓奧德修斯回家。

→ 波塞冬發現奧德修斯，掀起巨浪，但奧德修斯為女海神琉科泰婭所救

法伊耶克人之島

於人間與奇幻世界。法伊耶克公瑙西卡對奧德修斯一見傾心，將引見給父親國王阿爾齊諾斯。阿齊諾斯餽贈船隻與禮物，將奧德斯送回旖色佳。

旖色佳

奧德修斯的故鄉。

裴修斯的族譜

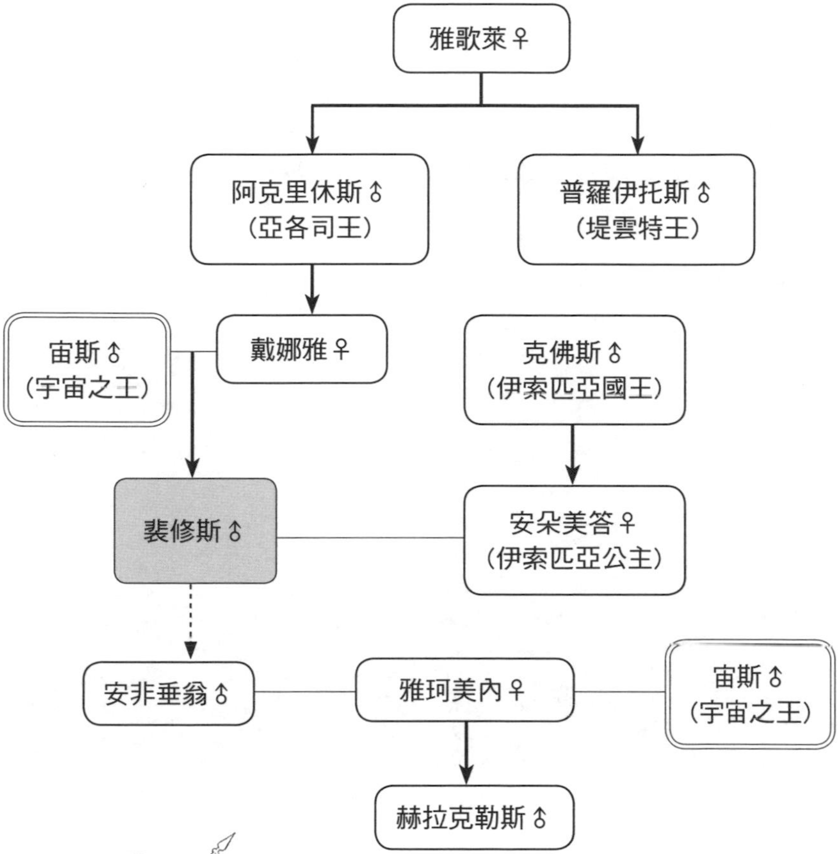
雅歌萊♀
阿克里休斯♂
（亞各司王）
普羅伊托斯♂
（堤雲特王）
宙斯♂
（宇宙之王）
戴娜雅♀
克佛斯♂
（伊索匹亞國王）
裴修斯♂
安朵美答♀
（伊索匹亞公主）
安非垂翁♂
雅珂美內♀
宙斯♂
（宇宙之王）
赫拉克勒斯♂

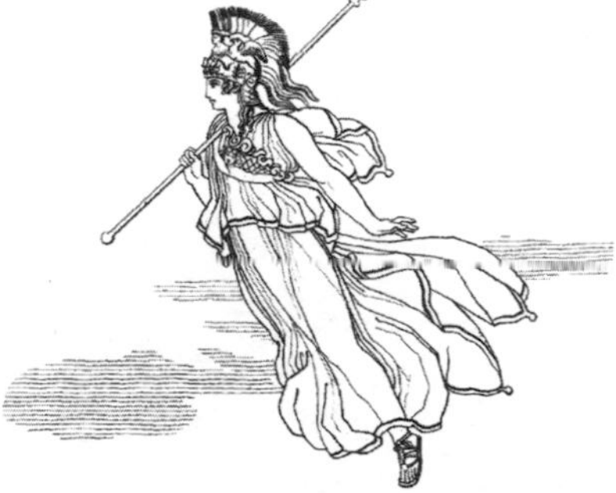

編輯弁言

本書全書所附之正體字母為法文，斜體字母為希臘文，係以拉丁字母直接轉譯希臘原文名稱，請讀者詳查。

前言

《很久很久以前……》這是我原先想好的書名，雖然後來我改變主意，選了另一個較明確的標題。但在進入本書之前，我不由自主地回憶起一件多年前的往事。這段回憶可說是本書的緣起，而我原本想用的那個書名，正是它所留下的回聲。

已經是四分之一世紀以前的事了。那時，我的孫子朱利安還是個小孩，和我們一起在小島上度假。我們之間有個不成文的規定：就像每天早上我要小朱利安洗臉刷牙一樣，晚上，到了他上床睡覺的時間，他會在臥室裡迫不及待地朝我喊：「爺爺！說故事！說故事！」我就到他房裡，搬張椅子坐在床邊，為他講一個希臘神話故事。從我浸淫多年的神話寶庫中，信手拈來一個故事，並沒有太大的困難。畢竟，為研究這些神話，我做了不少分析、解讀、比較與詮釋的功夫。只不過，我對朱利安用的方式不一樣，就像在說童話故事，不必顧慮研究考證，唯一的目的就是讓孩子跟著我的故事走，從頭到尾、隨著情節去感受其中的戲劇張力。「很久很久以前……」朱利安在聽故事的時候，臉上總是充滿快樂，而我，當然也是滿心歡喜。我很高興能夠用這種口耳相傳的方式，讓他認識我所熱愛的古希臘世界。尤其，我認為古希臘所留給我們的影響，在當今社會中顯得更加重要。我也很高興能透過柏拉圖所謂寓言的方式，經由我的口述將古希臘的珍貴遺產傳遞給我的小孫子。用那從古到今、代代相傳的老方法，教導孩子們那一些在「書本上學不到的事」：從待人處世、風俗習慣，到種種身體技能，諸如走路或跑步、游泳、登山、騎單車等。

當然，若說我這麼做就是在維持一個傳統，藉由每晚對小孩講故事使那些古老傳說得以不死，這種想法似乎有些天真。但當時正是神話風靡一時的年代，還記得一九七〇年代期間，杜梅齊勒（Dumézil）與李維史陀所掀起的神話學熱潮，使一群研究古希臘的學生跟著我投入希臘神話的探索。而隨著研究的進展與發現，我們愈來愈感到疑惑：「一種普遍意義上的神話思維是否存在？」我們不得不自問：「什麼是神話？」或者再精確一點，就我們的研究領域來說：「什麼是希臘神話？」一則神話就是一個故事，沒錯，但我們還想知道：這些故事是怎麼形成的？它們是如何被記錄、傳述與保存？然而，今日我們所見的希臘神話都是以文字形式呈現，其中最古老的是各種文學作品、史詩、詩歌、悲劇、歷史，甚至哲學著作。除了荷馬的《伊里亞德》、《奧德賽》與赫希歐德的《神譜》之外，一般的記載多半是零散、片段，或只是暗示性地提及這些故事。直到西元一世紀左右，才有博學之士開始蒐集各種傳說與文獻，將那些版本分歧的故事分門別類，有系統地將它們彙編成冊。阿波羅鐸魯斯（*Apollodōros*）的《圖書館》（*Bibliothēkē*）正是最具代表性的作品，他的書名便已指出其功能。而這本鉅著也已成為這個領域的經典之作，為古希臘的神話學研究扎下根基。

神話（mythe）也好，神話學（mythologie）也好，這些字全起源於希臘文，也跟古希臘的歷史文化有密不可分的關係。但這是不是說，希臘以外的人就與希臘神話毫不相干？而神話與神話學僅只以希臘的形式與意義而存在？當然不是，事實恰好相反。要真正了解希臘神話，必須對照不同文明、不同時代的民間傳說，例如中國、印度、中東、哥倫布之前的美洲，以及非洲大陸。加以比較之後，我們就會發現，各個民族的敘事傳統雖互有差異，但在它們彼此之間或與古希臘之間卻有許多的共同點。李維史陀可以斷言，一則神話就像一個證據，無論它來自何處，我們都可以一眼辨認出來，不會將它與其他敘事形式混淆。事實上，神話與歷史敘事之間的差別就很明顯。在古希臘，歷史文獻甚至是以一種「反神話」的方式來書寫的。史書寫作的年代必須與事件發生的年代相近，因為這樣才能找到經歷這些事件的人，提供可靠的見證。至於文學作品，則是作者虛構的故事，而作品的好壞，也就取決於作者的才能與寫作技巧。歷史與文學這兩種敘事形式都是由某個作者負責寫作，以作者的名義，透過文字的呈現，將訊息傳遞給讀者。

神話就不一樣了，神話故事總是口耳相傳幾個世代之後，才有人將它寫下來；也就是說，當有人開始寫的時候，這些故事早已存在很久了。就這點而言，神話並不是個人的創意發明，也不是捏造的幻想，而是經由記憶與傳誦而來。這種依靠記憶才能延續的內在聯繫，也突顯出神話與詩歌的相似之處。詩歌的起源，也就是它最早出現的形式，其實與神話產生的過程十分類似。荷馬史詩就是一個例子。為了編織那些英雄冒險故事，史詩首先以詩歌吟唱的方式呈現，由受記憶女神啟發的吟遊詩人與其後代在聽眾面前編曲與吟唱。一直到後來，這些詩歌才被採集，並且書寫成正式的版本。

即使在今天也是一樣，一首詩如果沒有人吟誦，就等於不存在。詩必須被人熟記在心，而為了要賦予詩生命，我們必須在心中反覆誦讀它們。神話也是如此，它們必須被講述，一代一代地傳下去，成為日常生活的一部分。否則，它們就只是一篇篇僵死的文字，被棄置在圖書館的書架深處，只有專門研究神話學的知識份子才會去翻閱。

記憶、口述、傳統，這三者是神話得以存在與延續的因素，它們提供了神話之所以為神話的特徵。關於這點，如果我們再進一步去探討神話與詩歌間的異同，就會更為清楚。話語在神話與詩歌之中所扮演的不同角色，使兩者產生了根本上的差異。從西方中世紀的吟遊詩人開始，詩歌即成為一種獨立的文學體裁。一方面，詩歌的內容逐漸脫離神話中的傳奇故事；另一方面，從十四世紀開始，詩歌的呈現也漸漸不須伴隨音樂曲調，成為一種純粹的語言表現。從此以後，每首詩都是一個獨立的作品，即使內容複雜且富多重涵義，但結構卻非常嚴謹，每個細節之間都相互呼應，與整首詩的各個層面緊緊契合，使得在背誦或轉述的時候，絕不能有一丁點的添加或刪改。無論在任何時間或場合，一首詩的呈現方式總是固定的。在大庭廣眾下朗誦也好，私下獨自玩味也罷，賦予詩文生命的話語都必須絲毫不差。多了一字、跳過一行、韻腳的小小改變，都會破壞整首詩的結構。

神話的敘述就不同了，它像詩歌一樣具有多重的意義結構，但是卻沒有固定的表現形式。一個故事總是有許多不同的版本，講故事的人可以因應情境、聽眾或個人喜好選擇需要的版本。他甚至可以依照自己的想法，增刪或修改故事內容，這樣等於又提供了一種新的版本。只要口述的傳統不死，還能夠影響人的思考與社會風俗，那麼神話就會持續發展，永遠有創新的可能。然而，當口述傳統消失，神話就如我剛才所說的，變成了一堆文字化石。神話學者若想正確解讀一則神話，就必須層層考究、不斷擴張他的研究版圖：針對同一主題進行各種不同版本的對照，接著探討早期與近期的相關傳說，以及隸屬於同一文化但不同領域，如文學、科學、政治、哲學等方面的文獻，最後還必須去研究其他文明中是否也有類似的神話。歷史學家與人類學家感興趣的，就是什麼樣的時空背景孕育出神話？又是什麼樣的心智結構發展出這樣的敘事脈絡？唯有透過神話間的比較，找出它們之間的相似與相異之處，才能揭開謎底。盧波曾如此評論荷馬史詩：「這些詩句絕不只是單純的敘述，更蘊含了思想的寶藏、語言的形式、宇宙的想像、道德的箴言……它們已成為前古典時期希臘人的共同遺產。」*事實上，這段話同樣適用於各種神話學的研究。

想要在浩如煙海的文獻中挖掘古希臘人所遺留下來的「寶藏」，研究者有時可能會感到煩悶、挫折與沮喪。這或許是因為他們在探索的過程中，逐漸失去了一種樂趣，那種拉封登（Jean de La Fontaine）說寓言故事時所懷有的「極致的喜悅」。而我自己，如果不是在二十五年後、同樣在我跟朱利安共享假期與神話故事的那個美麗小島上，有人要求我講故事給他們聽的話，也很可能早已放棄當年那種說故事的樂趣而毫不惋惜。那一天，幾個朋友忽然提議要我講一些希臘神話故事，我照做了。接著，他們就鼓勵我、積極說服我把講的故事寫下來。這其實是很困難的，要把講的話寫成文字，實在是件吃力的工作。不僅是因為書寫無法表達那些賦予口語血肉的東西：聲音、語調、節奏及手勢；更是因為在說與寫這兩種表達形式背後，存在著兩種不同的思考方式。如果我們想要在紙上複製一個口頭講述過的東西，那麼記下來的文字必然是不忍卒讀。反過來也一樣，如果我們事先寫好稿子，再將稿子高聲朗讀出來，那也騙不了別人。因為書寫的文字原本就不是要用來唸給別人聽的，書寫與口語根本就是兩回事。要寫得跟說得一樣，這是第一個難題，除此之外還有許多問題。首先，每個故事我都必須先選定一個版本，不能用學術研究那種雜列百家的方式，也就是說，要忽略其他的版本，不讓它們出聲。而即使是在敘述一個選定的

---

*見盧波（Jacques Roubaud）所著〈詩、記憶、閱讀〉（*Poésie, Mémoire, Lecture*）。Paris-Tübingen, Eggingen, Edition Isele, coll. "*Les Conférences du Divan*", 1998, p. 10. ——譯注

版本，說故事的人仍須親身投入與詮釋那個神話劇本，因為每個故事都沒有最終而固定的模式。況且，一旦研究者以說書人的身分講故事，他不會忘記自己同時也在探索那建構神話的心智基礎，也不會忘記將自己多年來的研究心得注入其中。

我從來不敢輕忽這些困難與險阻，然而，我還是跨出了這一步。我努力訴說這些故事，期望希臘神話的傳統能延續下去。那曾在古希臘流傳數百年而後逐漸消逝的聲音，我希望今天它能重新被聆聽。如果我真的做到了，那麼，讀者將在這本書裡聽見那古老的聲音，一次又一次，不斷地回響。

一、宇宙的起源

「在世界空無一物、什麼都還沒有的時候，它是什麼樣子呢？」關於這個問題，希臘人用各種傳說與神話來回答。

在一切都還沒有開始以前，世界是一片「空無」；希臘人稱之為「卡厄斯」（*Chaos*，渾沌）。什麼是「渾沌」？簡單地說，就是一種空的狀態，陰幽黑暗，什麼都看不見，也摸不著。陷落、昏亂、迷茫，沒有邊際，也沒有底。「渾沌」就像一道大開口，在那之中，無止盡的黑夜吞噬一切。這就是世界形成之前的樣子：只有空無、幽冥的深淵，與無窮無盡的黑暗。

然後大地出現了，希臘人稱為「蓋婭」。大地誕生於渾沌之中，但是相對地，她不再是空無，不再是永無止盡的昏暗陷落。大地擁有明確、清楚、可以辨認的固定形狀。在「渾沌」的迷茫、昏暗與模糊之後，出現了「蓋婭」的乾淨、明確、堅實與穩定。在大地上，一切東西有自己的形狀，看得見，也摸得著。我們可以說蓋婭就是諸神、眾人與群獸得以安然行走之處，是世界的地板。

大地的最深處：空無

蓋婭誕生於巨大的空無，世界從此有了地板。一方面，這塊地板向上隆起，形成高山，另一方面又向下沉陷，形成地下世界。地下世界極其深遠，不斷向下延伸，直到地底深處；在穩固堅實的地底之下，仍是萬丈深淵、一片渾沌。從空無內部湧現的大地，在自己的最深處再度與空無結合；在希臘人眼裡，渾沌猶如漫天迷霧，令所有邊界都隱晦不明。大地不斷往下伸展，在地底深處再度呈現出原始的渾沌面貌。

儘管大地清楚可見、邊界明確；儘管她所孕育的一切也具有明確的形狀，但大地的最深處，仍近似渾沌。她並不帶來光明，她是黑暗的大地。於是乎，在古老傳說中用來形容渾沌的字眼，也同樣能用來形容大地。黑暗大地同時往最高處與最低處延伸：在她的最深處，蘊藏著來自空無、深不可測的幽冥晦暗；但另一方面，大地則以終年積雪的高山，伸向無垠的天空。高山上白雪皚皚，峰頂直抵天庭，沉浸在永恆的光輝中。

大地提供了宇宙萬物棲息的平台，但她的功能不僅止於此。除了某些從渾沌深處湧出的生命與物質之外，宇宙中的一切都由大地所孕育，蓋婭就是萬物之母。森林、山嶺、岩穴、浪花、天空……一切的一切皆源自大地。世界原本是陰暗無底的渾沌卡厄斯，然後出現了堅實的大地蓋婭，她向上聳起，也往下延伸。

在卡厄斯與蓋婭之後，第三個出現的是「愛神」，希臘人稱「厄洛斯」，後來又稱其為「老愛神」。他以白髮蒼蒼的樣貌現身於世，是宇宙中最原始的愛。為什麼叫最原始的愛？跟後來的愛有什麼不同？因為在遠古時候，世界上還沒有男性和女性，也就是說，性別根本還不存在。原始的老愛神與後來才誕生的另一個愛神有所不同。因為後者誕生的時候，世界上已經有了男女、雄雌之分。於是新的愛神所掌管的，就是兩性之間的欲望與愛情。只有在兩種性別都出現了之後，才有兩性結合的問題，而這也必然包括兩性之間的欲望與協調。

卡厄斯在希臘文裡是一個中性名詞，並不是陽性的。至於蓋婭，大地之母，理所當然是陰性名詞。但世界上除了蓋婭以外，就只有卡厄斯，蓋婭能愛誰呢？繼渾沌與大地之後，第三個出現的厄洛斯，並不是為了要結合兩性而出現的愛神。這最初的愛神厄洛斯，表現出的純粹是宇宙中的一股推動力與生命力。如同大地從空無中湧現出來，大地在厄洛斯的推動下，也將深藏在她內部的萬有萬物生產出來。大地不需要與其他東西結合，就能生育萬物。而生長於大地外部的東西，其實原本早就隱藏在她內部。

首先從大地誕生出來的，是個非常重要的角色，叫做烏拉諾斯，意思是「天空」或「星空」。接著誕生的是龐多斯──「水」，所有的水匯聚起來就是海洋；「水」在希臘文中也是陽性。大地藉著厄洛斯與自身的內在力量，不與任何外物結合，就生下烏拉諾斯與龐多斯。大地孕育出那些原本存在於自己體內的生命或物質，而他們從離開她體內的那一刻起，就成了既與大地相似，又與大地對立的存在。怎麼說呢？她是黑暗的大地，因此生下來的必然不是光明的白晝，而是同樣黑暗的星空。星空則與大地同樣堅實穩固，而且體積與大地完全相同。天空延伸覆蓋在大地之上，兩者在宇宙中緊密疊合，一個在下為基臺，一個在上為穹蒼，彼此完全覆蓋包容。

當大地生下海洋龐多斯的時候，海洋同樣也散布在大地之上，並且滲透到大地體內，用他的水域限制了大地延伸的範圍。另一方面，如同天空一般，海洋也呈現出與大地對立的特質。大地是緊密堅實的，萬有萬物都無法在其中融合；海洋卻正好相反：柔軟、流動，沒有固定形狀，也無法掌握。各個水域彼此相連、流通交匯。龐多斯的表面是明亮的，至於他的深處，則也跟大地一樣，一片昏暗，宛如渾沌。

現在這世界上已經有三種原始的生命起源：卡厄斯、蓋婭與厄洛斯，接著則有蓋婭生出來的烏拉諾斯與龐多斯。每一個都代表一種自然力量，也同時具有神性。蓋婭既是能夠讓我們行走的土地，同時也是一位女神。龐多斯不僅是海洋，也是一位男神，可以接受人類的祭獻與崇拜。在宇宙中有了自然力與神性之後，充滿暴力與悲壯的故事就要一幕接著一幕上演了。

被閹割的烏拉諾斯

讓我們從天空開始講起。蓋婭的孩子烏拉諾斯，也就是與大地同樣廣大的天空，就躺臥在他的母親之上，完完全全地覆蓋著大地。每一寸大地的上方都有一片緊緊相連的天空。當蓋婭生下烏拉諾斯後，他就與她完全相反又相合。天空一方面可說是另一個大地，另一方面又是大地的對立者。從這個時候開始，世界上有了陰陽之分。天空是陽性，而大地則為陰性。烏拉諾斯出現後，厄洛斯也開始有了另外的作用。因為從此之後，蓋婭不再獨自孕生出體內的東西，但也不是由烏拉諾斯執行同樣的任務，而是厄洛斯使他們結合，經由男性的天空與女性的大地結合，生下不同於大地、也有別於天空的個體。

烏拉諾斯不斷將他的體液注入蓋婭體內，這個原始的天空，唯一的活動就是性愛。他壓覆在蓋婭身上，想的是性，做的也只是性。可憐的大地被他緊緊壓著，動彈不得，就這樣接二連三地懷了孩子。但孩子沒有辦法離開母親的肚子，因為天空一刻也不曾離開大地，導致在天空與大地之間，根本沒有空隙讓孩子出生。他們的孩子就這樣一直待在母親體內，無法出世成為獨立的個體。這些孩子無法擁有自己的身體樣貌，也無法獨立存在，就像當初烏拉諾斯還沒出生之前，被包含在蓋婭體內一樣。

誰是蓋婭與烏拉諾斯的孩子？首先是泰坦諸神，六個兄弟和六個姊妹。第一個孩子是歐克亞諾斯，他是圍繞整個世界的帶狀水域，身體頭尾相連，是一道自成一體而循環不息的宇宙之河。最年輕的是克羅諾斯，人稱「狡詐的克羅諾斯」。除了這十二個泰坦神祇，天空與大地還有一群凶神惡煞般的兒子，他們是兩組三胞胎兄弟。頭三個是威力強大的基克洛普斯，其特徵是只有一隻眼睛，長在額頭正中間，因此也叫「獨眼巨人」。他們的名字分別叫布龍鐵斯（雷聲）、史鐵若普斯（亮光），和阿爾格斯（白色）。從這些名字看來，他們的專長多少跟某種冶金術有關——沒錯，他們就是製造雷聲與閃電的專家，待會兒我們還會談到，也正是他們三兄弟打出雷鳴閃電送給宙斯，作為他克敵致勝的法寶。另外三個是臂力無窮的「百臂巨人」：赫卡冬克羅。他們的名字分別叫寇托斯、白亞瑞斯、居野斯。他們個個高大威猛，各自有五十個頭、一百隻手，每隻手臂都有不可思議的神力。

泰坦諸神也好，獨眼巨人、百臂巨人也好，這些神祇都已有了獨特的個性，不像上一輩神祇：蓋婭、烏拉諾斯或是龐多斯，是以地、天、水這些自然力量來命名。獨眼巨人基克洛普斯展現的是雷霆般的無窮目力，但意思並不是能夠看得比別人遠，而是他們額頭正中央的那隻眼睛，就像他們送給宙斯的閃電一般，能放射出使人動彈不得的神奇力量。百臂巨人赫卡冬克羅則是巨大臂力的化身，能夠緊扼、劈碎、擊倒與壓制對手，戰無不勝，攻無不克。但就算他們本領再高，也是徒然；泰坦諸神、基克洛普斯與赫卡冬克羅都只能待在蓋婭體內，因為烏拉諾斯緊緊地壓著她。

這個時候的宇宙是黯淡無光的，因為烏拉諾斯一直壓在蓋婭身上，使得星空不斷籠罩著大地。蓋婭的孩子愈來愈多，但沒辦法被生出來，只好一直停留在母親體內。他們不斷擠壓、騷動，使蓋婭幾乎要窒息了。終於，蓋婭的憤怒爆發出來，她告訴孩子，特別是泰坦諸神：「大家聽好，你們的父親嚴重傷害了我們。他用可怕的暴力壓迫我們，我們不能再這樣忍受下去。孩子！你們必須起來反抗你們的天空父親。」蓋婭體內的泰坦諸神聽到母親這番激烈的言詞，都感到非常害怕。因為烏拉諾斯的體積跟蓋婭一樣大，而且總是緊緊地壓著她，他們連活動的空間都沒有，又怎麼可能打敗他呢？只有年紀最小的克羅諾斯決定要幫助蓋婭，反抗自己的父親。

蓋婭構想出一個非常惡毒的計謀。為了執行這個計畫，她首先在自己體內製造一項工具：一把以鋼片鑄成的鐮刀。完成之後，她就把這柄鐮刀交給克羅諾斯。克羅諾斯不動聲色地躲在母親肚子裡，埋伏在烏拉諾斯與蓋婭結合的地方，等待下手的時機。當烏拉諾斯再一次向蓋婭傾洩體液的時候，克羅諾斯猛然用左手牢牢抓住父親的性器官，同時右手高舉起鐮刀，狠狠地一刀砍下。然後，為防這恐怖的行動招致任何不幸，他頭也不回地，立刻把砍下的性器遠遠拋出。被割下的陽具流出大量的血，濺灑在大地上，最後掉落在海洋中。烏拉諾斯在被閹割的那一刻，發出極為悲慘的痛苦哀嚎，旋即離開蓋婭，逃得遠遠的。最後，他把自己固定在世界的頂端，再也不願移動半分。但烏拉諾斯的體積還是跟蓋婭一樣大，因此不論人走到大地的哪一個角落，只要一抬起頭，就會看到與腳下土地相對的一片天。

大地、空間、天空

在大地母親蓋婭的策動之下，克羅諾斯閹割了天空父親烏拉諾斯。這對於宇宙的誕生而言，是個非常重要的關鍵。因為當烏拉諾斯向後退去的時候，天與地就分開了，等於說克羅諾斯在天與地之間創造了一個自由的空間。從此以後，所有從大地體內誕生出來的，以及所有從其他生命所誕生的，都有了一個可以呼吸、活動的地方。被解放的不僅是空間，時間也開始流動。怎麼說呢？只要烏拉諾斯一直壓在蓋婭身上，世界上就不會有世代的傳承，因為一切都被埋藏在製造他們的蓋婭體內。烏拉諾斯一抽身，泰坦諸神就能夠從母親的體內出來，生育自己的兒女。此後一代代的神祇才能不斷繁衍下去。在空間被釋放出來之後，星空就成了宇宙的屋頂，黯淡地與大地遙遙相對。這片漆黑的天空只會在固定的時間裡放出光亮，因為這時開始有了白晝與夜晚的交替。天空時而一片黑暗，只有星星綻放微光；時而一片光明，只有一些雲影遮蔽。

蓋婭的後代就暫時講到這裡，繼續來看卡厄斯的後代吧！卡厄斯另外有了兩個孩子，一男一女。男的叫厄瑞玻斯，意思是黑暗；女的叫努恪絲，也就是夜晚。如同卡厄斯的延續，厄瑞玻斯是絕對的黑暗、最純粹的黑勢力，完全不與其他事物混淆。努恪絲則不同，她像蓋婭一樣，能夠不與他人結合就孕生後代，從自己身上塑出孩子。夜晚女神努恪絲有兩個孩子，同樣是一男一女。兒子叫艾鐵，是天上永恆不滅的光；女兒叫赫墨拉，就是白晝，是與夜晚交替的光亮。

渾沌的兒子厄瑞玻斯，表現出特屬於卡厄斯的黑暗。至於女兒夜晚努恪絲卻生下白晝赫墨拉；如果沒有白晝，當然也不可能有夜晚。當努恪絲創造艾鐵與赫墨拉時，她做了什麼區別呢？我們說過，厄瑞玻斯是純粹的黑暗，而艾鐵則是與他相反的絕對光明，也就是厄瑞玻斯的對應者。閃亮的艾鐵是天空中沒有陰影的那部分，是奧林帕斯諸神生活的地方。他的活力是不可思議的，是永不間斷、沒有任何瑕疵的光亮，也從來不曾被任何陰暗遮蔽。相反地，夜晚努恪絲與白晝赫墨拉則互相接替、彼此依賴。自從宇宙空間展開後，夜晚與白晝就開始規律地交替。在卡厄斯的另一個孩子「地獄」塔爾塔羅斯的入口，夜晚的門在那裡敞開。夜晚與白晝在那兒輪流出現，彼此打招呼、擦身而過，但兩者從不會合，也沒有任何接觸。有夜晚的時候就沒有白晝，有白晝的時候就沒有夜晚。但如果沒有白晝，就不會有夜晚；如果沒有夜晚，也不可能有白晝。

厄瑞玻斯是完全的黑暗，艾鐵則是絕對的光明。至於大地上的一切生物，則生活在白晝赫墨拉與夜晚努恪絲的相互交替中；他們只有在死亡之後，才會接觸到厄瑞玻斯，也就是沒有一絲光線能夠進入的幽冥地府。人、動物與植物，只要還活著，他們所見到就不可能是永恆的光明與黑暗，而是相對的白晝之光與夜晚之暗。但住在天上的諸神卻不同，在他們的世界裡沒有晝夜之分，因為他們生活在永恆不滅的艾鐵光芒中，那裡的光明永不止息，而非間斷出現的白晝之光。至於在大地深處的塔爾塔羅斯，則住著地下諸神，以及一些原本居住在天上，卻被其他神祇打敗或驅逐而囚禁在那兒的神祇。這些神祇生活在厄瑞玻斯的黑暗中，永遠見不到白晝的光亮，當然更沒有艾鐵的光明。而世間有限的生命也會在死後來到這裡，此地已成為鬼神雜處的世界。

再來看看天空烏拉諾斯。我們說過，當他被割去性器之後，就遠遠地逃往世界頂端，固定在那兒不動了。然後呢？他的一切活動就這樣終止了麼？不是的。當然，他不可能再與蓋婭結合，但他還是能夠藉著下雨的方式，將豐沛的體液傾注在大地上，使蓋婭能夠再度受孕。這種方式由於不再像以前那樣，必須緊緊壓在蓋婭身上，所以也就不再被視為一種罪惡。相反地，這反而被認為是送給大地的最佳禮物。雨水讓大地又孕育新的生命，種種不同的草木和穀物也因而誕生。除此之外，天空與大地不再有任何聯繫。

烏拉諾斯不甘心就這麼離開蓋婭。在他逃走時，不忘對孩子下了一個嚴厲的詛咒：「我要把你們叫做『泰坦』，你們的心腸如鐵，竟敢把手伸得那麼高，伸到親生父親的身上。看著吧！你們要為這樣的罪孽付出代價。」「泰坦」（*titan*）諸神的名字，就是由「伸出、伸展」（*titainō*）這個動詞轉變過來的。鮮血從烏拉諾斯被閹割的陽具中流出，滴到地面土裡，不一會兒工夫，埃里尼斯就誕生了。她們是一種原始的力量，主要任務就是使雙親之間一方對另一方的傷害永誌不忘，無論經過多少時間，定要讓加害的一方付出代價。換句話說，她們就是「復仇女神」，要來報復那些同父異母的兄長。她們代表了仇恨、記憶、不幸的回憶與罪行的代價。

烏拉諾斯傷口流出的血也生出了巨人族和梅麗亞。巨人族是徹底的戰士，是戰爭暴力的人格化身。他們沒有童年，也不會變老，終生都是血氣方剛的壯年，以作戰為天職，酷愛戰爭殺戮。至於梅麗亞則是生活在山林水澤間的梣木女神。她們也是出色的女戰士，同樣酷愛戰爭，以殺戮為使命。因為戰場上所用的長矛，正是以她們所掌管的梣木做成。總而言之，烏拉諾斯的血使大地再生出了三種不同的神祇，個個都是暴力、懲罰、衝突、戰爭與屠殺的化身。希臘人用「厄莉絲」（*eris*）一詞來統稱暴力，這個字同時也是紛爭女神的名字。厄莉絲可以是任何種類、任何形式的鬥爭，也代表了家族內部或血親之間的衝突，就如同埃里尼斯的情況。

紛爭與愛情

前面說了，克羅諾斯割下烏拉諾斯的性器後，就把它丟進海洋龐多斯裡。接下來呢？烏拉諾斯的性器並沒有沉到水裡，而是一直在水面漂浮。精液的泡沫與大海的浪花混在一起，隨著海潮四處漂游，終於誕生了諸神中最美妙的一位：愛芙蘿黛蒂——「愛神」，出生於大海與泡沫中的女神。她在海上漫游一段時間後，就會到她的小島塞普洛斯歇息。她在沙灘上漫步，而她每踩一步，就有芬芳美麗的花朵從她的腳印中長出來。接著，小厄洛斯、喜美樂思也相繼誕生，一個是愛情，一個是欲望。因此常有人說，小厄洛斯就是愛芙蘿黛蒂的兒子。小厄洛斯與我們前面提到的原始的老愛神是不同的。老厄洛斯是宇宙初始時的一股力量，將原本就存在、但卻渾沌黯淡的生命帶向光明，成為個體。而小厄洛斯掌管的則是男女的結合，是將兩個個體、性別不同的人結合在一起的力量。這樣的結合是一種愛欲的遊藝，其中充滿兩性間的誘惑、協調與妒忌。小厄洛斯結合兩個不同的生命，使得新生命能從兩者之間誕生出來。新的生命與生下他的任何一方都不同，但同時也是兩者的共同延續。如此一來，宇宙中有了與原始狀態截然不同的另一股創生力量。換句話說，在斬斷父親陽具的同時，克羅諾斯也創造了另外兩種力量。對希臘人而言，這兩種力量補充了宇宙的驅動力與創造力：一個是代表「紛爭」的厄莉絲；另一個則是代表「愛情」的小厄洛斯。

厄莉絲象徵家庭內部或是同一群人之間的衝突，是原本為一體的成員之間的紛爭與不和。小厄洛斯則剛好相反，他象徵相異個體的協調與結合，例如男與女。厄莉絲與小厄洛斯都是克羅諾斯的行動所帶來的結果，而我們說過這個行動同時也開展了空間，釋放了時間，使得生命能夠繁衍，世界的舞台從此開放。

現在，宇宙間的神祇已形成兩個陣營：一邊是厄莉絲，另一邊是小厄洛斯。他們之間的對立鬥爭馬上就要登場。為什麼要鬥爭呢？不是為了建立宇宙，因為宇宙基礎已經形成。他們要爭的，是在這個已成形的宇宙中，誰才是真正的主宰？也就是說，我們不再問宇宙怎麼生成，不再問什麼是世界的起源？為什麼一開始是一片空無？萬物如何從空無中產生？……新的問題已經出現，而有更多更悲壯的故事等著來解答這些問題：這群由天地所創造，然後自己也生兒育女的神祇，他們為什麼會彼此鬥爭？他們如何相處？泰坦諸神要為他們對父親所犯的罪行付出什麼代價？他們會遭到什麼樣的懲罰？世界從渾沌中產生，白晝來自黑夜，大地誕生於空無，誰來建立這個世界的秩序？當世界充滿獨立的個體，如何還能維持秩序與穩定？當烏拉諾斯遠離蓋婭，他也同時開啟了宇宙的生成大道，萬物生靈得以世代交替傳承不息。但如果眾神世世代代紛擾不休，那麼世界將永無寧日。只有當諸神間的鬥爭終止，宇宙的秩序才能確立。於是，一場至高無上的神權大戰就此揭開序幕。

二、諸神交相戰、宙斯為天王

世界的舞台就這麼布置妥當了。空間已經展開，時間也開始流動，生命有了世代傳承。在最低處有深不可測的地底世界，在最高處有固定不動的無垠天空，兩者之間則是廣闊的大地、河流，以及環繞一切的「宇宙之河」歐克亞諾斯。人類與群獸安居在堅實的大地上，諸神則生活在天上永恆不滅的艾鐵光芒中。世界上最早出現、不再代表自然力量的神祇，就是天空烏拉諾斯的孩子泰坦諸神。他們在天空父親離開大地母親，逃往宇宙頂端後，就主宰了整個世界。他們有的住在大地的高處，安居在高山之巔。還有一些溪泉之神奈雅絲（*Naias*）、掌管山林的寧菲仙女也住在那兒。諸神、眾人與群獸都各自擁有安身立命之地。

住在天空高處的泰坦諸神被稱為「烏拉尼得」，因為他們是烏拉諾斯的孩子，共有六個兄弟、六個姊妹。為首的是年紀最輕的克羅諾斯，他是一位陰險狡詐、心狠手辣的神，正是他毫不猶疑地割去父親的性器，因而開啟了宇宙、創造了空間，讓一個分歧而有秩序的世界得以誕生。但這個積極的行動也有陰暗的一面，就是泰坦諸神必須為此罪行付出代價。因為當天空退卻到他最後的位置時，並沒有忘記狠狠地詛咒他的孩子。而這些詛咒就將由埃里尼斯，這位因父親被割去陽具而誕生的復仇女神來實現。總有一天，埃里尼斯將向克羅諾斯討還父親的血債。

這個最年輕也最大膽的兒子，將手借給大地母親蓋婭來執行她的陰謀，令天空父親遭受極劇痛苦而遠離大地的克羅諾斯，現在登上了諸神之王與宇宙之王的寶座。在王位四周的是他的兄弟姊妹，他們地位較低，但也被視為侵害父親的共犯。克羅諾斯解放了他們，現在則繼續保護他們。此外，烏拉諾斯與蓋婭還有另外六個孩子，就是獨眼巨人基克洛普斯與百臂巨人赫卡冬克羅這兩組三胞胎兄弟。他們原本也和泰坦諸神一樣，待在母親肚子裡無法出生，直到克羅諾斯把他們解放出來。他們後來怎麼了？由於兇殘善妒的克羅諾斯一直擔心自己有一天會遭到突襲，就用手鐐腳銬鎖住基克洛普斯與赫卡冬克羅，把他們放逐到地獄塔爾塔羅斯那兒。泰坦諸神的兄弟姊妹彼此通婚，克羅諾斯的配偶是姊姊瑞雅。瑞雅宛如母親蓋婭的翻版，她們都是大自然的原始力量，但兩者仍有所不同：蓋婭這個名字對希臘人來說一目了然，因為她名為大地，也就是大地本身；瑞雅卻擁有人的名字，這個名字為她所獨有，不代表任何自然元素。換句話說，瑞雅比較像人，比蓋婭多了些人性與獨特之處。但這對母女在本質上仍極為接近。

大腹便便的爹

克羅諾斯與瑞雅結合，生下許多孩子，就像他們的父母生下他們一樣。這些孩子是新一代的神祇，也就是具有獨特性格的神祇第二代。他們各有專屬的名字、關係網絡與影響力。但克羅諾斯多疑善妒，無時無刻不在擔心自己的權力地位，連親生孩子也不信任。更何況蓋婭曾對他提出警告，所以他對自己的孩子一直懷有戒心。蓋婭警告了他什麼？蓋婭是諸神的母親，掌握著時間的祕密，對原本隱藏在她陰暗體內，而後漸次來到世上的一切都瞭若指掌。能預知未來的蓋婭告訴克羅諾斯，他將被自己的兒子所推翻。這個兒子的力量比他強大，總有一天會奪取他的地位。所以，克羅諾斯失去權位是早晚的事。怎麼辦呢？克羅諾斯憂心忡忡，焦慮不已，為了提防他的孩子，就想了個一勞永逸的方法：只要瑞雅一生下孩子，他就抓來一口吞到肚子裡。這樣一來，他的孩子就永遠無法篡位了。所有克羅諾斯與瑞雅所生的孩子，就這樣一個個被吞進父親的大肚子裡。

一如蓋婭對烏拉諾斯心懷怨懟，瑞雅同樣也不滿克羅諾斯的所作所為，因為這兩個做父親的都不讓她們的孩子來到世界。儘管他們的方式不同，但烏拉諾斯與克羅諾斯等於都把他們的孩子遺棄在暗無天日的母親或父親體內。他們不讓孩子在光明下成長茁壯，就像不讓一棵樹苗鑽出土壤，在天地間自由生長。瑞雅決心制止克羅諾斯吞掉孩子的惡行。於是她像蓋婭一樣，構思了一個計謀，或者說一個謊言、一場大騙局。此舉無異是向素來詭計多端、善於說謊構陷的克羅諾斯挑戰。當他們最小的兒子宙斯（別忘了克羅諾斯也是最小的兒子）快要出生時，瑞雅悄悄來到克里特島，偷偷把他生下。她把小嬰兒託給奈雅絲仙女照顧，她們把嬰兒帶到一個山洞裡，在那兒養育他。這樣一來，克羅諾斯就不會聽到嬰兒的哭聲而心生懷疑。可是嬰兒的哭聲愈來愈大，瑞雅只好請島上的男神庫瑞斯族（*Kourēs*）守在洞口，盡情地跳戰舞，好讓武器的撞擊聲、歌舞聲及種種聲響能夠蓋住小宙斯的哭鬧。克羅諾斯怎麼也沒想到山洞裡竟然藏了個孩子，但是他沒忘記瑞雅懷了孕，也知道孩子大概會在什麼時候出生，就質問孩子的下落。瑞雅拿什麼給他看呢？一塊石頭。她把一塊石頭包在嬰兒的襁褓中，抱給克羅諾斯看。她還故意說：「小心點，孩子還小，別摔著了。」克羅諾斯看也不看，瞬間就把包在襁褓中的石頭囫圇吞進肚子裡去。此後，在克羅諾斯肚子裡的所有孩子之上，又多了一塊石頭。

宙斯在克里特島上一天天長大，身體也愈來愈強壯。成年之後，他覺得該去向克羅諾斯討回公道了。他要克羅諾斯為吞食親兒與閹割父親的罪行付出代價。但要如何進行呢？宙斯人單勢孤，他必須先把自己的哥哥姊姊從克羅諾斯肚子裡救出來才行。在這裡，計謀再一次發揮了作用，使宙斯得以達成他的目的。計謀這個字在希臘文中叫做「墨提斯」（*mētis*），是指一種能夠事先規畫行動步驟，以縝密的布局騙倒對方的智慧。而宙斯的計謀就是調配一種特別的藥，由瑞雅把藥交給克羅諾斯服用。這藥實際上是一種催吐劑。克羅諾斯一吃下去，肚子就翻江倒海似地鼓動起來，接著他就狂吐不止。首先吐出來的是包在襁褓中的石頭，接著是「灶神」荷絲提雅，然後是一連串的男神、女神，依出生的相反順序一一被吐出來。最年輕的也就是最晚被吞下去的，緊跟在石頭後面出來，年紀最大的則最後才重見天日。我們可以說，當克羅諾斯吐出他們時，這些孩子等於又誕生了一次，就像當初瑞雅生下他們一樣。

神食仙飲

從克羅諾斯肚子裡重新出世的男女神祇，以宙斯為中心形成一個陣營，就此展開了兩代神祇之間的戰爭。這場戰爭打得難分難解，大約延續了十個「大年」，幾乎可說是遙遙無盡期，因為一個大年就相當於現在的一百年甚至一千年。

交戰的一方是以克羅諾斯為首的泰坦諸神；另一方則是以宙斯為首的奧林帕斯諸神，也稱「克羅尼得」，意思就是克羅諾斯的孩子。雙方各自占據了一座山頂，泰坦諸神的基地是奧特修斯山，奧林帕斯諸神則住在奧林帕斯山，他們分別在山上建立自己的大本營與戰鬥基地。在這場漫長的戰爭中，從來沒有一方能夠取得壓倒性的勝利。世界舞台不再冷清，宇宙第一代神祇與後代間的大戰不僅打得沒完沒了，還分裂割據了整個世界。在這場激烈的戰事中，雙方勢力互有消長。但有一點可以確定的是，僅靠剛強的武力是無法獲勝的，一定要有靈巧的智慧才行。要從膠著的戰役中勝出，關鍵不是窮兵黷武，而在於計謀策略。這時我們必須提到一個重要的神祇：普羅米修斯。普羅米修斯原本是屬於泰坦陣營的第二代神祇，是克羅諾斯之兄亞培多斯的兒子。但後來卻加入宙斯的陣營，為這個陣營帶來年輕神祇所缺乏的「智謀」。

萬有之母蓋婭是個既陰暗又明亮、既瘖啞又饒舌的原始女神。她曾經向克羅諾斯預言他會被兒子推翻，現在又來告訴宙斯，如果要打敗他的父親，就必須聯合泰坦諸神的親兄弟但又不屬於泰坦陣營的神祇。她所指的，就是被放逐到地獄的獨眼巨人與百臂巨人。因為泰坦諸神是原始的神祇，仍充滿自然的野蠻暴力。要戰勝這種蠻力，就必須自己也具備這種力量，以其道還治其身。而這一點是理性而有秩序的奧林帕斯諸神無法辦到的。在宙斯的陣營中，尚缺乏具有泰坦諸神那種爆發力及破壞力的戰士。

宙斯於是下到地獄，為獨眼巨人與百臂巨人解開手鐐腳銬，好讓他們重獲自由以為他效力。但戰爭並未就此結束，畢竟獨眼巨人與百臂巨人不會這麼輕易就投效宙斯。要取得他們的效忠與結盟，光是把他們從黑牢中解放出來是不夠的，宙斯還必須答應一項條件：讓他們有權享用瓊漿玉液及山珍海味，也就是讓永生不死者維持生命精力的神食仙飲。

現在我們看到「食物」這個角色再度登上世界舞台。殘暴的克羅諾斯也曾把自己的孩子當作食物吞下，他一心一意只想把肚子填滿，即使手上拿的是一塊石頭，也看都不看地吞進肚子。至於原屬泰坦神族的獨眼巨人與百臂巨人，獲得宙斯贈予神食仙飲的權利之後，就成了道道地地的奧林帕斯神族。因為奧林帕斯諸神與眾不同之處，就在於他們不像動物一樣，看到什麼就吃什麼；也不像凡人吃麵包、喝酒、吃獻祭過的肉。神是不需要吃東西的，或者說，他們不需要所謂的營養、食物，或是填飽肚子的東西。他們頂多吸飲一種專屬於神、可以讓人永生不死的仙食。

因為神的精力旺盛，永不疲憊。而人一旦用力，就會感到飢渴，必須靠吃喝來恢復體力，就像電池要充電一樣。神完全沒有這樣的煩惱，因為神的生命力永續不竭。宙斯把神食仙飲賜給獨眼巨人與百臂巨人，等於是確認了他們在奧林帕斯中的地位，讓他們從此具有完完全全的神性。從現在開始，有了普羅米修斯的足智多謀，再加上基克洛普斯與赫卡冬克羅的爆發力與破壞力，奧林帕斯諸神已具備擊敗泰坦諸神的能力。在十個大年不分勝負的鏖戰後，局勢開始改觀，天秤逐漸向奧林匹亞諸神那端傾斜。

獨眼巨人到底是何方神聖？他們如何幫宙斯贏得最後勝利？他們借給宙斯一項無敵的武器：閃電。當然，大地女神蓋婭也沒有缺席，她提供獨眼巨人鍛鍊雷霆閃電的工具，就像她曾經從體內製造鋼鐵，做成讓克羅諾斯振臂揮舞的鐮刀一樣。獨眼巨人靠著銳利無比的眼睛與無窮的體力，成為世界上最早的鍛冶師，比工匠與鍛冶之神赫菲斯托斯還要早。他們把煉好的閃電交給宙斯，讓他隨心所欲使用。這閃電就是精鍊到極點的強光與烈焰，具有超越一切的強力與動能。我們知道，獨眼巨人只有一隻眼睛，而這隻眼睛就能放出致命的烈焰光芒。對古代人來說，至少對那些構想出這些故事的人來說，眼睛的視線，就如同從眼裡發出的光。至於從宙斯眼中射出的光，自然就是閃電了。每當面臨危險，他的眼睛就會發出閃電，擊倒對手。除了獨眼巨人的眼睛，宙斯還有百臂巨人的怪力相助。百臂巨人有魁梧的身材、一百隻手臂，相當於五十個大力士同時發功。有了這兩張王牌，宙斯真的是天下無敵了。

諸神間的戰火終於到達最高峰。宙斯不斷向對方投以致命的閃電，百臂巨人也向泰坦諸神猛攻。就在這時，地動天搖、山崩地裂，一股駭人的濃霧從終年漆黑的塔爾塔羅斯地獄深處急湧出來。天空坍塌在大地上，世界又回到最初的渾沌狀態。宙斯戰勝了，而他的勝利不僅是打敗他的對手與父親克羅諾斯，同時也重新創造了世界。世界又回到原始的渾沌狀態，等著這位新的霸主重新建立宇宙秩序。

我們很清楚，宙斯的威力之一就是他能透過百臂巨人與獨眼巨人的力量來降服對手，令對手受制於他。這個君王擁有駕馭一切的魔力，要是有人膽敢反抗，他就會立刻投以雷霆萬鈞的霹靂閃電，再以強大的臂力扼住對方，迫使對方乖乖就範。在這場宙斯登上宇宙之主的戰役中，泰坦諸神一個個受到宙斯的電擊以及百臂巨人的重拳，被打落到地面上。當他們一掉到地上，百臂巨人就立刻在他們身上堆起山一般高的石塊，把他們壓得動彈不得。這些被壓在地上的神，力量來自於持續的運動，一旦他們連動也不能動，活力就無法維持下去，神力自然也施展不開。寇托斯、白亞瑞斯、居野斯三個百臂巨人制服了泰坦諸神，將他們押送到地獄。泰坦諸神是不可能被判處死刑的，因為他們是永生不死的神祇。但他們卻如同死了一般地活著，因為他們被放逐到渾沌的地下世界，囚禁在塔爾塔羅斯地獄中。那裡布滿迷霧、暗無天日，令人摸不清方向，什麼也看不見。為了不讓他們再回到地面上，宙斯的哥哥，海神波塞冬在地底世界的隘口四周建築一座圍牆。這個隘口就像是窄口甕的瓶口，是從大地通往塔爾塔羅斯地獄的唯一路徑。地面所有植物的根伸到這裡就隱沒入黑暗中，以免遭到利用而影響大地的穩定。波塞冬同時也在塔爾塔羅斯的出入口築起三層青銅牆，任命百臂巨人擔任守衛。這一切的措施，都是要讓曾經主宰世界的泰坦諸神無法再回到世界舞台上。

萬物的主宰：宙斯

第一幕就到此結束。宙斯已成為宇宙的霸主。他不僅獲得獨眼巨人與百臂巨人的鼎力相助，連一些原本屬於泰坦陣營的神祇也來歸順他。特別值得一提的是泰坦神歐克亞諾斯的女兒，「冥河」女神史蒂恪絲。這條河能發放出所有屬於地下世界，屬於地獄及水生世界的危險勢力。她在地底深處流動，在地獄裡源源不息地流著，然後在特定時刻躍流至地表之上。史蒂恪絲的水帶有極強的威力，凡人喝了立刻會麻痺而死。在諸神的戰爭中，史蒂恪絲背棄與她同族的泰坦諸神，加入宙斯的陣營。她在宙斯麾下整備武裝，並嚴格訓練她兩個孩子：男孩克拉拓斯，女孩碧野。克拉拓斯代表統治者的權力，使反對者敬畏懾服，不敢不從。碧野則是赤裸裸的暴力，與計謀策略恰恰相反。在戰勝泰坦諸神之後，宙斯就任命克拉拓斯與碧野擔任左右護法，克拉拓斯統御萬物，碧野則以暴力克敵。不管宙斯走到哪兒，克拉拓斯與碧野都護衛著他，一刻也不分離。

看到這個景象，奧林帕斯諸神決定由宙斯來統治宇宙。泰坦諸神已經為閹割父親的罪行受到懲罰，現在該是宙斯重建宇宙秩序的時候了。宙斯按照各個神祇的特長與功績，分配他們所應享有的榮耀與權力。他在諸神的世界中，建立了一套階層化、井然有序、組織分明的制度，使宇宙得以邁向穩定。世界舞台經過這番徹頭徹尾的改革之後，總算大功告成。宙斯主掌了整個世界舞台，原本渾沌的世界在他的統治下開始有了秩序。

但還有一些問題存在。天空烏拉諾斯與兒子克羅諾斯在許多方面非常相像，他們都不願意看到有一天孩子會取代自己的地位。儘管他們的手段不同，但都想要阻止孩子來到世界。也就是說，這些最早來到世界上的神，在獲得了一定的地位之後，就不想讓後代子孫繼承這個地位。但除了這些相似處外，烏拉諾斯與克羅諾斯的性格截然不同。烏拉諾斯被蓋婭生出來之後，就不停止地與她做愛，他唯一的目的，就是與生下他的蓋婭結合。烏拉諾斯沒有任何計謀，也毫無防備，根本想不到有一天蓋婭會報復他。

克羅諾斯的做法就與烏拉諾斯不同，他沒有把孩子困在母親的肚子中，而是把他們全部吞到自己的肚子裡。烏拉諾斯受老厄洛斯驅使，原始的愛欲使他壓覆在蓋婭身上，沒有想到別的事情。克羅諾斯就不同了，他所做的一切都是有意識地捍衛自己的權力，他是個受權力欲驅使的神，想要永遠位居高位，主宰宇宙。克羅諾斯是第一個政治家，他不但是宇宙中及諸神間的第一個王，也是第一個想出種種計謀與政治手段來保住王位的神祇。

隨著宙斯稱王，宇宙秩序產生徹底的改變。宙斯是靠手足及戰友的推舉而成為宇宙之王。登上王位之後，他也以最公正的方式，按照每個神祇所該得的，分配給他們榮耀與權力。不僅如此，他甚至讓在諸神大戰中保持觀望或中立態度的泰坦神祇繼續掌握原有的權力。例如圍繞著宇宙的海神歐克亞諾斯，在戰役中並沒有表態支持泰坦陣營或奧林帕斯陣營。在大戰落幕後，宙斯仍然讓他繼續環繞在世界的邊緣，將世界小心翼翼地保護在他的水域內。

另一個例子是泰坦神族的赫卡忒女神。在諸神大戰中，她同樣沒有幫助任何一方，但在大戰結束後，宙斯維持甚至更擴張了這位女神的權力。事實上，當宙斯重新分配諸神的權力時，赫卡忒得到一個與眾不同的地位。這位女神並不專屬於地上或天空，但在組織嚴謹的男神世界中卻是一個異數，代表的是一種遊戲、愉悅、一種偶然與機緣。她可以毫無緣由地帶給人好運，也可以讓人莫名其妙地遭遇不幸；她隨心所欲帶來幸福或災難。水中游魚、天空飛鳥、陸上走獸，都可能在她一念之間繁衍眾多，或是成群死滅。她是諸神世界中不可預知的因子，給人間帶來錯愕與巧合。宙斯與蓋婭能超越時間，預知世事的變化；赫卡忒卻給時間的齒輪加上潤滑油，讓世界以一種更自由的方式運作，帶點不可預知的從容。由此可見她的權限之大！

那麼天下從此太平了嗎？不！其實還早。現在新一代的神祇掌握了宇宙大權，宙斯登上諸神之王的寶座，但宙斯並不是「取代」了克羅諾斯，而是整個「改變」了克羅諾斯所統治的世界。克羅諾斯的眼裡沒有正義，他從來不把其他神祇當一回事。宙斯正好相反，他把王權建立在公平正義之上；儘管他不免偏愛某些神祇，但也從不會做出不公平的裁決。克羅諾斯的主權是單向的、唯我獨尊的、惡霸不講理的；宙斯創立的秩序則是審慎有分寸、和諧有節守的。

歲月流逝，宙斯也生了孩子，這些孩子勢必很快就會長大，變得強壯有力，不下於他們的父親。然而在宇宙的運轉中，總隱藏著威脅神界秩序的事端。生命總會隨著時間而成長茁壯，步入成熟；但在同時，時間也會消磨一切。宙斯也曾是個襁褓中的嬰兒，在山洞裡哇哇大哭，受其他神祇保護。雖然宙斯現在正值盛年，但他不會有衰敗的一天嗎？難道神不像人間的國王，有一天也會意識到自己不復當年？不會看到身旁那個一直受他保護的兒子，變得比他更強而有力，就在他一天天衰弱的時候一天天強壯起來？難道宙斯就不會經歷這些？父親克羅諾斯篡奪了祖父烏拉諾斯的王位，宙斯自己又篡奪父親克羅諾斯的王位，那麼未來會不會輪到他被自己的兒子篡位？答案是肯定的，而且一定會發生，彷彿這一切早已排在時間表上。蓋婭知道，瑞雅也知道。宙斯這方勢必得開始警戒，以防萬一。他不容自己一手建立的宇宙秩序毀於爭奪王權的繼承戰中。這個諸神之王與宇宙主宰，絕不允許自己步上從前統治者的後塵。他要讓自己不僅是世界的主宰，更要讓自己成為一個永恆而絕對的統治力量。而維持永續而穩定的統治權之關鍵，就在宙斯的婚姻。

權力的陰謀

宙斯的第一任妻子叫墨提斯，她是歐克亞諾斯的女兒。我們說過，這個名字意指計謀，一種可征服權勢的聰明才智。這種能力可讓人預測將發生的事，不會感到驚訝與畏縮，也不會露出破綻讓對方得逞。與宙斯結婚後，墨提斯很快就懷了雅典娜女神。宙斯擔心墨提斯生下的如果是兒子，將會奪去他的王位。他要如何避免呢？我們又回到「吞噬」這個主題來了。克羅諾斯吞下自己的孩子，但這並不是斬草除根的好方法，因為藉由一個陰謀、一帖嘔吐劑就讓他吐出了所有孩子。宙斯想要用一個更根本的方法來解決問題。解決之道只有一個：他現在不需要妻子墨提斯在他身邊，為他指點迷津；他也不再需要一個夥伴、一名伴侶。他必須自己來當墨提斯，為自己拿主意。怎麼做呢？墨提斯具有變身能力，跟海洋女神忒提斯及其他海神一樣，能隨心所欲變成野獸、螞蟻、石頭，或是任何你想像得到的東西。一場鬥智對決就要在宙斯與墨提斯夫妻間展開。誰將獲勝呢？

我們可以推測，宙斯採用的方法其實就跟其他傳說故事中所說的差不多。誰都知道，與法力高強的女巫或魔術師對抗，硬碰硬是絕對行不通的。相反地，若是用狡詐的方式，也許還有勝算。宙斯問墨提斯：「妳真的能化身成任何東西？那妳變成一隻會噴火的獅子給我看？」二話不說，墨提斯立刻變成一隻會噴火的母獅。多麼的驚人！宙斯再問她：「那妳也能變成一滴水嗎？」「當然！」「那妳變給我看。」話一說完，墨提斯就變成了小水滴。就在這當兒，宙斯立刻一口把水滴吞了。計謀再度得逞，墨提斯就這麼進了宙斯的肚裡。宙斯這次吞下的，可不是未來的繼任者。他吞下墨提斯就等於吞下她的能力，從此以後，他就可以在漫長的時間之流中，預測到每一刻會發生的事。智謀一旦進入他體內，他就可以在某人想要篡奪王位前，預先運籌帷幄，瓦解這些造反計畫。墨提斯被宙斯吞下時，肚子裡還懷著雅典娜。因此，雅典娜將不從母親的肚子裡出生，而是從父親的腦袋躍出；換句話說，宙斯的腦袋現在就等於是墨提斯的肚子。當孩子出生的時候一到，宙斯頭痛難當，發出痛苦呻吟，他趕快請聰明的普羅米修斯與工匠鍛冶之神赫菲斯托斯來幫他。他們帶來一柄巨斧，朝宙斯的腦門上奮力一擊。這時只聽見雅典娜大喝一聲，就從宙斯的腦袋中跳了出來。她一生出來就全副武裝：戴著頭盔，一手持矛，一手持盾，身著青銅胸甲。這位智慧女神，熟知所有兵法戰略；而同時，世界上所有權謀詭計，都集中在宙斯身上。他有了這層保護傘，再也沒有人能贏過他。好了，宇宙主宰這棘手問題解決了。從此以後，宙斯就成了諸神世界中無人能推翻的統治者，因為他就是主宰本身，再也沒有人能威脅宇宙秩序。當宙斯吞下墨提斯時，他也將智謀吞到自己體內，因而掌握了世間所有的智慧，一切問題都得到了解決。

萬物之母與渾沌卡厄斯

諸神間的大戰結束了，泰坦諸神落敗，奧林帕斯諸神掌握了世界上的權力。但實際上並不是就此太平了。宙斯勝利後，世界上開始有了和平、正義與秩序。但就在一切看來都穩定發展之際，蓋婭又生了一個新生兒，名字叫做颱風，或堤豐。這次她是藉由愛神愛芙蘿黛蒂的力量，或是依傳統說法，在「純金愛芙蘿黛蒂」的推動下，與地獄塔爾塔羅斯結合，懷了颱風這個孩子。塔爾塔羅斯深藏在大地深處，是無底深淵；他就像是第二個渾沌卡厄斯。這個在地底深處、黑夜般的塔爾塔羅斯，不僅與閃亮天空中的奧林帕斯諸神截然不同，也與泰坦諸神大異其趣。

就在泰坦諸神從天空上被趕下來，囚禁在塔爾塔羅斯而永不得重見天日的時候，蓋婭毫不猶豫地選擇了塔爾塔羅斯，與他結合，生下一個新的、同時也是最後一個宇宙反叛者。之所以選擇塔爾塔羅斯，就是因為他是天空的對比。蓋婭就像是放在宇宙中間的大圓盤，在她上面有永恆光明的艾鐵所照耀的天庭，在她底下則是絕對黑暗厄瑞玻斯所籠罩的塔爾塔羅斯。如果有人從天庭丟下一個大銅砧，那麼要經過整整九天九夜，在第十天才會掉落到地面上。同樣一個大砧，如果從地面往下掉落，同樣要等到第十天才會掉到地獄塔爾塔羅斯。蓋婭生下烏拉諾斯並與他結合後，生下了一世系屬於天空的神祇。這萬物之母，不僅能孕育一切，也能預知一切。她擁有神祕的稟賦、預見未來的能力，讓她能在諸神的戰鬥中，告訴她所偏愛的神祇一些機密、奸計，以便克敵致勝。但蓋婭是黑暗、幽冥的大地，永遠帶著渾沌原始蠻荒的一面。她完全不認為自己是天庭的一份子，因為明亮的天庭是絕對不會出現一點點黑暗的。她也沒有得到應有的尊重，那些奧特修斯山的泰坦諸神及奧林帕斯諸神，都是靠著她的建議與協助才登上宇宙王位，而他們卻不曾說過一個謝字。

我們記得，世界一開始只有渾沌卡厄斯，接著才有大地蓋婭。蓋婭這萬物之母，固然在某些地方與卡厄斯截然不同，但也有與他相像的地方。不僅是因為她的最深處鄰近渾沌般的地獄塔爾塔羅斯與厄瑞玻斯，也因為她本身就是從卡厄斯的內部所生出。我們可以說，在大地蓋婭之外，就只有渾沌卡厄斯存在。

蓋婭要生一個孩子來打敗宙斯，重新建立奧林帕斯諸神的秩序。她要生一個道道地地的大地之子，表現大地黑暗的一面，而不是像她那樣穩固堅實、孕育萬物的大地。這個由蓋婭所生出來的孩子，是一個巨大無比、充滿原始力量的怪物，外型獨特，有些地方像人，但也有非人的特徵。他擁有可怕的力量，如卡厄斯那般原始渾沌的力量。他的手臂牢牢長在肩膀上，臂力與百臂巨人不相上下，威力無人能擋，動作靈巧敏捷。他的雙腳不只能牢牢抓緊地面，還能永不疲憊地高速移動，是個充滿速度與動能的怪物。某些中東的神話傳說把他講成是一個笨重而遲鈍的大怪物，只在某些時候靠著體積增加來占據天地間的空間。我們所說的颱風總是在運動，他的手不停揮舞，腳也不斷奔跑。他有一百個像蛇一樣的頭，每個頭的口中都吐出漆黑的舌頭。每個頭有兩個眼睛，放射出熾熱的火光。這些火光將他的頭照得閃閃發亮，同時也將所有接觸到他的東西燒成灰燼。

這可怕的怪物是會說話的。他有各種不同的聲音，有時說神的語言，有時則說人的語言。有時候還發出各種野獸的吼聲：獅子的怒吼、野牛的咆哮。他的聲音、他的說話方式，是各種動物聲音的交雜混合。他並不像其他生物具有自己獨特的外型，而是聚集了萬物萬獸的特徵於一身。所有不搭調的、南轅北轍的動物特徵，所有我們想像得到與想像不到的詭異組合，都在他的身上出現。如果這麼一個在形體、聲音、言語、目光、行動、力量等各方面都混亂無章的怪物擊敗宙斯、贏得勝利，那麼宙斯建立的宇宙秩序必然會化為烏有。

在諸神交戰、宙斯稱王之後，颱風的誕生對奧林帕斯的秩序構成最嚴重的威脅。颱風的勝利意味宇宙將回到原始與渾沌的狀態。那會怎麼樣？漫長的諸神大戰將銷聲匿跡，世界再度陷入渾沌，但並非回到最原始的渾沌，而是已經建立好的秩序將面臨一場全面性的大毀滅。

颱風挑戰王權

颱風向宙斯展開攻擊，這是一場驚天動地的惡鬥。跟以往的諸神大戰一樣，宙斯靠著他力震山河、擊垮一切的能力而獲勝。當宙斯用閃電擊打颱風時，河海中的水往地上漫流，高山則被擊成碎片。甚至連冥王哈得斯所掌管的死者與黑夜的深淵也陷入一片混亂。這場惡戰，就是颱風的兩百隻火眼金睛與宙斯的霹靂閃電的大對決。倚多不足取勝，最後還是宙斯從獨眼巨人那兒獲得的武器贏得勝利，擊潰了颱風的火光。

還有一則軼聞是說：宙斯在這場王權之戰中，犯了一個極大的錯誤。有天，他疏於防備，在宮殿裡打起了盹。原本應該無時無刻警戒著的眼睛，也閉了起來。颱風正好在此時溜進來，發現宙斯放置閃電的地方，打算把它偷走。但是，就在他的手正要碰到那天下無敵的武器時，宙斯醒了過來，立刻以閃電重重擊打颱風。這下子兩強對決，渾沌之力與奧林帕斯之力，到底誰能取得上風，獲得勝利？最後還是颱風敗了，他那強有力的手與腿上的經脈，都被宙斯的閃電給震斷。他癱倒在地，一堆大石頭亂擲到他身上。宙斯把他丟進黑暗的塔爾塔羅斯：他從哪裡來，就回到哪裡去。

還有其他古怪的故事，對颱風的敘述有所不同。這些故事比較晚出現，大約在西元二世紀才開始流傳。西元前七世紀赫希歐德筆下的颱風，與我們以下要講的颱風多少有些不同，這些差距主要是受到東方神話的影響。

蓋婭對奧林帕斯諸神感到厭煩，於是與塔爾塔羅斯結合，生下一個怪物。這怪物是一個體積龐大的巨人，兩隻腳重重壓在地面上，支撐著高不可測的身體。他的額頭碰觸到天庭，而他的雙手向左右伸出，可以碰觸到世界的極東點與極西點。正如他的身軀所顯示的，他是最高與最低、天上與地下、左與右、東與西的混合體。這個渾沌無序的龐然巨怪，向奧林帕斯諸神發動攻擊。奧林帕斯諸神一看到他，就驚慌失措，紛紛變成飛鳥，逃之夭夭了。只有宙斯留下來，獨力對抗這跟世界一般高、與宇宙一樣大的巨怪。宙斯投出一次又一次的雷電，迫使颱風節節後退。宙斯乘勝追擊，抄起鐮刀想給他致命的一擊。但颱風可不是省油的燈，在近身的肉搏戰中，反而是颱風占優勢，因為颱風的體積龐大，可以把宙斯團團圍住，動彈不得。接著，颱風挑斷了宙斯的手筋腳筋，把他背在身上，丟到西里西亞（今土耳其），囚禁在山洞裡。然後颱風就把宙斯的手筋腳筋和他的閃電武器藏起來。

我們或許會以為這次什麼都完了，無秩序的混亂將取代有秩序的宇宙。我們看到颱風得意洋洋地坐在洞口，在手足俱廢、武器被奪的宙斯面前耀武揚威。可憐的宙斯，全身使不出一點力氣，動彈不得。但一如之前奧林帕斯諸神與泰坦諸神的大戰，詭計謀略、巧騙智取才是最後致勝的關鍵。使者之神赫米斯與埃奇潘找到了宙斯的手筋腳筋，趁颱風不注意時，悄悄拿給宙斯。宙斯重新裝上筋脈，就像我們穿上吊帶褲那麼簡單，然後拿回閃電，走出洞穴找颱風算帳。正好颱風也睡醒了，他睜開眼，看到自己的獵物竟然不在洞穴裡，一場比以前更激烈的惡鬥就此展開：這次是宙斯獲勝，怪物被徹底擊垮，永遠無法翻身。

其他版本的傳說中，宙斯也是先一時受創，成了階下囚，失去了力量和閃電武器。但卻是足智多謀的凡人卡德摩斯粉碎了怪物的美夢。話說颱風在擊敗宙斯後，志得意滿地以為一切都在他的掌握中。於是，他宣布宙斯的王權已經結束，自己才是世界的主宰，而且打算把流放到地獄的泰坦諸神給放出來，讓他們重掌大權。蹩腳的、專搞破壞的、四不像的颱風，就這樣取代了宙斯，取代了正義的宇宙之王。就在此時，卡德摩斯吹起笛子，輕妙悠揚的笛聲傳到颱風耳裡，聽得他每一個毛孔舒暢無比，不知不覺進入甜蜜的夢鄉。颱風後來想起有人說過，宙斯常常把一些凡人帶到天庭上，欣賞他們表演音樂與詩歌。他打算如法炮製，就把卡德摩斯找來當他的宮廷樂師。當然，現在要歌頌的不再是奧林帕斯的宇宙秩序，而是颱風世界中的混亂雜沓。卡德摩斯答應了，但前提是要先給他一把好樂器，如此他才能唱奏俱佳。颱風問他：「需要什麼？儘管說。」「我想給我的琴配上一副好弦。」「還不簡單，賞你一副世界上最好的弦。」說完，他就把宙斯的筋脈找了出來。卡德摩斯把它安上，演奏了一首絕妙的曲子。颱風聽著聽著就睡著了。宙斯眼見機不可失，就在此時接過卡德摩斯的琴，把他的筋脈重新裝回自己身上，然後找回閃電，準備進行戰鬥。不多時，颱風這個以造反起家的土霸王醒了過來，宙斯隨即用這些失而復得的法寶，一舉擊敗颱風。

另外還有一個故事也告訴我們謀略的重要性，不過，在這個傳說中，颱風並不是四不像的怪物，也不是大巨人，而是個大海怪，一尾龐大無比的鯨魚，身軀幾乎占滿了整個海洋。颱風住在海底一個很深的洞裡，宙斯對他一點辦法也沒有，因為他的閃電無法擊到大海深處。顯然，只有靠計謀才能扭轉乾坤。颱風是一個胃口奇佳的怪物；而宙斯有一個兒子赫米斯，也就是今日漁夫的老祖宗，是他將釣魚的方法傳授給他的兒子潘。這個赫米斯準備了一頓香噴噴的魚兒大餐，要引誘大海怪上鉤。颱風果然出了洞口，狼吞虎嚥起來。但他吃得太多了，整個肚子鼓鼓的。當他要回到洞裡時，因為肚子太大而卡住進不去。他只得癱在岸邊，正好成了宙斯的活靶子，讓他不費吹灰之力，就打垮了颱風。

這些聽起來可能有點荒誕的故事，其實都告訴我們同一個教訓。在統治權看似鞏固穩定時，最高權力的危機也隨之而來。秩序一旦建立，一股渾沌、混雜、紛亂無序的勢力也會起而反抗，威脅這個世界的主宰。宙斯似乎被擊倒了，為了重建王權，必須號召第二線的人物來相救。這些外表其貌不揚、看起來不甚了了的小神或凡人，對混世魔王起不了什麼威脅，但也因此不會引起懷疑。於是，憑著他們的機智，宙斯才能拾回武器，擊敗野心勃勃的造反者，重登宇宙王者的寶座。

宙斯真的就此霸權在握了嗎？還早呢。我們接下來要講的，就是他與紀鋼鐵族，也就是巨人族的惡鬥。

戰勝巨人

巨人族是介於人與神之間的角色，在宇宙中占有一個中間地位。他們是一群年輕戰士，也是戰爭的化身，代表與宙斯的王室秩序相對的軍隊秩序。他們也和百臂巨人一樣具有作戰能力，象徵戰場上的力量與暴力。百臂巨人最後加入宙斯陣營，臣服於他的權威。但巨人族代表戰鬥力與純粹的暴力，擁有強健的身軀、年輕的體格，他們不免自問：為什麼宇宙最高權力不是由我們主掌？於是，另一場王權大戰於焉展開了。

這場戰役同樣打得驚天動地，因為巨人族也是大地蓋婭所生。許多傳說都這麼記載：巨人剛從蓋婭體內生出來時，就已經是百分之百的青年戰士。他們不曾經歷過嬰孩階段，也不會變老，一生出來就全副武裝，隨時準備上場作戰。頭戴鋼盔，身著冑甲，一手拿無堅不摧的長矛，一手持削鐵如泥的大刀。他們一出生，彼此就先打成一團，之後才聯合起來向諸神開戰。在這一回的戰役中，奧林帕斯諸神不再逃跑。智慧女神雅典娜、太陽神阿波羅、酒神戴奧尼索斯、宙斯之妻赫拉、月亮女神阿提密斯，以及宙斯本人，每位神祇都拿起自己的武器上陣。但蓋婭卻告訴宙斯，他們休想戰勝巨人族。就算奧林帕斯諸神重創這些巨人，也無法將他們消滅殆盡。實際上也是如此，儘管巨人族屢戰屢敗、負傷累累，也總是精神飽滿，一波又一波地向前攻擊。

巨人族的體力好比年輕人，總能自動復原，因為他們是只要戰鬥就能活下去的年輕人。為了戰勝巨人，奧林帕斯諸神需要一個不屬於神界的凡人。宙斯跟對付颱風時一樣，再次需要凡人的協助來打敗巨人族。巨人族從未經歷幼年，也不會老，但卻具有人的相貌。他們能跟諸神戰鬥而不被殲滅，因為巨人族是介於必死的人與不死的神之間的生命，就像正值花樣年華的青年人一樣，還不算是完全成熟的人，但也早已不是小孩了。這就是巨人族。

朝生暮死之果

為了能贏得這場戰爭，奧林帕斯諸神找了赫拉克勒斯來幫忙。赫拉克勒斯還不算是一位神祇，也仍未登上奧林帕斯山，因為他是宙斯與一位凡間女子雅珂美內（*Alkmēnē*）所生的凡人兒子。赫拉克勒斯一上場，就對巨人族無情地大肆殺戮。但戰爭並未就此結束，因為蓋婭再一次幫助了宙斯的敵人，她不希望這些從她體內生出來的年輕戰士，遭到毀滅的命運。她於是出發去尋找一種能讓人長生不死的藥草，這種藥草只有夜間才會長出來，所以她必須在黎明破曉時去採收，然後讓巨人族吃下，這樣他們就不會被消滅。她同時希望奧林帕斯諸神能對巨人族網開一面，希望他們雙方能和解，而不要走上滅絕一途。但宙斯已先洞悉了蓋婭的計畫，於是就搶先一步行動，趁黎明未至，地上還昏暗無光、不死仙草也還未完全長出時，就先把它割了。從此以後，地面上就再也找不到長生不死的仙草。既然巨人吃不到這種草，就只有面臨被諸神毀滅的命運。

這故事還牽涉到另一個故事，但到底是與颱風或巨人族有關，其實並不那麼清楚。有人說當時颱風一直在找一種藥劑，既能治療百病，但同時也是一種毒藥。這種藥是由命運女神莫依萊三姊妹所掌管。女神給了颱風一種藥水，告訴他，喝下去之後不僅能夠長生不死，更能讓他增加十倍的體力，擊敗宙斯。颱風一口吞下藥水。但是人算不如天算，他服下的根本不是什麼長生不老的靈藥，而是「朝生暮死之果」，也就是說，一旦服下這果子，就難逃一死。這果子是給凡人吃的，讓他們活過一天是一天，直到體力用盡。颱風服下的不是什麼神食仙飲，也不是凡人在祭獻時燒給神祇的清煙，而是會讓他體力衰退，如常人般軟弱無力的果子。同樣地，要是巨人吃了這果子，也會感到疲憊無力，無法保有源源不絕的精力，以及神祇那種永不需要休息的能力。

從這些故事中，我們可以清楚看到，神需要一些人所不能享有的特權才能維持他們的地位。

神食仙飲就是永生不死的生命才能獨享的。當初就是宙斯同意獨眼巨人與百臂巨人享用神食仙飲，他們才成為奧林帕斯諸神的一份子。但要是有人覬覦王位，或是打仗時雙方僵持不下無法勝出時，宙斯就會毫不猶豫地讓對手吃下朝生暮死之果，讓他們像凡人一樣難逃一死。

奧林帕斯的法庭

在戰勝了巨人族之後，我們終於可以說宙斯的天王寶座就此穩固。在王權保衛戰中站在宙斯這邊的神祇，從此就能永遠享有原本屬於他的特權。這些神祇以天空為家，天空是純粹光明的所在。而世界的地底深處則是純粹的黑暗，由地獄塔爾塔羅斯及冥王哈得斯掌管。被擊敗的造反神祇、被擒服的怪物、氣力盡失的巨人都囚禁在那兒，永遠昏睡不醒，就像當年的克羅諾斯一樣。他們就此被逐出世界舞台，再也沒有他們的戲可唱。當然這世界上並不是只有諸神而已，還有凡人與動物。這些生命活在有日夜、善惡、生死之分的中間世界。他們的命運之線總有到盡頭的一天，就像他們所吃的食物必然會腐壞一樣。

在看故事一幕接一幕上演時，我們或許會這樣想：為了建立一個階層化的、有秩序、有組織的世界，一開始需要一個反叛行動，也就是克羅諾斯閹割父親烏拉諾斯的行為。在此同時，烏拉諾斯也毫不留情地詛咒子女，要他們為自己的罪行付出慘重代價。一段漫長的衝突與對抗就此展開，過程中充滿不幸與復仇，從烏拉諾斯的血液中誕生的復仇女神埃里尼斯，以及黑夜女神的女兒——死亡女神恪冽絲也正式登場。從烏拉諾斯被割去的陽具中流出的血，生出蔓延到世界各角落的憤怒與暴力。但事情不只這麼簡單。令宇宙秩序得以成形的那個行動——閹割烏拉諾斯所造成的，不僅只有黑暗的可怕力量，同時也有柔美的和諧，這兩者之間具有某種關聯。也就是說，復仇女神埃里尼斯、好勇善戰的巨人族與梣木女神僅是這個世界的一面，而與其相對的另一面則是從烏拉諾斯的精液滴落到海中而誕生的愛神愛芙蘿黛蒂。

渾沌卡厄斯生下黑夜女神努恪絲，努恪絲則生下所有罪惡力量：首先是死亡、命運女神莫依萊與死亡女神恪冽絲，以及謀殺、屠殺、殺戮；接著則是各種不幸：悲傷、飢餓、疲累、鬥爭、衰老。此外，在世界所遭受的詛咒中，還必須加上欺詐女神雅帕帖（*Apatē*）與性愛女神菲羅帖絲（*Philotēs*）。其中象徵謀殺與屠殺的女神都是黑夜努恪絲所生，這些黑暗女神一個接一個登上世界舞台，帶來的不是和諧優美的戲碼，而是恐怖、罪惡、復仇與詐騙。但我們若看看另一邊，也就是愛芙蘿黛蒂的後代，會發現這邊也不是純然的美好。喜美樂思與小厄洛斯雖然代表欲望與溫柔的愛，是美好的力量；但也有性愛女神菲羅帖絲代表的邪惡力量，象徵謊言、欺騙，以及年輕女孩所造成的誘惑陷阱。

在愛、和諧、溫柔等由愛芙蘿黛蒂所主掌的力量，以及象徵所有邪惡勢力的黑暗子孫之間，我們看到許多角色交錯、對照與重疊。在黑夜努恪絲的後代裡，我們看到種種誘惑與愛情的關係；就像在愛芙蘿黛蒂這一支系中，少女的迷人微笑也伴隨著謊言出現在愛情裡。受騙上當的人可能就會嘗到苦果。這並不是一個非黑即白、壁壘分明的世界，而是各種相反力量彼此混合、牽制、協調的世界。

在展開復仇的同時，黑夜努恪絲其實也為混亂的秩序帶來光明。至於純金般光明的愛芙蘿黛蒂，也有一個黑暗面的分身——梅萊尼絲（*Melainis*），在暗夜中策畫她的陰謀詭計。

宙斯設定宇宙秩序的時候，刻意細心地將黑夜、晦暗、衝突排除在神祇的世界之外。在諸神的王國中，就算有些神祇彼此爭吵，也不能擴大事態，變成公開的衝突。宙斯把戰爭驅逐出奧林帕斯，丟到人間，所有邪惡力量也都被他趕到人間，成為人類日常生活的一環。他命令海神波塞冬築起三道青銅牆，阻隔惡勢力，讓地獄塔爾塔羅斯的大門緊閉，讓黑夜努恪絲及其他邪惡力量永遠無法升天。當然，他們仍存在於世上，但宙斯已設下重重預防措施。

如果諸神間引發爭執，且衝突可能愈演愈烈時，他們就會受邀到宙斯準備的盛宴中。冥河女神史蒂恪絲當然不可能缺席，她會拿著一個盛滿冥河之水的黃金水壺到場。爭執的雙方必須拿著這把壺，將水澆向地面，向宇宙諸神獻祭，然後再喝一口裡面的水，立下重誓，表示自己不是挑起爭端的人，並且解釋自己的正當理由。如果他說了謊，在喝下冥河之水後，立刻會陷入昏厥，全身痲痺、動彈不得。也就是說，他會跟那些被奧林帕斯諸神打敗的神祇，像颱風或泰坦諸神那樣，不能呼吸、力氣全無、失去生命力。當然他們不會這樣就死去，因為神是不會死的。但他失去神性，無法活動，再也不能施展權力，就像在比賽中被判出局。他被逐出了宇宙的舞台，被囚禁在全然的痲痺中，完全失去了神祇存在的意義。這種悲慘的情境會持續很久，希臘人稱為一個「大年」。當他恢復神智，還是不能回到諸神的世界，也不能參加諸神的饗宴，享用神食仙飲。此時他所擁有的能力既不是凡人的，也不是一個正格的神所具有的，處境類似塔爾塔羅斯裡的泰坦諸神、颱風和巨人族，被放逐在諸神的世界之外。

換句話說，在這個多元複雜的諸神世界裡，宙斯已預見了衝突所帶來的危險。為防患於未然，他不僅設計了宇宙的政治秩序，也建立一套司法秩序。如此一來，即使諸神間發生爭執，也不會擴大到不可收拾的地步，影響到宇宙的穩定。犯了過錯的神祇，就要被逐出奧林帕斯，直到服刑期滿。當他們從昏迷中清醒過來，還必須再等待十倍刑期的時間，才能重享神食仙飲的權利。當然，這是諸神世界的秩序，至於人間的情形，就是另一回事了。

無可救藥的禍害

挑戰失敗的颱風被宙斯制服，失去了所有力量。那他剩下的軀殼到哪裡去了呢？也許跟以前的泰坦諸神一樣，被丟到塔爾塔羅斯地獄中囚禁。這挺合理，因為颱風是塔爾塔羅斯的兒子。但也有可能他並沒有到地下世界，而是一直躺在一堆大石頭下，這些石頭一個個都像小山那麼大，最後就堆成了埃特納這座大火山。颱風被埃特納山緊緊壓著，而這座山從此不時噴出濃煙、岩漿與烈火。這是因為宙斯當時對颱風施打的閃電還在繼續發火發熱？或者是颱風散放出來的能量？如果埃特納火山的爆發是被壓在底下的颱風所致，那麼從這些不斷湧出的熔岩中，還是可以看到颱風的造反力量，儘管在被擊潰之後，儘管在癱瘓甚至死亡之後，他的怪力仍然沒有徹底消失。

另一種說法倒是值得一提，從颱風的遺體中，鑽出了一陣又一陣的狂風、暴風，在地面，尤其是在海上肆虐。這些暴風似乎告訴我們，颱風仍然是世間的霸王，他的力量仍足以席捲世界，造成嚴重、無法彌補的破壞，就像他當年曾經戰勝宙斯一樣。如今他只是敗軍之將，被奧林帕斯諸神永遠隔絕在天界之外。然而屬於他的某些東西仍然存在，只不過不在諸神那兒，而是在可憐的人間。

從颱風遺骸跑出來的，是威力強大又無法預測的怪風，行蹤飄忽不定，不像其他風有固定方向。南風諾托斯、北風波瑞耶斯和西風柴飛羅斯都是有規律的風，照著晨星與暮星的升落吹拂，就像是神祇的孩子，遵守著宇宙的秩序。這些風為海上航行的水手指引方向，就像在海洋及陸地的高空開出了一條條大道。在廣闊無邊、如同水上卡厄斯的大海上，這些風指引明確的方向，使航海家不致在海上迷失。這些風有固定的方向，也有一定的時節：波瑞耶斯在某個季節吹，柴飛羅斯也只在另一個季節吹，都有規律可循。在掌握這些知識之後，航海家就知道該在什麼時候出海、哪個季節該航行到什麼地方。

但暴風就完全不同了，這是一種帶著濃雲密霧、狂捲四周的風。當這種風縱橫海面時，什麼也看不到，一如黑夜突然降臨，立刻迷失方向，也沒有任何足以辨識的目標。狂風暴雨席捲一切，分不清東西，也不見高低。受困在海上的渾沌世界中，水手有的漂流失所，有的則葬身海窟。暴風正是從颱風的遺體所竄流出來，是颱風仍然肆虐世間的象徵；它不只在海上吹襲，陸地也難逃其害。這無從預測的暴風，把陸地上的樹木連根拔起，摧毀田地、毀壞屋宇牆垣，所有工作成果都無法倖免於難。人類辛辛苦苦、耗日費時所種植囤積的農作莊稼，所牧養的牛馬豬羊，都在剎那間被摧毀一空。颱風實在是一個無可救藥的禍害。

於是我們知道，宙斯雖然打敗颱風，卻沒有把颱風這渾沌無序的力量從宇宙中清除。奧林帕斯諸神把颱風逐出神的世界，卻讓他在人世間縱橫肆虐，與混亂、戰爭和死亡一起作弄渺小的人類。無法再向諸神挑戰的颱風與其他黑暗勢力，從此就以人間為作惡的舞台，在地面上暢行無阻、大展淫威，讓人所有的一切都化為烏有。有沒有辦法對付這無可救藥的禍害？套句希臘人的話：只能聽天由命。

人神共處的黃金時代

宙斯登上宇宙之王的寶座，一個井然有序的世界就此誕生。諸神經歷漫長的戰爭，某些神祇獲得了勝利。在光明的天空中，惡勢力都被趕走，關在塔爾塔羅斯地獄裡，要不就流放到地上人間。人呢？他們的遭遇又如何？他們是什麼？

這個故事就不用從宇宙創生開始講了，直接從宙斯當上了天王，也就是諸神世界秩序底定的時候開始談吧！那時候，神並不只住在奧林帕斯山，也有不少神祇住在地上，跟人生活在一起。尤其是在科林斯附近的梅可涅平原，更是人神共處的所在。他們同桌用餐，一起歡宴慶賀。當諸神與眾人聚在一起時，每天都是歡樂的節日。大家飲酒作樂，聆聽繆斯女神歌頌宙斯的榮耀，以及諸神的英勇事蹟。總之，一切完美，處處極樂。

梅可涅平原是一片富庶豐饒的土地，在那兒，所有穀物果實自然而然生長茂盛。就像俗話說的：只要在梅可涅有一塊小小的土地，富裕就會隨之而來；因為在那兒不用看天吃飯，氣候和季節都不會影響收成。這就是人神共處的黃金時代。也有人說，這黃金時代是在克羅諾斯在位掌權的時候。那時候泰坦諸神與奧林帕斯諸神之間的惡鬥還沒有開始，世上也還沒有赤裸裸的暴力相向。那是和平的時代，遠在亙古之前的時光。人類已占有一席之地，但他們靠什麼過活呢？那時他們不僅可以和諸神一起吃喝歡樂，也不識今日的人間疾苦。他們活過一天又一天，昨日之事如過眼雲煙，明日之事誰也不擔憂。人永遠也不改變，沒有出生、長大，也沒有衰老、死亡。

那時候的人永遠年輕，身體四肢也永不衰老。他們並不像後來的人是由父母所生，他們也許是從大地母親蓋婭的體內冒出來，也可能是蓋婭生下他們，就像她曾經生下其他神祇那樣。但這個問題或許沒有那麼重要，反正人就是存在那裡。他們跟神祇一同生活、享樂，永遠年輕，從不知生老病死。時間是不存在的，因為他們沒有因時間流逝而體力不繼、年老色衰。或許在數百年後，甚至是更久，這些一直保持青春活力的人，就會在一次睡眠中消失得無影無蹤，就像他們憑空來到世界上一樣。人就這樣不見了，但這絕對不是死亡。那時候的人不用工作，不會生病，也沒有痛苦。人不必耕田除草，因為在梅可涅平原，一切食物與美好的東西都讓他們盡情享用，生活就好比某些傳說中的伊索匹亞人：每天早上，灑滿陽光的餐桌等待著他們，桌上有吃的、喝的，一切都準備妥當。食物及肉類都是現成的，小麥不必栽種就自然長成，餐桌上自動擺滿烹煮好的佳餚。一切精美的東西都由大自然自動供應。這就是當時的人類，他們生活得幸福快樂。

那時候世界上還沒有女人。當然，女神是有的，但女性的人類還沒有被創造出來。所有的人都是男人，他們除了沒有生老病死、不用工作外，也不懂什麼叫做男女之間的結合歡愛。當男人為了要有孩子而與女人（與他相同又相異的人）結合時，出生與死亡就成了人類的宿命。出生與死亡是人類必經的過程，如果不想要死亡，那也就不該出生。

在梅可涅平原，人與神共同生活在一起，但分離的一天終究會來臨。當諸神之間重新分配了勢力範圍後，下一步就是神與人的分隔了。在諸神之間，種種榮譽與特權究竟誰屬，一開始是靠暴力來決定的。當初泰坦諸神與奧林帕斯諸神之間的勢力分配，就是靠一場暴力相向的大戰來決定。戰爭結束後，泰坦諸神被放逐到塔爾塔羅斯地獄中，囚禁在地底的黑暗大牢裡。當地獄的三道青銅大門關上後，奧林帕斯諸神就回到天上，一同住在天庭中，開始分配宇宙的權力大餅。這個工作由宙斯負責，他不像以前的神祇，靠著暴力來解決紛爭，而是在諸神的同意下，依照他們的功績與特長，以公平正義的原則決定一切。在諸神之間，權力分配是靠著公開的衝突，或同陣營的盟友、父母之間的協議而達成。

三、人間煙火

狡黠的普羅米修斯

諸神與人類的生活空間該如何畫分呢？訴諸武力並非解決辦法，因為人對神來說太脆弱了，只消輕輕一握就可以把他們捏碎；而且雙方力量相差懸殊，諸神也沒有必要與人類進行協議。諸神現在所面對的，並不是一個可能威脅他們統治地位的力量，也不是有資格跟他們平起平坐的角色。因此，動武或談判都不是好方法，採取折衷、迂迴的方式才是可行之道。於是宙斯把這件事交給普羅米修斯，由他來制定神與人之間獨特的遊戲規則，因為他正是執行這個任務的不二人選。怎麼說呢？在諸神的世界中，普羅米修斯的身分曖昧、角色矛盾，地位也不明確。他是泰坦神祇亞培多斯的兒子，而亞培多斯則是克羅諾斯的哥哥。雖然普羅米修斯在諸神大戰中脫離泰坦陣營轉而投效宙斯，但他在血緣上仍算是泰坦諸神第二代，而非百分之百的奧林帕斯神祇。他的直系兄弟阿特拉斯後來被宙斯懲罰去扛沉重的天空。

普羅米修斯天生反骨，個性狡黠、好批判、不守紀律。那為什麼宙斯還把這個任務交給他呢？因為普羅米修斯雖然出身泰坦神系，但在大戰中卻沒有與宙斯為敵。有人說他一直保持中立，在戰爭中保持旁觀，誰也不幫。甚至也有人說，普羅米修斯其實是宙斯的大功臣；如果沒有他的運籌帷幄——別忘了普羅米修斯足智多謀、狡黠詭詐的特性，宙斯是不可能在大戰中獲勝的。就這一點而言，普羅米修斯的確是站在宙斯這一邊。但支持並不代表歸順臣服，普羅米修斯並未加入奧林帕斯陣營，他仍是個獨行俠，只依自己的想法行事。

宙斯與普羅米修斯其實在心智上很相像，都是思維敏銳、工於心計的神；這樣的智慧後來又出現在雅典娜身上。至於在凡人中，則屬奧德修斯最為著名。他們都是足智多謀的人物，能夠在危境中找到出路，具有絕地逢生的本事；而且為了達到目的，他們會毫不猶疑地說謊欺騙，用盡各種手段，設下陷阱讓對手往裡跳。宙斯就是這樣的人物，普羅米修斯亦然。他們在這點上有相同的特質，但彼此間卻也同時存在不可衡量的差距。宙斯是宇宙之王，手中掌握了至高無上的權力；普羅米修斯在這方面卻遠遠不是對手。泰坦諸神是奧林帕斯諸神的敵人，其中克羅諾斯更是宙斯的死對頭，因為宙斯威脅到克羅諾斯的王者地位。但普羅米修斯並不想稱王，他從來沒想過要與宙斯爭奪王位。宙斯所創立的宇宙，是依諸神的能力與功績而分配權位的井然有序的世界。普羅米修斯在其中雖占有一席之地，但他的地位卻難以界定。從宙斯後來嚴厲懲罰他，把他用鐵鍊鎖住，然後又放了他、與他和好這種種轉折顯示，他們之間的關係總是在敵對與協和之間擺盪。簡單地說，普羅米修斯並不是要反抗整個宇宙秩序，他只是宇宙內部的異議份子。他不想取代宙斯的地位，但卻在諸神世界中發出一股小小的抗議聲浪，就像是奧林帕斯中的一九六八年五月事件*。

普羅米修斯與人類之間有種複雜而又相近的關係。他的地位與人類有些類似，因為人的身分也是曖昧不明的：一開始，人身上帶有神性，與神一起生活；但人同時也有獸性的一面。因此我們可以說，人類與普羅米修斯一樣，身上具有許多相互矛盾的面向。

棋逢敵手

看看接下來要上演什麼戲碼吧！諸神與眾人如同往常一般聚集在一起，宙斯高踞寶座，命令普羅米修斯去執行分配的任務。普羅米修斯會怎麼做呢？他牽來一頭最肥碩俊美的大公牛，使出庖丁般的技法，乾淨俐落地宰了牠，並加以肢解。接著把這些肉油皮骨分成兩堆，一份給神，一份給人，以此畫分神與人的勢力範圍。

他是怎麼分配的？就像後來希臘人在祭神時所做的一樣，先將牛砍死，再去皮，然後肢解牛身。他首先把牛身上最長的骨頭，也就是前後四條腿骨解下，然後再把上頭的肉刮乾淨。清好了

---

*一九六八年五月，巴黎的大學生舉行示威遊行，抗議戴高樂總統的父權主義及高壓統治。抗議活動擴大蔓延至全國各地，並獲得工人聲援占據工廠，甚至引發街頭暴動。——譯注

腿骨，再卸下其他骨頭並集中起來。最後在骨頭上塗一層閃閃發亮、令人垂涎欲滴的純白牛油，這就是他準備好的第一部分。那第二堆又有些什麼？普羅米修斯把牛身上每一塊能吃的肉都集中在這一堆，然後再把牛皮蓋在肉上。這堆覆上牛皮、可以吃的肉，與黏稠又醜陋的牛胃及牛肚放在一起，看起來怪噁心的！

分配的工作就這麼完成了：一堆是令人垂涎的牛油，塗在一點肉也沒有的白骨頭上；另一堆則是肥美可口的肉，上面卻蓋著令人噁心的內臟。普羅米修斯把這兩堆擺在宙斯面前任他挑選，以此決定神與人的勢力範圍。宙斯看著這兩堆說：「啊呀呀，普羅米修斯，你這愛耍小聰明的東西？你分的這兩堆也太不公平了吧！」普羅米修斯看了看宙斯，微微一笑。當然宙斯老早就看穿普羅米修斯的詭計，但還是接受了這個遊戲規則。有人建議宙斯選第一堆，他也同意了。他得意洋洋地將手伸向塗著雪白牛油、比較漂亮的那堆。在場的每個人都目不轉睛地盯著，然而，當宙斯翻開這堆令人食指大動的東西，卻發現裡面除了骨頭、還是骨頭。宙斯馬上就對故意騙他的普羅米修斯大發雷霆。

這個故事有三幕，現在第一幕已經結束了。在這一幕的結尾，我們知道了從此以後人與諸神之間的關係是怎麼維繫的。人藉著獻祭與神發生聯繫，就像普羅米修斯為他們做的示範一樣。人在神殿外面的祭壇上，燒起種種香料，等到香氣瀰漫，再放上去肉的白骨。因為用油脂塗得閃亮的白骨才是屬於神的部分，這些東西在燃燒之後，就會化為一股香煙升上天庭。至於人呢，就把其他的部分留著自己食用。他們將一塊塊切好的肉，尤其是肝臟，以及其他美味的部分，用鐵或青銅做成的長籤插成一串，直接放在火上烤熟。其他肉則放入大鍋裡煮熟了吃。從此以後，人要吃肉的時候，就必須先向神獻祭，把燃燒骨頭所產生的煙傳送給神之後，再或烤或煮來吃。

這個故事頗出人意外，看起來普羅米修斯似乎是騙過了宙斯，用偽裝的方式把動物身上可食用的最好部分送給人，然後給諸神那些中看不中吃的東西。這樣的分配難道不是個騙局？表面上所看到的僅僅是假象，但實際上卻完全不是這麼回事；好的東西被偽裝成醜陋的，不好的東西卻被披上美麗的外衣。但普羅米修斯分給人的，真的就是最好的部分嗎？恐怕也不盡然，我們很難去界定孰好孰壞。當然，人類分到的那一堆是可以吃的，但那是因為人有攝食的需要。他們跟神不一樣，必須吃東西才能維生。人的生命並不是自給自足的，他必須從周遭環境攝取所需的能量，否則就會衰亡。人之所以為人，就是因為他需要吃麵包、吃獻祭過的肉、喝葡萄釀成的酒。但神哪裡需要這些東西？神根本就不吃這些凡俗的麵包、肉或酒。他們不需要從外界攝取營養就能繼續活著，他們只攝取那些讓他們維持神性的偽食物：神食仙飲。神的能量和生命力在本質上就與人截然不同。人只是一種次等的存在，所擁有的也不過是有限的力氣與逐漸衰亡的生命力。人必須不斷攝食來補充體力，因為人用了力氣之後，就會感到疲憊、困乏，肚皮也會跟著不爭氣地叫起餓來。從另一方面來看，在普羅米修斯所做的分配中，最好的部分不正是那一堆中看而不中吃、被宙斯取走的骨頭嗎？就拿我們人類來說，骨頭不僅是支撐整個身體的樑柱，更是全身上下最具有神性、最珍貴的部分。因為皮肉是會腐爛、消解在空氣或土壤中的，但骨骼卻不會腐爛，是最接近神的不死特質。換句話說，在動物身上不能吃的部分，也就是不會腐敗的部分，可說是獸類中最接近神性的部分。如果我們再進一步去想，還可以發覺另外一件事，那就是骨頭並不只是一塊硬梆梆的東西，在它裡面還蘊藏豐富的骨髓。對希臘人來說，骨骼由於含有骨髓，所以更顯重要。這種體液不但與大腦相連，也與精液相通。骨髓象徵生命的延續，透過一代一代的生殖繁衍，生命有限的個體可以無限延長他的生命。有了骨髓，人就不再只是孤立的個體，因為他會生兒育女、繁衍子孫。

於是，透過普羅米修斯巧妙的分配，神獲得了動物的生命元氣，也就是動物體內不死的那一部分；而人則獲得遲早會腐壞的肉，也就是動物身上必死的部分。人被分配到動物已死的一部分，而這個「必死的」特質，正是區分神與人的決定性關鍵。從此以後，人就注定只能擁有必死的生命，注定在有限的時間中過活；至於神則是永生不死的。這樣的畫分，宙斯早已清楚看在眼裡。

如果普羅米修斯沒有搞這些花招，而是明明白白地把骨頭堆在一邊，把肉堆在另一邊，宙斯還是會選擇象徵動物生命的骨頭。但現在，這兩堆東西被加上一層虛假的外貌，反而使宙斯看穿普羅米修斯有意瞞騙他。因此，宙斯決定要狠狠地懲罰普羅米修斯。在這場宙斯與普羅米修斯的鬥智競賽中，雙方都想盡辦法，或用明槍，或放冷箭，要使對方認輸。如同一場刺激的棋賽，虛虛實實、以退為進，都是為了擊敗對方、不留後路。雖然宙斯最後贏得了勝利，但他還是被普羅米修斯的詭計給絆了一跤。

終將熄滅之火

故事的第二幕，我們來看看普羅米修斯如何為他布下的騙局付出代價。從這一天起，宙斯決定把火與麥藏起來。就像在下棋一樣，每出一步棋都是為反制對手。既然普羅米修斯把好吃的肉藏在噁心的內臟底下，把不能吃的骨頭藏在晶瑩可口的油脂裡，現在輪到宙斯來藏起其他東西了。在決定要分配給人哪些東西的時候，宙斯決定把人本來能享有的一些東西扣住。以前，人可以隨心所欲地取用火種，因為宙斯的火，也就是雷電產生的火，一直都在梣木的頂端燃燒著。宙斯將火置於這些大樹上，供諸神與人類共同使用。在那個時候，人擁有火就像擁有食物一樣，各種果實穀物是從土裡自己長出來的，而肉類也本來就是熟的。當宙斯把火藏起來，情況就不妙了。因為現在人所擁有的是獻祭過的生肉，必須煮熟才能食用。人不是野獸或食人族，不能把血淋淋的生肉直接吃到肚子裡去。沒有用火烤過或煮過的肉，人是不能吃的。

所以一旦沒有火，人類就陷入了災難。宙斯對自己的報復行動感到非常滿意。但普羅米修斯想到一招對付的方法。他若無其事地登上天庭，拿著一根手杖，就像在散步一樣。那根手杖是以茴香枝條組成，外表綠油油的。茴香是一種特別的植物，組織跟其他樹木都不一樣。一般的樹木，外面的樹皮是乾的，但裡面卻是濕的，因為有樹汁在裡面流動。但茴香卻剛好相反，外表濕濕綠綠的，但裡面卻奇乾無比。普羅米修斯偷了一個宙斯的火種，將它放進茴香桿裡，火就在植物的莖裡面燃燒起來。普羅米修斯把茴香桿扛在肩頭，從天上慢慢踱步下來，仍是一派輕鬆自得的模樣。在這外面什麼也看不出來的茴香桿裡，藏著天上的火種，就是普羅米修斯要送給人類的禮物。現在人又可以生火取暖，烤煮肉品來吃了。宙斯此時悠閒地躺臥在天庭，正為藏起火種而兀自得意時，卻忽然瞧見家家戶戶冒出一閃一閃的火光。宙斯頓時火冒三丈、怒不可遏。在這裡，我們注意到，普羅米修斯這次用的還是老方法：用外表來掩飾內在，玩弄外在表象與內在真實之間的差異。就像他在分配祭品時，在骨頭外面塗上油，在肉外面包著噁心的牛肚一樣。

在藏起火的同時，宙斯也藏起了人的生命能源，也就是維持生命所需的食物：大麥、小麥及其他各種穀物。他不但把火收回，也把這些穀物藏起來。在克羅諾斯的時代，在梅可涅平原，人可以隨心所欲地從樗木上取火，各種穀物也長滿遍野，根本不需要人去耕植灌溉。那時候的人是不勞動的，因為根本就沒有工作要做。人不必主動去收割作物、獵取食物，也不須為了維生而勞動受苦、精疲力竭。但現在，宙斯改變了一切，原本自然就會長出來的東西，現在需要靠勞力才能獲得。

就像普羅米修斯必須把火種藏在茴香的枝條裡，才能把火帶給人類一樣；現在人類必須把穀物的種籽藏到土裡，才能獲得食物。要在土裡挖出一道道的溝，放下種籽，再蓋上土，以後才會慢慢長出麥穗。從現在開始，世界上有了農業，耕種成為維持生命所必須的工作。人必須在田地裡汗流浹背，犁土、播種、灌溉，才能得到麵包。而且每年還要記得留下一些種籽，不能把所有收穫全都吃完，這樣下一年才有東西可以種植。人也要開始製作一個個大甕，儲藏那些不能吃完的麥實，放到農舍裡。儲存糧食變得不可或缺，因為在春天，也就是在上個冬天和新一年的收成之間，人是沒有東西可吃的。

有了火種、有了種籽，人類從此得靠勞動來謀生。雖然人又有了火，但這火如同現在的麥子，都跟以前不一樣了。宙斯所藏起來的，是天上的火，是不停燃燒、不會熄滅的永恆之火。而人類現在所用的火，是從火種中取出來的，因此是一種被「生」出來的火。有生必定有死，所以這樣的火終將面臨「死」。只有不斷地看顧它、保存它，才能讓它繼續燃燒而不熄滅。會滅的火就跟會死的凡人一樣，是需要「吃東西」的，一旦不繼續餵它燃料，它就要熄滅了。人需要火，不只是用來取暖，也是為了要燒煮東西來吃。畢竟人跟其他動物不一樣，人不吃生肉生麥，而要吃麵包和煮過的肉。烹煮必須遵循一定的程序，也像是進行一道儀式，確保食物已被煮熟。

對希臘人來說，小麥是一種被太陽熱力及人類勞動所培育的植物。然後，由麵包師傅將麥子所製成的麵糰放到火爐裡，烘烤成麵包。由此可見，火，是人類文化的象徵。這普羅米修斯以詭計竊取而來的火，實際上也是一種人工的、靠著「技藝」得來的火。技藝是一種心智活動，是人之所以有別於其他動物的獨特能力，也是人之所以能創造文明的最主要原因。但另一方面，人火也與神火有所不同：人火需要燃料才能燃燒，它具有野性的一面，一旦失去控制，就會四處亂竄，無法再停下來。人間的火碰到什麼就燒什麼，而不是只燃燒那些人類所提供的燃料而已，它也會燒房子，燒毀許多城市及森林。人間的火就像是莽撞野蠻的怪獸，永遠飢餓，沒有飽足的一刻。而火的捉摸不定亦突顯出人類的特性：因為火與人類一樣，皆兼具原始的神性及動物的野性。

奇女子潘朵拉

心急的讀者可能會以為神與人的故事就這樣結束了。其實還沒有呢。這齣戲的第三幕才剛要開始。現在人類已經步入文明了，因為普羅米修斯已把一切技藝都傳給了他們。在此之前，人就像住在洞穴裡的螞蟻一樣，視而不見、聽而不聞，生命毫無意義，不知為何而活。拜普羅米修斯之賜，人開始成為有文明的生靈，從此有別於其他動物，也與神祇有所不同。但宙斯與普羅米修斯之間的鬥智還沒有結束：宙斯藏起了火，但普羅米修斯還是從他那兒把它偷走；宙斯藏起了麥，但人類還是靠工作而得到糧食。儘管偷走的並非永恆之火，儘管工作使人勞累受苦，但宙斯卻認為對手的失敗還不夠徹底。忽然，宙斯想到一個點子而大笑起來，他決定再給對手一次痛擊。第三幕正式登場！

宙斯一聲令下，召來了赫菲斯托斯、雅典娜、愛芙蘿黛蒂，還有其他一些小神，如時間之神荷萊伊姊妹。他命令手藝精湛的工匠之神赫菲斯托斯用黏土與水做出一個女人，不，應該說是年輕待嫁少女的塑像。赫菲斯托斯憑著他的鬼斧神工，捏出一個線條優美的少女。接著就輪到赫米斯上場，他賦予這人像體力與聲音，以及一些稍後會談到的重要特徵。最後宙斯再叫雅典娜與愛芙蘿黛蒂去裝扮這個女性胴體，給她穿上美麗的衣服，配戴珠寶、花冠，使她更加耀眼動人。雅典娜給了她一件最美的衣服，柔美而閃耀著光澤，與之前我們提到令諸神食指大動的閃亮牛油相比，毫不遜色。赫菲斯托斯則在她的頭上加了一頂冠冕，從中拖曳出一道白紗。這頂冠冕上刻有飛鳥、游魚、獅虎走獸等各種動物，使少女的前額散發出生命的活力。裝扮好的少女光彩奪目、明豔照人，讓人一見鍾情。

世界上第一個女人就這樣出現在諸神與眾人的面前。這個塑像並不是依照女性形象捏的，因為那時候還沒有女人。當然她也不是世界上最早的女性，因為世界上早就有女神存在了。這人像就是世界上第一個女人，也就是女人的原型，是依照不朽女神帕德嫩的形象而塑造出來的。諸神用泥土與水雕塑她，賦予她人的力量及聲音。但赫米斯又在她的嘴裡放進謊言，並賦予她如惡犬般貪婪好吃與偷竊的性格。這人像，這世界上第一個女人、所有女人的祖先，跟我們前面談到的牛骨頭與茴香桿一樣，有個誘人上當的外表。她擁有女神般的美貌，沒有人看到她不會感到興奮狂喜，赫希歐德說得對，人人都為她傾倒。除了她本身的美貌，她身上披戴的寶石、冠冕，穿的袍子、面紗，無一不吸引人。她全身上下都散發出迷人的魅力，令所有看到她的人為之銷魂。但她的內在卻隱藏著不為人知的另一面。她的聲音讓她成為男人的朋友、伴侶，成為男人的分身，她和他終歸是要結合在一起的。然而，女人雖然能夠跟男人一樣說話，但她們道出的不是真話而是假話，流露的不是真實情感而是虛情假意。

我們曾談到，黑夜女神努恪絲生下象徵邪惡的後代，如：死亡、殺害、仇恨等，但她也生下了其他東西，我們可以稱之為「欺騙或誘惑的言語」、「愛欲的結合或溫存」。而同樣地，愛芙蘿黛蒂從誕生的那一刻起，亦伴隨著謊言與愛情的吸引力。最光明的與最幽暗的、至高的幸福與最灰暗的鬥爭，在謊言與誘惑中結合並存。這就是世界上第一個女人潘朵拉，她如愛芙蘿黛蒂一般散發出女神的光芒，但同時也像努恪絲的孩子，全身充滿謊言與誘惑。宙斯創造出潘朵拉，不是為了諸神而是為了凡人。就像他從前把暴力與鬥爭逐出奧林帕斯，送到人間一樣，這次他也要把這美麗的女子送給人類。

普羅米修斯眼見自己又要失敗了，他知道又有倒楣事要降臨在可憐的人類身上。就像普羅米修斯（*Promētheus*）的名字中的普羅（*pro*）就是「在前」的意思，他能洞燭先機、未卜先知。但他的弟弟埃庇米修斯（*Epimētheus*）中的耶比（*epi*）則是「在後」的意思，也就是說，埃庇米修斯總是後知後覺，被眼前的景象所蒙蔽，完全想不到將會產生什麼後果。那麼我們這些可憐又不幸的凡人又如何？我們人類大概就是介於普羅米修斯與埃庇米修斯之間吧！我們也會有先見之明，會訂定計畫、預先想好什麼時候該做什麼；但卻又常常事與願違，世事變化出乎意料，令我們措手不及。由於普羅米修斯早就知道會發生什麼事，他特別警告埃庇米修斯：「你聽著，如果哪天諸神送禮物給你，千萬不要接受，立刻把它原封不動退回去。」當然，埃庇米修斯發誓絕對不會收下神送來的任何東西。但是諸神送的可是一個絕世美女呢！此刻，這位諸神送給人類的禮物：擁有帕德嫩女神美貌的大美女潘朵拉，來到埃庇米修斯家門前，敲了敲門。埃庇米修斯開了門，一見到她，立刻驚為天人，旋即把眼前的美人兒請進門。隔天，埃庇米修斯就與潘朵拉結了婚。潘朵拉就這樣嫁入凡間，也開啟了人類一連串的不幸。

原本只有男人的世界，現在加入了女人。男女兩性共同組成人類，而人類也必須靠男女的結合，才能繁衍後代。從女人被創造出來的那一刻開始，人就不再是從土裡面自然冒出來的了，他必須透過男女的結合，然後從女人的腹中生出。如果要讓人的生命延續下去，壽命有限的男人與女人就必須結合。而這也開啟了另一種不同的時間流動。

為什麼希臘神話說潘朵拉具有貪婪與偷竊的性格？這與之前的故事有關。我們說過，那時候的人已經不再跟以前一樣能夠毫不費力就享有用之不竭、取之不盡的火與食物。勞動已成為生活的一環，為了填飽肚皮，人必須過著勞累平庸的生活。農人在田裡辛勤地揮汗耕耘，但收穫卻少得可憐。人類永遠得不到溫飽，只得小心翼翼地省吃儉用，避免不必要的花費。然而，潘朵拉卻不知節制為何物，如同所有女性及其後代都是如此：貪得無饜、永不滿足。現有的那一點點東西對她而言是不夠的，她要吃得飽、吃得好，她什麼都要。這就是之前所說，赫米斯給了潘朵拉一種如犬般的貪婪好吃的性格。這種性格表現在兩個方面，首先是飲食上的：潘朵拉的胃口奇佳，總是不停在吃，時時刻刻都準備要上飯桌。或許是因為她對於古早以前黃金時代的生活還有些記憶吧！那時候的人住在富饒的梅可涅平原，整天無所事事，只曉得吃。現在，每個家庭裡的女人都像是無底洞，胃口永遠不滿足，永遠要求更多更好的東西。照這樣看來，人類跟蜜蜂其實挺相似。在每個蜂窩中，總有一群辛勤勞動的工蜂，一大早就在田野間飛來飛去，然後停在花朵上採集花蜜，再把花蜜帶回蜂窩；但蜂窩裡的女王蜂從來不離開蜂窩半步，卻把工蜂辛苦採回來的花蜜吃個精光，而且還不滿足。人的家庭生活也是這樣，男人在田裡揮汗工作，辛勤耕耘灌溉，最後再收割穀物。但家裡的女人卻跟女王蜂一樣，把一切收穫吃個精光。

女人不只會吃光糧食，同時也是引誘男人的高手。但女人真正想要的不是男人，而是男人所擁有的穀倉。藉著勾魂攝魄的媚態、甜言蜜語的騙術、傾城傾國的笑容，以及那——借用赫希歐德的話——搖曳生姿的臀部，女人使出渾身解數來魅惑年輕的單身男子。但實際上她所覬覦的，只是他家的穀倉。而所有的男人就像埃庇米修斯一樣，一看到女人美麗的外表，就被迷得失魂落魄，心甘情願拜倒在石榴裙下。

女人的口腹之欲無法滿足，當然令男人的身體健康日益消損，因為他們帶回家的糧食永遠不夠。不僅如此，女人的性欲也很驚人。阿加曼儂的妻子克呂泰涅絲特拉，或是其他欺瞞丈夫的名女人，雖然都不忘如犬般發揮看家本領，但這如犬般的性格也是聽從性欲行事的。

照希臘人的說法，即使是最好最了不起的女人，由於她們的祖先潘朵拉是用水與黏土捏成的，所以她們身上必定或多或少帶有水性。相反地，男人的性格則是乾燥熾熱，帶火性。

在某些季節，尤其是在今天所謂的「大狗天」，也就是每年七月中到八月中，當黎明時分大犬星座的天狼星依稀可見的這一段時間，天氣也格外熱得難受。由於男人原本就是火性的，他們在這段期間特別容易感到疲累，日日苦不堪言。相反地，女人因著她們的水性，反而更為活躍。她們要求丈夫為家裡的一切努力打拚，即使他們已累得精疲力竭。

那麼，偷竊的性格指的又是什麼？普羅米修斯曾經藉由詭計使詐，從宙斯那兒成功偷走火種。宙斯為展開反制，送潘朵拉來到世間，以女人來象徵盜火者，用女人來擾亂男人的心。其實，女人或妻子，就是一天接著一天不斷燃燒丈夫的火，讓男人在年紀還很輕時，就老態龍鍾、油盡燈枯。潘朵拉就是宙斯在人間所放的火，有了她，宙斯連火苗都不用點，就能將所有男人燒盡。以偷還偷，這就是宙斯為火種被盜之仇所做的報復。在此情況下，人類該怎麼辦呢？如果女人真的只是盯著穀倉不放的惡犬、使丈夫提前衰老的禍水，男人自然要視婚姻如毒蛇猛獸，避之唯恐不及。而這裡又出現了一個內外矛盾的情形。女人的食欲與性欲就像是個永不飽足的大肚子、永遠填不滿的胃。光就這點來看，她們表現的其實是人性中動物的那一面。作為一個「肚子」，本就是要吃掉丈夫辛勤工作所獲得的一切。這使我們想起普羅米修斯的分配：當他把肥美的肉藏在牛「肚」底下留給人類時，他不確定這樣做是否萬無一失。這回也是一樣，聰明反被聰明誤，普羅米修斯竟然中了自己設下的圈套。男人的兩難抉擇就此出現：如果結婚，那他八成要生活在地獄裡，除非碰巧娶了個好妻子，但這種女人少之又少。婚姻生活就像地獄，給已經夠悲慘的人生帶來更多悲慘。反過來說，如果男人不結婚，也許能有一個快樂的人生，還能保有一切，不用擔心會缺少什麼。但，人總是要死的，辛苦一輩子所獲得的財產，死後又要歸給誰呢？他的財產將會被一堆沒有感情的遠房親戚給瓜分。結婚是場災難，不結婚又是另一場災難。

女人的意義是雙重的。她是吞食一切的大肚子，把男人辛勤勞苦、流血流汗所收穫的一切吃個精光；但也是這個肚子生出孩子，讓男人的生命延續下去。女人的角色就是如此矛盾，她一方面是人類世界中的黑暗女神，具有消耗一切的力量；但也具有愛芙蘿黛蒂的特質，給人間帶來新生命。毀滅性的貪欲與生育的能力，巧妙地結合在妻子身上，這似乎就總結了人生的一切矛盾。女人就像是火，是人類的象徵，因為只有人類才會結婚。婚姻使人有別於動物；動物間的雄雌交配就如同攝食，都只是出於本能，而不具有婚姻的形式。換句話說，女人的出現，讓人開始過有文化的生活。再說，女人是依照女神的樣子塑造的。當我們看女人時，我們等於看見了愛芙蘿黛蒂、赫拉與雅典娜。愛神與黑暗女神的美、誘惑與魅力，透過女人而顯現於人間。女人身上融合了神性與人類生活中獸性的一面，在神性與獸性之間游移，而這也就是人性。

消逝的時光

再來談談有關人類的一些奇聞軼事吧！潘朵拉進了埃庇米修斯的家，成了人間第一個妻子。宙斯在她耳邊低聲細語，叮嚀她該做些什麼。埃庇米修斯的家跟其他從事農耕工作者的家一樣，有一些儲存糧食用的甕，其中一個特別大的被藏了起來，誰也不准去動。這大甕是哪來的呢？有人說是一群牧神帶來的，但也不太確定。有一天，當她丈夫出門後，宙斯悄悄傳話給潘朵拉，教她偷偷把那個大甕的塞子打開，再趕緊塞回去。她照著宙斯的話做了。潘朵拉走近那堆甕，數量可真不少：有的裝酒，有的裝麥子、裝油，總之，所有儲存食物的甕都在這裡。潘朵拉找到那個被藏起來的大甕，拔開了它的塞子。剎那間，所有破壞的力量、所有醜惡的東西，全都跑了出來，散布在宇宙中。當潘朵拉急忙把塞子塞回去時，裡面只剩下來不及跑出來的「希望」，也就是對未來的等待。

潘朵拉此舉使所有壞事都來到世上。她的出現就已經給人間帶來許多邪惡，現在再加上無數的災難，人類的處境更是雪上加霜了。哪些壞東西被放了出來？疲憊、勞累、各種疾病、死亡，還有種種意外，數不勝數。這些不幸與災難在宇宙間亂竄，一刻也不停地流動，四處出沒，永無定所。這些東西是看不見、摸不著也聽不到的，與外貌迷人、聲音悅耳的潘朵拉剛好相反。但宙斯就是要讓這些無以名狀、沒有聲音的罪惡來到世上，讓人無從防備，也無法遠離。人類極力避免遇上這些罪惡，因為人知道它們可惡；但又不知如何防備，因為看不見它們，也不知道它們究竟躲在哪兒。人看得見也聽得到的災禍，例如女人，卻又隱藏在花容月貌與甜言蜜語之下，等著吸引你、誘惑你，而不是嚇唬你。人類生活的特色之一，就是外表與真實之間的不一致。這就是人的處境，宙斯為報復普羅米修斯的小聰明而精心策畫的大陰謀。

普羅米修斯自己也沒能逃過一劫，他被宙斯用鐵鍊綑住，固定在半山腰的一根大柱子上，一動也不能動。他曾經把動物的肉保留給人類，現在則必須貢獻自己的肉給宙斯的老鷹。這老鷹帶著宙斯的閃電，是宙斯施展無敵神力的信使。普羅米修斯變成了祭品，他的肉一片片地變成老鷹口中的食物。老鷹每天都會飛來啄食普羅米修斯的肝臟，吃得乾乾淨淨，不留一點殘渣；到了晚上，他的肝臟又會再長出來。日復一日，普羅米修斯的肝臟會在夜裡自動長出來，好讓老鷹隔天早上又有東西可吃。直到很久以後，赫拉克勒斯得到宙斯同意，才把他放下來。普羅米修斯將自己的死亡與半人馬族的喀戎交換而獲得長生不死的能力。喀戎是人類文明的偉大導師，傳授阿奇里斯及許多希臘英雄箭術、醫術及種種技藝。他被赫拉克勒斯所誤傷，而這傷是無法治癒的，儘管他寧願一死以求從痛苦中解脫，卻因他是不死之身而必須繼續忍受煎熬。最後喀戎決定把自己的不死送給普羅米修斯以換得死亡，兩者就這樣各自得到了解脫。

普羅米修斯為他所犯的罪受到懲罰。他故意把動物的肉送給凡人吃，尤其是肝臟，而肝臟正是獻祭的動物身上最重要的部分，因為在當時，人就是從動物的肝臟來判斷神祇是否喜歡人所做的獻祭。因此，現在輪到普羅米修斯自己的肉與肝臟成為老鷹的食物。這隻鷹就是象徵宙斯神威的閃電。換句話說，曾被普羅米修斯偷去的火，化為象徵宙斯閃電之火的老鷹來啄食普羅米修斯。而他的肝臟，則成為這場盛宴上不斷更新的佳餚。

最後還有一個不容忽視的問題。普羅米修斯的身分曖昧不明，在宇宙中並沒有一個確定的地位。而他身上這個每天都會被吃掉，然後再長出來的肝臟，也向我們顯示出世界上至少有三種不同的時間與生命力。首先是神祇的時間，那是一種永恆的時間，什麼都不會過去，什麼都不會到來，也不會消逝。第二種是凡人的時間，就像柏拉圖說的，那是一種朝著同一方向直線前進的時間：人出生、成長、老去，最後走向死亡。所有生物都如此，沒有一個躲得掉。最後要談的是第三種時間，這是普羅米修斯的肝臟讓我們聯想到的，它是一種循環式的時間，就像月亮的陰晴圓缺一般，周而復始永不停止地進行下去。普羅米修斯式的時間，也像是天上星星的運動，循環而規律地運行著，讓人能藉由它們而估算出自己的時間。這不是諸神永恆不變的時間，也不是塵世中只能直線前進的時間。這種時間或許可以被哲學家稱為「永恆之中的變動」。普羅米修斯所象徵的，就像他的肝臟一樣，介於諸神的永恆不變與人世的線性時間。他的中間者的角色地位，在這個故事中展露無遺。他被拘禁在天地間的半山腰上，綁在大石柱的一半高度上，永遠是在兩者之間。他同時也在宇宙的時間之流中拉起一條長長的鏈繩，聯結著兩個截然不同的世界。繩的一端，是亙古的世界，時間還不存在的世界，神與人在一起生活，由永遠不死的神統治一切；繩的另一端，則是人與神分離之後的世界，從此人就必須臣服於死亡與日日消逝的時光。普羅米修斯的肝臟就是天空中運行的星體，把韻律與度量帶到神性的永恆中，扮演神的世界與人的世界之間的中介者。

四、特洛伊戰爭

以前有不少人認為特洛伊戰爭僅是古人的想像與杜撰罷了，例如法國作家紀侯度（Jean Giraudoux）在一九三五年出版的《虛構的特洛伊戰爭》（*la guerre de Troie a bien eu lieu*）。但事實恰好相反，歷史上的確有過特洛伊戰爭，這就是我們現在要講的故事。但是，若只是按照荷馬史詩的敘述，那有什麼意思？不過是變成一篇差勁的故事簡介罷了。如果我們試著用另一種方式來講，談談它為什麼會發生，又隱含了什麼意義，或許就有意思多了。想要對這場衝突發生的根源有進一步的認識，就必須追溯到很久很久以前，在幾座高山上：希臘的裴利文山、特洛伊附近的伊達山，以及斯巴達的泰吉特山，一齣由凡人所主演的好戲在此揭開序幕。這幾座山高聳入雲，所以人在這些地方得以更接近神；當然這並不是說，在這些地方人與神之間就沒有任何距離，只是兩者之間的區隔並不那麼明顯，諸神與眾人可以有更多的交流。就拿特洛伊戰爭為例，諸神趁著在山頂與人類近距離接觸的時機，把自己亟欲擺脫的壞事與災禍轉移給人類，將所有惡的東西逐出自己生活的光明所在，散播到地面人間。

我們就從裴利文山，從非提亞的國王裴琉斯與海神忒提斯的婚禮開始談起。忒提斯是聶柔斯的女兒，她們一共有五十個姊妹，人稱「聶柔伊得」，就像烏拉諾斯的孩子被稱為「烏拉尼得」、克羅諾斯的孩子被稱為「克羅尼得」一樣。但聶柔伊得是從來不跟其他神祇爭權奪利的，她們徜徉在海面、漫游在海底，是一群美麗善良、討人喜愛的女神。父親聶柔斯有個別名叫「海中老者」，是原始海洋龐多斯的孩子，也就是蓋婭的孫兒；在宇宙剛開始的時候，蓋婭就同時生下了烏拉諾斯與龐多斯。聶柔伊得的母親是朵麗絲，她是歐克亞諾斯的後代。歐克亞諾斯是蓋婭的另一個孩子，他是原始的宇宙之河，緊緊地將宇宙環抱在他循環不息的水域中。在聶柔伊得姊妹中，最有名的要數忒提斯和安菲特裡忒了。一如其他海神，忒提斯擁有不可思議的變形天賦，可以化身為各式各樣的東西：獅子、火焰、棕櫚、飛鳥、游魚……不勝枚舉。因為她們是海神，能夠像海水般游移自如，沒有任何形狀能將她們固定住。她們總是能自由地變換形狀，不受任何阻礙，就像沒有人能用雙手把水牢牢捧著一樣。或許就因為她這種不可捉摸的流動力，在希臘人的眼中，只有少數神祇能夠跟忒提斯相提並論。她讓我們想起前面曾談過的女神墨提斯，宙斯的第一位妻子，她也是冥河歐克亞諾斯的女兒。墨提斯並不是宙斯唯一的妻子，但卻是宙斯特意選為第一任妻子的女神，因為宙斯知道墨提斯聰穎過人，心思敏捷、變幻莫測，而這些優點正是他所想要的。但也因此，他倆的孩子將結合父親與母親的特質，總有一天會比他更具智慧與力量。這就是為什麼當墨提斯懷孕後，宙斯馬上就用詭計把她吞到肚子裡，讓她成為自己的一部分。而他們的孩子只有一個，就是後來從宙斯頭裡蹦出來的雅典娜，再也沒有其他。

從此，宙斯完全吸收了墨提斯靈巧多變的能力，未來不會再有威脅其地位的兒子出生。這種情形跟人類世界正好相反。凡間的人無論再怎麼強壯有力、足智多謀，再怎麼威風八面、至高無上，總有一天都要不敵歲月的摧殘，年華老去；還有他的孩子，幾年前還在他大腿上蹦蹦跳跳、受他養育與保護的小不點兒，有一天會變得比父親更強大，等著要接替父親的位置。然而在諸神的世界裡，宙斯的王權一旦確立，就沒有任何神祇能取而代之。

擁有變身法力的忒提斯，是個受人喜愛、充滿魅力的女神。宙斯與海神波塞冬都愛上了她。他們倆相互較勁，爭著要娶她。在宙斯與普羅米修斯的對決中，普羅米修斯手上還握有一張王牌，只有他知道一個可怕的祕密：如果宙斯真的與美麗的忒提斯結婚，他們將會生下一個孩子，這孩子長大以後將向宙斯挑戰，奪取他的王位，就像當年宙斯擊敗自己的父親克羅諾斯，以及更早以前克羅諾斯擊敗父親烏拉諾斯一樣。世代之間的惡鬥，下一代與上一代、兒子與父親之間的鬥爭，將會再次出現在諸神的世界中，並且永遠持續下去。如此一來，宙斯所建立的宇宙秩序就會受到動搖，甚至毀於一旦。

宙斯是怎麼知道這祕密的？有人說，普羅米修斯想要跟宙斯和解，便向宙斯表示願以這個祕密交換自由，於是大力士赫拉克勒斯就在宙斯的授意下，到高山上解開普羅米修斯的鎖鍊。宙斯因而預知了這個危險，波塞冬也隨後得知，於是他們都打消了與忒提斯結婚的念頭。那麼，這位美麗的女神是否就永守處女之身，永遠嘗不到愛情的滋味？倒也不會。別忘了神祇是很大方的，他們把忒提斯這塊燙手山芋丟到人間，讓凡人去承受被下一代僭越推翻的命運。忒提斯與凡人結婚後，生下了一個男孩。這男孩在任何方面都遠遠超越其父親，他是英雄中的英雄，一個崇高的戰士。他是最傑出優秀的，沒有人比得上他。這嬰兒是誰呢？他就是裴琉斯與忒提斯的兒子阿奇里斯。他是特洛伊戰爭的關鍵人物之一，而這場戰爭的發動，其實正與忒提斯的婚禮密切相關。

忒提斯的婚禮

宙斯與諸神一致決定：將忒提斯許配給帖薩利亞人裴琉斯，也就是非提亞國王。但要如何才能讓女神點頭答應呢？儘管她的丈夫人選貴為一國之王，但凡人就是凡人，再怎麼樣也無法與神祇相提並論。當然，諸神不會輕易為凡人牽紅線，更不會強迫自己人去接受一樁門不當戶不對的婚姻。想要贏得女神的芳心，裴琉斯必須自己想辦法克服困難。就如同許多曾經征服其他海神的希臘英雄，例如戰勝海神普羅丟斯的凡人英雄梅涅勞斯，裴琉斯也可以憑自己的力量實現心願。因此，裴琉斯必須親自從大海中把忒提斯帶走，依照婚禮儀式的規定，把新娘迎娶到自己所住的宮殿中。

於是，裴琉斯在一個風和日麗的早晨來到海邊。他看到忒提斯露出海面，就上前跟她攀談幾句。忽然，他跳上前去，一把抱住了她，硬要把她帶走。忒提斯使出渾身解數想要脫逃。裴琉斯牢牢記得海神普羅丟斯說過的話：想要對付變幻莫測的海神，最重要的就是用手臂緊緊抱住他們，絕不放鬆。手臂必須像鐵箍兒環抱起來，而兩隻手則十指緊扣，讓人無法掙脫。無論忒提斯變成兇狠的野豬、力大無窮的的獅子、燃燒的火焰，還是變成一灘水，都要死命抱緊，絲毫不能放鬆。裴琉斯照著做了，他緊緊抱著忒提斯，不論發生什麼事都不放手。女神使盡看家本領，卻怎麼也無法擺脫裴琉斯，最後她終於投降了。幸好她能變成的東西並不是無限多，當她試過各種可能的化身之後，就回復成自己最初的真面目：一位年輕貌美的女神。她認輸了。在認輸之前，她所化身的最後一樣東西是一條大烏賊。也因此，裴琉斯與忒提斯婚前發生大戰的狹長海岸，就被人稱為「烏賊岬」。為什麼忒提斯要變成烏賊呢？因為當有人要捕捉烏賊，或是其他海中生物想要吃牠的時候，牠會在水中噴出一道墨汁，把海水變得漆黑一片，讓對方什麼都看不到，就像忽然被一個黑暗世界所吞沒。這就是忒提斯的最後一張王牌，她必須像烏賊一樣噴出墨汁，讓對方以為她消失了。但裴琉斯還是緊扣雙手，一點也不肯放鬆。最後反而是忒提斯讓步了。婚禮就在裴利文山的山頂上舉行，這座山不僅是拉近諸神與眾人距離的場所，還讓神與人在此結合，完成一次不平等的交易。眾神給裴琉斯這個特殊待遇，讓他跟神界中美麗無雙的女神結婚，並不是因為他們覺得他有這個資格，而是因為他們要把暗藏在這場婚姻背後的一切危險，這些誰也不願意去沾惹的災禍，無聲無息地送到人間。所有神祇都來了，他們從永恆光明的天庭奧林帕斯下來，到裴利文山的頂端，慶祝這場婚禮。

裴利文山不只是諸神與眾人會面的地方，也是一個曖昧不明的灰色地帶。半人馬族就住在這座山上，他們之中最有名、年紀最大的就是喀戎。半人馬族是一種矛盾曖昧的組合：頭部像人、胸部像馬，身軀則與馬一模一樣。他們生性野蠻，某些方面比人類低等，心性殘暴，而且嗜酒如命，從不放過任何勾引女人的機會。但另一方面，他們又比人類高明許多，尤其喀戎更是如此。他們具有智慧與勇氣，以及一切男孩子要成為真正英雄而必須學習的本事：打獵、使用各種武器、歌唱、舞蹈、推理思考與自制力。因此喀戎就成了許多希臘青少年的導師，而他最出色的學生則是裴琉斯與忒提斯的兒子阿奇里斯。在這個諸神與眾人共聚一堂，各種野獸出沒，並有許多非人非神或是介於人神之間的動物生活的所在，忒提斯的婚宴盛大隆重地舉行。繆斯女神為他倆唱起婚禮祝福的美妙歌曲，所有神祇也送上賀禮。裴琉斯收到工匠之神赫菲斯托斯親手做的一柄上好梣木標槍、一副青銅打造的胄甲；他還收到兩匹不死的千里馬：白里奧司與克桑鐸司。牠們跑得像風一樣快，什麼也追不上牠們。牠們不但會嘶鳴，還會說人話。當諸神要向戰場上的人發出死亡警告時，牠們就會用人的語言，在戰士耳旁告訴他們的命運。牠們的話語就像先知一樣準確，彷彿是神祇在遠方藉這兩匹馬告知戰士他們的命運。在特洛伊戰爭中，阿奇里斯與赫克托（*Hectōr*）展開一場大戰，赫克托戰死沙場後，這兩匹馬就跑到阿奇里斯身旁，對他說他的死期也將到來。

婚禮上，諸神與眾人歌舞昇平，酒酣耳熱。看得出來，諸神表現得慷慨大方，為斐琉斯籌畫了這場豪華婚禮。但仍有一號人物未受邀參加這場喜宴，那就是主掌衝突、嫉妒與仇恨的女神厄莉絲。此時，這位不速之客突然現身婚宴，儘管沒有人邀請她，她還是準備了一份神奇的禮物：一顆金蘋果，一個被愛的證明。當所有神祇與貴客都聚集在一起，獻上他們精心準備的禮物時，厄莉絲把金蘋果往盛宴中間一丟，蘋果上面刻了「獻給最美的女性」幾個字。當場，赫拉、雅典娜和愛芙蘿黛蒂三位女神都認為這個蘋果非自己莫屬。問題來了，到底誰能拿走這顆金蘋果？

這顆金蘋果，這個閃亮動人的無價至寶，就這樣放置在裴利文山頂上，等著最美的女神去擁有它。在諸神讓出忒提斯這塊燙手山芋，裴琉斯靠自己的本領征服了她，並且在諸神與眾人共聚一堂慶祝他們婚禮的時候，金蘋果出現了，它就是特洛伊戰爭的導火線。或許這故事要告訴我們的是：這場戰爭不只是人類歷史中的種種偶然或巧合所造成，其中還有更複雜的原因，那就是人神關係的本質。神不願意面臨衰老，不願意代代爭戰不休，於是就把這些東西一股腦兒丟到人間，還把美麗的女神送給人類當配偶。於是，可憐的人類面臨了一種悲劇性的處境：伴隨婚禮的歡樂而來的，正是葬禮的悲哀。由男與女結合而成的婚姻，正如戰神阿瑞斯與愛神愛芙蘿黛蒂這對神祇夫妻所揭示的矛盾：前者使人分離，使人相互反對、甚至暴力相向；後者則讓人彼此欣賞認可，使有情人終成眷屬。事情總是一體兩面，如果一面是愛，是熱情、誘惑與性欲，另一面就是暴力、戰爭，征服與壓倒對方。兩性的結合造成人類的世代交替，使人能夠繁衍後代，使人類因而布滿大地；但這也帶來了另一個相對的結果：世界上的人口太多了。

當希臘人自己在反省特洛伊戰爭時，有些人會說，戰爭之所以發生，原因就是地面上的人太多，製造出來的噪音把諸神惹毛了，於是諸神想消滅一些地面上的人口。在巴比倫的傳說中，也有類似的故事：天神對人的所作所為感到不快，就降下大洪水淹沒一切。神的世界是光明清靜之地，諸神在那兒沉思冥想、彼此凝望。但是，人製造的噪音擾亂了一切，他們在地上不斷躁動，彼此叫囂互毆。於是天神就不時發動一場戰爭，因為依神之見，戰爭可以解決人口過多的問題，讓地面上回歸寧靜。

三位女神覬覦一顆金蘋果

特洛伊戰爭這齣戲的第一幕就這麼結束了。這枚金蘋果，獻給最美麗女神的榮耀，該歸諸於誰呢？這個問題連諸神都無法當機立斷。如果宙斯決定給其中一個女神，其他兩位必定不會服氣。宙斯是公正無私的統治者，早就為三個女神分配好各自的權力範圍，以及所能享有的榮耀與特權。如果宙斯將金蘋果給了赫拉，大家就會指責他對自己的妻子偏心；給了雅典娜，大家又會說他畢竟還是疼自己的女兒多些；要是這兩個都不選而把金蘋果送給愛芙蘿黛蒂，就等於公開表示自己禁不起情愛的誘惑。不管選哪一個，都擺不平其他兩位，宙斯終究仍是拿不定主意。結果這項艱鉅任務又落到凡人身上，交由一個凡人來決定誰是最美麗的女神，讓他來送出這顆金蘋果。這也不是第一次了，每當神碰到麻煩棘手的問題，或是有什麼拒絕去做的決定、不願去負的責任，就把爛攤子丟給凡人去收拾，一如他們把不想承擔的不幸或災難都送到人間。

第二幕正式上演，場景從裴利文山轉到特洛伊城附近的伊達山上。這裡是特洛伊的少年英雄學習鍛鍊的地方。與裴利文山一樣，這是個遠離塵囂的荒蕪之境，沒有麥田、葡萄園，也無種植果樹。這裡只有幾個牧人和牛群羊群住在一起，生活是原始、艱苦而孤獨的，僅能依靠打獵維生。這群性格與心智仍帶點獸性的年輕人，必須在這種地方學習戰鬥與打獵的技能，培養勇氣、忍耐及自我克制等德性，這些都是成為一個英雄所必備的。

被選定要在三個女神中做一抉擇的，是個叫帕里斯的年輕男子，特洛伊國王普里亞摩斯最小的兒子。他小時候叫亞歷山卓斯。當奧林帕斯使者赫米斯帶著三個女神降落在伊達山頂上，要來問帕里斯到底誰才是最美麗的女神時，他正在放牧專屬於他父王的羊群。他可以說是特洛伊的王室牧羊人，非常年輕，正值青春年華。堂堂一國的王子，為什麼會在這裡牧羊呢？因為他有一個非比尋常的童年與少年時代。

特洛伊是當時亞洲的一座大城，位於今土耳其達達尼爾海峽旁；物產豐饒、風景秀麗、國力強盛。特洛伊的國王是普里亞摩斯，王后是赫庫芭。在生下帕里斯的前一天晚上，赫庫芭做了一個夢。她夢見自己肚子裡懷的，並不是一個小孩，而是一把火，一把燃燒特洛伊城的火炬。於是，她請示預言者及解夢專家，想知道這個夢意味著什麼。有人跟她說，這個夢的意思非常明顯，就是她生下的孩子將要毀滅特洛伊，使特洛伊城陷入火光血海中。那該怎麼辦呢？他們想出的辦法是：把孩子交給死神，但卻不殺死他；也就是說，把他遺棄在荒郊野外。普里亞摩斯將小嬰兒交給一個牧羊人，要牧羊人把他丟棄在伊達山上，不餵他吃喝，也不照顧他或保護他，把他放在遠離人煙與農村的野地上，任由出沒的野獸宰割。遺棄一個孩子，就等於任他死亡，讓他自動消失，這樣的手法乾淨俐落，絕不會讓子孫的血玷污自己的手。但被遺棄的孩子不見得會死，一旦他們活了下來，就會帶著常人無法具備的特質再回到那個遺棄他的社會。這孩子能通過死亡的考驗而生存下來，不能不說是受到諸神特別眷顧，在人世間萬中選一的象徵。帕里斯是怎麼逃過一劫的？有人說，孩子被拋下沒多久，就被一隻母熊發現，並用自己的奶哺育他。母熊走路及照顧幼兒的方式，簡直就和人類中的母親沒有兩樣。幾天之後，一群在伊達山上為王室放牧的人發現了孩子，就把他帶回家裡，養育他、照顧他。他們不知道這是誰家的孩子，也不知道他父母生下他時已經給他取了帕里斯的名字，牧人就將他取名為亞歷山卓斯。

時光流逝，好幾年過去了。一天，普里亞摩斯與赫庫芭派出一位使者，到山上物色一頭壯美的公牛，為他們當年不得不放棄的孩子舉行一個祭禮，彌補他們的虧欠，讓他在地下也能享有王室的光榮。使者選中的牛正是亞歷山卓斯最喜愛的那一頭，於是他決定伴隨牛一起上路，好伺機解救牠。在那個時候，為死者獻上榮耀的祭禮並不只是吃喝而已，還舉行各項運動大賽：跑步、拳擊、摔角，以及標槍擲遠。亞歷山卓斯也報名參加比賽，與特洛伊的青年菁英一較長短。結果，在每一項大賽中，他都勝過普里亞摩斯其他的兒子，拿到冠軍。

在場的每個人都大吃一驚，爭相探問這個陌生的年輕人到底是誰，竟然如此強壯俊美，技藝非凡。另一位特洛伊王子戴佛伯斯（我們待會兒還要講到他）嚥不下這口氣，決定要殺了這個搶走他所有光彩的陌生人。他一路追殺，亞歷山卓斯只得逃到宙斯的神廟尋求庇護。這時，他們的姊姊卡珊德拉出現了，她是一個美麗純潔的年輕女子。當年阿波羅曾為她的美貌傾心，向她求歡，卻遭卡珊德拉拒絕。惱羞成怒之下，阿波羅決定送她一種可靠但無用的神力以為報復，一種絕不會失誤的預言能力，但沒有人會相信她。因此，這樣的能力給卡珊德拉帶來無盡的苦惱與憂愁，因為誰也不相信她的預言，只能眼睜睜地看著不幸發生。就在戴佛伯斯闖進神廟時，卡珊德拉說：「別衝動，這個年輕人正是我們的弟弟帕里斯。」這時候國王與王后也到了，赫庫芭認出亞歷山卓斯——該叫他帕里斯了——身上正好帶著小時候被遺棄時包裹的圍巾。母親欣喜若狂，父親普里亞摩斯原本就是個仁民愛物的好國王，他現在年老了，也十分高興還能再找回這個兒子。就這樣，帕里斯終於重返王室。

赫米斯奉宙斯之命，要找一個凡人來為三位女神的美貌定高下。當三位女神跟著他來到伊達山時，帕里斯已經回到父母身旁，重新成為王室的一員了。但他從小就在山上放牧，至今仍保有這個習慣，經常上山看顧牛羊。他是個道道地地的伊達山之子。於是當帕里斯看到赫米斯和三位女神來到山上，心裡著實嚇了一跳，十分忐忑不安。因為當女神以她神聖的真面目現身在凡人面前時，是會為這個人帶來不幸的：凡人沒有資格目睹女神真面目。這既是凡人夢寐以求的無上特權，但同時也會帶來無法躲避的危險。希臘神話中最重要的一個先知泰瑞修斯（我們在戴奧尼索斯與伊底帕斯的故事中還會看到他）在看到雅典娜之後，馬上就瞎了眼睛。而同樣是在這伊達山上，愛神愛芙蘿黛蒂曾經從天而降，與埃尼亞斯的父親安奇歇斯有過一夜之歡。安奇歇斯原本以為與他共度良宵的是一個凡人的女兒，但第二天早上，當他看到愛芙蘿黛蒂身上散發出女神特有的光采時，嚇得不知如何是好，只有跟女神苦苦哀求：「我知道我鬼迷心竅了，從現在開始，我再也不能跟任何女子發生肉體上的關係。男人一旦跟女神交歡過，就永遠不能再躺在平凡女人的懷抱裡。他的生命、他的眼睛、他所有的男性能力，從此以後都將消失殆盡。」

所以帕里斯一看到這幾位女神，當場嚇得目瞪口呆。赫米斯開口安撫他，跟他說他的任務很簡單：奧林帕斯諸神選擇他，要他來斷定誰是天底下最美的女神。三位女神的美各有千秋，怎麼可能選得出來？女神也知道他很難抉擇，於是使出渾身解數來誘惑帕里斯，好讓自己雀屏中選。每個女神都說，只要選擇她，她就保證送他一樣獨一無二的能力，而且這禮物只有她才能給。

雅典娜提供的禮物是什麼呢？她說：「如果選了我這個戰爭與智慧之神，你就能在戰場上所向披靡，擁有令人欽羡不已的智慧。」赫拉則說：「如果你選的是我，你就會擁有一個龐大的王國，整個亞細亞臣服在你腳下。別忘了我是宙斯的妻子，世界的主權就在我的床上。」輪到愛芙蘿黛蒂，她說：「如果你覺得我是最美的，那麼你就會成為完美的情人與誘惑者，沒有一個美女能逃過你的手掌心，特別是絕世美女海倫！這位名滿天下的絕代佳人一見到你，便無法抵抗你的魅力。你將成為海倫的情人，她的丈夫。」一個是功勛彪炳與無敵智慧，一個是至高無上的權威與萬民臣服的榮耀，另一個則是與美麗動人的海倫同享魚水之歡。最後帕里斯選擇了海倫，把金蘋果獻給愛芙蘿黛蒂。故事的第二幕就在神與人複雜的關係運作中落幕。

海倫有罪還是無辜？

第三幕戲，絕世美女海倫終於上場了。她究竟是誰？其實她也是神祇介入人類世界的一個結果。她的母親麗妲是卡呂頓國王鐵斯提歐的女兒。就在含苞待放的花樣年華，麗妲認識了來自斯巴達的年輕人汀達柔斯。這個年輕的斯巴達人因為國家發生政變，被他的政敵趕出斯巴達，因而逃到鐵斯提歐那兒尋求庇護。在政局穩定之後，汀達柔斯就要回到斯巴達接掌他先前失去的王位；但這時他已愛上麗妲，並向她求婚了。鐵斯提歐為他倆舉行了盛大的婚禮。但新娘的絕色美貌並不只吸引了新郎而已，在奧林帕斯高處，宙斯也注意到這位美人。他根本沒把赫拉及其他配偶放在眼裡，腦子裡就只有一個念頭：將麗妲據為己有。在婚禮當天，麗妲與汀達柔斯的洞房之夜，宙斯化身成一隻天鵝，來到新房中與麗妲做愛。於是麗妲同時懷了汀達柔斯與宙斯的孩子，一共四個：兩男兩女。但也有人提出不同說法：宙斯看上涅梅西絲女神，並向她求歡。涅梅西絲為了逃避宙斯的糾纏，就把自己變成一隻鵝，躲在鄰近斯巴達的泰吉特山上。但宙斯也化身為天鵝，與她做愛。變成母鵝的女神就這樣生下一個蛋，後來被一個牧羊人撿到，把它獻給麗妲。結果，從蛋裡面生出來的小女娃，就是海倫，麗妲把她當作自己的小孩來撫養。另有一說，涅梅西絲生下兩個蛋，蛋裡生出一男一女，都被麗妲收養。

涅梅西絲是令人生畏的女神。她是黑夜女神努恪絲的女兒，和她的兄弟姊妹以及所有這一世系的神祇一樣，都具有黑暗世界的力量：死亡、命運、紛爭、謀殺與戰鬥。但涅梅西絲帶有另一面同樣屬於夜晚的女性特質：溫柔的謊言、愛欲的溫存，也就是歡樂與欺騙的結合。涅梅西絲同時也是復仇女神，監視著那些犯錯的人是否付出代價。出於過度的嫉恨心態，對於尚未受罰的犯罪者以及氣焰囂張的人，涅梅西絲是不會善罷甘休的。就某一方面而言，涅梅西絲與麗妲是一體的，涅梅西絲以麗妲這個人間女子的姿態現身在人間，目的是要讓渺小的人類嘗到痛苦的滋味——誰叫他們不是神呢？

來看看麗妲的四個孩子吧！兩個兒子叫做波呂克斯與卡斯托爾，也叫「迪奧庫洛」（*Diōkouroi*）兄弟，這稱呼意味著他們是宙斯的兒子，因為在希臘文中，「迪奧」（*Dio*）就表示與宙斯有關；但他們也叫「汀達里德」兄弟，意思是汀達柔斯的兒子。另外兩個女兒則分別叫海倫與克呂泰涅絲特拉。無論是好是壞，他們體內融合著神性與人性。人間丈夫汀達柔斯與神祇情人宙斯身上的血，在麗妲或涅梅西絲的肚子裡交融混合。但兩兄弟的性格是明顯對立的：波呂克斯遺傳到宙斯的神性特質，能夠永生不死；至於卡斯托爾則繼承了汀達柔斯的凡人血脈，生命是有限的。在一場與堂兄弟伊達斯與倫丘斯的打鬥中，卡斯托爾失去了生命，下到地獄；而波呂克斯雖然身受重傷，卻是光榮的勝利者，被宙斯接到奧林帕斯天庭。然而，儘管這對孿生兄弟因同母異父而人神殊途，但他們倆的感情深厚，任何事情都拆不散他們。波呂克斯央求宙斯，將他身上的神性與卡斯托爾平分，這樣兄弟倆就可以永遠在一起。一半時間一同生活於天庭，另一半時間則在地獄與鬼魂幽靈一起度日。克呂泰涅絲斯拉與海倫姊妹倆，則是彼此一唱一和地招災引禍。按照一般的說法，克呂泰涅絲斯拉是汀達柔斯的女兒，顯現出黑暗的一面。她是阿特柔斯（*Atreus*）家族中揮之不去的詛咒。她是復仇的幽靈，令從特洛伊凱旋歸國的阿加曼儂羞辱而死。

宙斯的女兒海倫則具有神祇特有的氣質與光輝。由於她的美與無以倫比的魅力，海倫可說是世間的頭號危險人物。即使她也給家族帶來一些不幸，但卻不減她神仙般的光華。當她離開丈夫、捨棄宮殿、拋下孩子，跟隨帕里斯遠走他鄉時，她到底是有罪的，還是無辜的？很多人說，這個女人一定是受到欲望的驅使，想追求感官的歡愉，才會輕易被一個異邦王子展現的財富、奢華及東方式的享受所引誘。但也有人說，她是遭到武力脅迫，雖曾盡力反抗仍無法脫身，最後只得屈從。

不管怎麼說，有一件事是確定的。那就是她的離去引發了特洛伊戰爭。但是，如果這只是一個滿心憤怒與嫉妒的丈夫，想要討回他被人引誘的妻子，那麼這場戰爭也不會發展成如此浩大的規模。換句話說，事情比這嚴重多了。因為這件事等於是兩個極端之間的衝突，一端是鄰邦之間的協議、互助、友誼，另一端是異邦之間的仇恨、暴力與決裂。事件的起源是這樣的：當海倫還是個少女時，父親汀達柔斯就很清楚地知道，這個世界上最美最珍貴的女兒，可不能隨隨便便嫁給一個普通人。他邀請希臘各城邦的青年才俊、王子、未婚的國王來到他的宮殿，好讓他為愛女挑選一個最完美的丈夫。他們在汀達柔斯的王宮裡住了好一陣子，每個青年都非常優秀，要選誰才好呢？這確實讓他傷透腦筋。這時，他一個非常精明的姪兒奧德修斯告訴他：「解決的辦法只有一個，那就是在宣告你的選擇之前，先要求所有競爭者立下誓言。無論海倫選了誰，每個人都必須接受這個結果，並且支持這場婚姻。也就是說，如果日後這場婚姻發生問題，所有今日的求婚者都必須站在丈夫這邊，為他出力。」每位求婚者都立下了誓言，現在輪到海倫來宣布人選了。海倫選中的是梅涅勞斯，也就是阿特柔斯的兒子，阿加曼儂的弟弟。

帕里斯帶走海倫之前，梅涅勞斯已經認識他了。梅涅勞斯有一次到特洛伊旅行時，曾受到帕里斯的熱情接待。而當帕里斯與埃尼亞斯來到希臘，首先受到海倫的兄弟波呂克斯與卡斯托爾的盛大款待，然後才被梅涅勞斯迎接到斯巴達，也就是海倫所住的地方。梅涅勞斯克盡地主之誼，殷勤地招待帕里斯。有一天，他必須出城去參加親人的葬禮，於是他在臨走前叮嚀海倫，要她代他善盡地主之誼。就在梅涅勞斯去參加葬禮之際，帕里斯與海倫才有了更多的相處機會。我們可以推想，要是梅涅勞斯待在宮殿裡，海倫不會有機會與帕里斯私下相處，因為招待賓客是主人的事。現在，主人不在，就輪到女主人來招待賓客了。

帕里斯與埃尼亞斯一刻也沒多等，就帶著美麗的海倫上船，出海前往特洛伊。無論海倫是出於自願，或是被人脅迫，總之，她人已經在船上了。當梅涅勞斯回到斯巴達知道了這件事之後，馬上就趕到哥哥阿加曼儂那兒，向他控訴海倫的不貞，尤其大罵帕里斯罔顧道義、背叛朋友。阿加曼儂找了一些人來共商計策，然後委派脩色佳島的國王奧德修斯周遊希臘各邦，召集曾向海倫求婚的人，要他們遵守當初立下的誓言，協助解決這件事。對他們而言，這已不僅是梅涅勞斯與阿加曼儂兄弟的事，而是對所有希臘人的侮辱，希臘人必須團結起來，要帕里斯付出代價。因為帕里斯搶走的，不僅只是一個絕世美女而已，她還是個希臘人，是有夫之婦，更是一國之后。然而，攸關榮譽之事，如果能夠不動干戈，靠斡旋協商來解決，自然是最理想的。於是梅涅勞斯與奧德修斯就擔任希臘各邦的大使，渡海前去特洛伊談判，希望他們能夠歸還海倫，為這件事情道歉，並給予若干金錢作為補贖，雙方重修舊好，和平共處。一開始，有不少特洛伊人接受了這樣的和平解決方式，尤其是王子戴佛伯斯，他同時也代表特洛伊王接待兩位使者。不過，這事得交付元老會裁決才能下定論；在特洛伊，元老會的權威比國王還大。梅涅勞斯與奧德修斯到了元老會，但卻在那兒受到百般刁難。特洛伊人說，希臘人曾經在幾十年前搶走國王普里亞摩斯的姊妹，因此現在他們搶走海倫，也只是一報還一報而已。有幾個普里亞摩斯的兒子，甚至主張不要讓這兩個使者活著離開。所幸戴佛伯斯極力保護他們，並幫助他們安全逃離特洛伊。回到希臘後，他們告訴大家談判破裂，討回海倫的任務失敗。箭已上弦，戰爭一觸即發。

英年早逝，永垂不朽

很多人認為，剛開始的時候，希臘人並不熱中出征攻打特洛伊。甚至是奧德修斯也曾極力想置身事外。當時，他的妻子潘娜洛比才剛為他生下兒子鐵雷馬科斯。置自己的妻兒於不顧，出遠洋去為別人的妻子打仗，他是千萬個不願意。因此有人來旖色佳島通知他準備出海作戰，向特洛伊王子討回海倫時，奧德修斯就裝瘋賣傻起來，好避開這項任務。這個被大家公認為最聰明、最足智多謀的人，忽然變成了一副痴痴呆呆的樣子。老將聶斯托奉命前來旖色佳頒布召集令給奧德修斯，聽說他正在城外的田地，就趕了過去。當大家看到奧德修斯身上揹著原本該套在驢或牛身上的犁，倒退著走路，把小石頭當作麥粒在播種時，都嚇壞了。唯獨智勇雙全的老將聶斯托馬上就看出奧德修斯在施展他一貫的騙人把戲。正當奧德修斯倒退著犁田時，聶斯托把幾個月大的鐵雷馬科斯放在犁頭前，只要再走一步，孩子就會慘死犁下。就在此時，奧德修斯立刻恢復理智，一把抱住鐵雷馬科斯，不讓他受到任何傷害。這下被拆穿伎倆了，奧德修斯只得接受出征。

非提亞國王裴琉斯也是如此。他是女神忒提斯的丈夫，阿奇里斯的父親。他那時候年紀也大了，在死了好幾個孩子之後，現在只剩下阿奇里斯一個兒子，實在捨不得讓他出海打仗。他悄悄地把兒子送到史奇羅司島，因為島上的國王只有女兒，沒有兒子，因此裴琉斯認為希臘人不會到那裡去徵募軍士。阿奇里斯裝扮成女兒身，住在女子寢宮裡。他小時候已經跟喀戎與其他半人馬族學了一身技藝，但他現在年紀還輕，鬍鬚、鬢角都還沒有長出來，所以在外表上看不出是個男人。況且他原本也長得眉清目秀，又正值性別特徵仍不明顯的青少年時期，所以在一群青春活潑的女孩兒堆裡，任誰也看不出他到底是男是女。他在島上安全地住著，原本一切都可平安無事。

但有一天，奧德修斯化裝成一個流動商販，請求進宮做些女人家的生意。他看到五十個女孩，但認不出哪個才是阿奇里斯。於是他就從簍筐裡拿出一大堆貨品來展示，有各式各樣的布料、刺繡、別針與珠寶。四十九個女孩頓時一窩蜂地擠上前來，對著這些小玩意兒品頭論足，只有一個孩子待在原處，一副不為所動的樣子。接著，奧德修斯拿出一把匕首，結果，原本站著不動的孩子就搶了上來，拿起刀在手上把玩。這時，宮殿外面忽然號角齊鳴、鼓聲大作，四十九個女孩立刻嚇得花容失色，各自拿著手上的小玩意躲了起來。但這個手上拿著短刀的小孩，卻神采奕奕地往戰鼓聲傳來的方向走去，準備戰鬥。就像聶斯托揭穿了奧德修斯，奧德修斯也成功地找到阿奇里斯。現在這年輕人也不得不踏上征途了。

在阿奇里斯之前，裴琉斯與忒提斯已經有了七個男孩。忒提斯不願意自己的兒子跟他們的父親一樣只是個凡人，遲早難逃死亡的命運。於是每當生下一個孩子，她就想盡辦法要讓他永遠不死。於是她把孩子放在火上燒烤，想要烤乾這必會腐朽的成分，使孩子能與神祇一樣，僅僅帶有火焰的光芒。然而當她把孩子放在火上烤時，孩子就被火焰吞噬，燒為灰燼。七個兒子就這麼死了。可憐的裴琉斯傷痛不已。他決定這次無論如何要保住第八個兒子，也就是阿奇里斯的生命。正當忒提斯準備把阿奇里斯放入火中時，裴琉斯衝了進來，及時把阿奇里斯從火裡救出來。火焰僅燒著阿奇里斯的嘴唇與腳踝，這已算不幸中的大幸，但這兩個地方卻也因此變成死肉。裴琉斯帶著阿奇里斯去裴利文山找喀戎，聽從他的建議，從一具半人馬族的屍體上取下腳踝，接在阿奇里斯的腳上。而剛好這位半人馬生前就是跑步能手，因此阿奇里斯從小動了這個手術之後，就跑得跟野鹿一樣快。這是故事的第一個版本。另一種說法是，在死了幾個孩子之後，忒提斯明白了用火去烤孩子，並不能讓他們永生不死，於是改將阿奇里斯浸在區隔生死的冥河史蒂恪絲裡。受過冥河浸洗的阿奇里斯，果然產生了非比尋常的勇氣與神力。他不僅是疾行如風的戰士，更是一個無懈可擊、百折不撓的戰鬥者。但他還是有個唯一的弱點，就在他的腳踝。因為當初忒提斯將他浸到冥河裡時，是用手抓著他的腳踝，因此這部分並沒有浸泡在冥河裡。他渾身上下刀槍不入，但只有腳踝是他唯一的致命處。

忒提斯與裴琉斯的婚姻一開始就是不平等的，因為凡人的能力再大也無法與女神相比。但也因為忒提斯女神獨特的神力與光輝，使她的凡人兒子阿奇里斯也蒙上一層光環。因此，阿奇里斯的生命注定是一齣悲劇。由於體內流著神的血液，他的生命與死亡都無法等同於一般凡人；但他身上的神性卻不足以使他成為真正的神，死亡總有一天會來臨。他的一生，對當時的希臘戰士，或甚至所有希臘人而言，都是個永恆的典範。即使在今天，即使在希臘之外，在全歐洲、甚至全世界，他的命運與英雄氣概仍令人為之動容。他喚起我們內心深處的回音，讓我們意識到生命的有限與脆弱、人是如何被命運撕裂，猶如一齣光明與陰影、歡樂與痛苦、生存與死亡緊緊糾纏交織的悲劇。阿奇里斯的一生烙上了矛盾的印記：一半是人、一半是神，但他無法永生如神，卻也不甘於平庸如凡人。

從他出生開始，橫在他眼前的道路就是分歧的。但他只能選擇一條路，而無論他走上哪一條，他都必須放棄屬於他生命本質中的一部分。他沒有辦法一面享受陽光下光明而溫暖的人生，同時給自己保證這樣的人生是永不結束的。享有生命，這是所有朝生暮死的生靈最珍視的東西，也是唯一而無法取代的。一旦失去生命，就永遠拿不回來，所有尋求不朽的願望也將化為烏有。然而，達到不朽的可能途徑，就是在生命還未走到盡頭前，主動迎向死神。如果阿奇里斯如他年邁的父親所期望的，一直留在非提亞的王宮，安穩地與家人住在一起，他就能享有幸福而長壽的一生，在親情與友情的圍繞下，經歷人生各階段直到年老。但這樣的人生，就算再怎麼光彩，再怎麼讓人羨慕，就算在人世間得到最高榮耀，死後也不會留下任何痕跡。當一個生命結束，它在人世間的光彩也將瞬間熄滅，一切歸於幽暗，歸於虛無。而當肉體的生命結束，人就必須進入哈得斯的冥府，沒有姓名，沒有臉孔，也沒有任何記憶，就這樣從世界上消失，彷彿從來不曾存在。

但阿奇里斯終究選擇了另外一條路：捨棄短暫的生命，留下永恆的光輝。他選擇走向遼遠之途，放棄凡世的一切，不顧任何危險，提前向死亡獻身。他願躋身人上之人的行列，不在乎生活安逸與否，視財富享樂與俗世榮耀如糞土，只想在每一場以生命為賭注的戰役中奮力求勝。面對最驍勇善戰的敵人，對他來說就是最有價值的生命試煉；而也只有在一次又一次的生命試煉中，人才能成就自己，突顯出存在的意義。在戰場上建立戰功，鞠躬盡瘁，死而後矣，才是英雄臻於巔峰的完美表現。他們全心戰鬥、英勇無畏，恣意揮灑青春、活力源源不絕，永不知年老力衰為何物。

為了發出最閃耀純淨的光芒，生命的火焰必須燃燒到無比的熾熱，直到最耀眼的一刻瞬間熄滅。阿奇里斯選擇了光榮的死亡，在青春的絕美中慷慨就義。短促的一生，換來的卻是永垂不朽的榮光。阿奇里斯的名字，將隨著他的冒險精神、他的傳奇事蹟與英雄人格，永遠活在人的記憶中，世世代代流傳下去。

五、奧德修斯：人間歷險

希臘人勝利了。歷經多年的圍城與征戰之後，特洛伊城終於被他們攻陷了。但希臘人絲毫不以獲勝與攻下城池為滿足，他們還要在城內大肆燒殺擄掠。攻陷特洛伊，就是靠那著名的「木馬屠城記」，這計謀是奧德修斯想出來的。希臘人首先造了一隻大木馬，謊稱是議和的禮物，並且派了一個奸細到特洛伊城中放話，要他們把木馬拖進城，作為獻給諸神的祭禮。但實際上木馬的肚子裡藏著一批希臘勇士，準備藉此機會偷渡進城。阿奇里斯的兒子出面反對這個計畫，他認為應該光明正大擊敗特洛伊人，而不該用這樣的詭計。當然，他的意見遭到其他希臘將領的否決。希臘的奸細進到特洛伊城，得到了城裡面人的信任。他們不顧祭司拉奧孔與女先知卡珊德拉的警告，將大木馬拖進城內，一心以為那是能供奉給神祇的最虔敬獻禮。到了深夜，等所有特洛伊人都睡著後，埋伏在木馬裡的前哨兵就溜出來打開城門，使得希臘軍隊得以裡應外合，一舉攻陷特洛伊城。他們殺光城裡的男人，女人與孩子則被當作奴隸帶走，特洛伊城只剩廢墟一片。希臘人自認終於為海倫被劫一事討回了公道，但天上觀戰的諸神可不這麼認為。神祇認為希臘軍隊燒殺擄掠實在太過分了，即使他們獲得了勝利，仍須為這種慘無人道的殺戮付出代價。因此，戰事才剛結束，領導希臘軍隊的阿加曼儂與梅涅勞斯就起了爭執。梅涅勞斯想要盡快趕回斯巴達，阿加曼儂卻想留在原地，為雅典娜舉行祭典，因為她在這場戰役中始終支持希臘人，幫了他們大忙，使他們終獲勝利。至於奧德修斯則決定帶領他的十二艘船隊返回旖色佳。他和梅涅勞斯在同一艘船上，老英雄聶斯托也和他們在一起。但船隊航行到特內都島的時候，奧德修斯和梅涅勞斯也起了爭執，於是奧德修斯決定再回到特洛伊，加入阿加曼儂的船隊。阿加曼儂和奧德修斯想乘勝追擊，一舉攻下整個希臘。諸神這一次就不幫他們了，狂風、暴雨、巨浪、漩渦接踵而來，阻撓他們的計畫。船隊被吹得七零八落，許多船隻沉到海底，他們失去並肩作戰的夥伴，海上的裝備也嚴重受損，只有極少數的人能回到家鄉，但這也不見得好，因為就算登上岸，也只有一死。阿加曼儂的命運就是如此。當他歷經千辛萬苦，好不容易回到自己的祖國，在王宮裡等著他的，卻是妻子克呂泰涅絲特拉與情夫埃奇思托斯所布下的死亡陷阱。阿加曼儂得意洋洋走進家門，絲毫不疑有他，卻遭妻子與情夫無情殺害。

海上的大風吹散了阿加曼儂與奧德修斯的船隊，風平浪靜後，奧德修斯發現身邊只剩下自己的同伴。這幾艘從旖色佳出來的船，載著奧德修斯和他那些不幸的同伴，每天都在海上與狂風巨浪搏鬥。終於，他們在特雷司靠了岸，那裡是奇科聶人的領土，當地人對這群飄零海上的水手充滿敵意，後來奧德修斯便攻下他們的城池。奧德修斯一行人做的事就如同許多希臘將領所做的，除了掠奪財物，還殺死大多數居民。但奧德修斯放過一個人，就是阿波羅的祭司馬隆。為了報答不殺之恩，馬隆送給奧德修斯幾個羊皮袋的酒。這可不是一般普通的酒，而是一種神仙的飲料。奧德修斯帶走這些酒，小心藏在船中。滿心歡喜的希臘人，晚上就在海邊紮營，準備隔天早上啟程出航。但他們萬萬沒有想到，一些住在田野的奇科聶人，早就埋伏在他們營地四周，趁清晨破曉時分攻擊他們，殺了許多希臘人。僥倖逃過一劫的人飛快跑上船，火速開航駛離了特雷司。

在遺忘的國度

船隊再度啟程，但船隻大為減少。不知過了多久，他們在馬雷岬靠岸，接著又驅船離開。那時，他們已經隱約能看到故鄉旖色佳島，每個人都覺得已經回到家了。然而，就在他們覺得自己的旅程終於要結束時，奧德修斯海上歷險的另一幕才正要展開。他們迄今所歷經的風浪險惡，只不過是一場遠征軍返鄉的路程；但誰說下一幕就一定是抵達家鄉呢？當他們繞過馬雷岬的時候，一陣暴風突然襲來，一吹就是七天七夜，把這些希臘人吹到一個奇怪的所在，與他們以前所見過的地方都不同。從現在開始，奧德修斯再也不知道自己將置身何處了，而他們也將碰到像奇科聶人般充滿敵意的戰士，他們似乎越過了熟悉的世界，駛出了人類的家園，進入另一個空間，一個非人的世界。

從這時開始，奧德修斯遇到的不再是人類，而是吃神食仙飲的神祇，像是仙女琦爾珂與卡呂菩娑；還有兇殘暴虐的非人類，例如生吃人肉、生飲人血的獨眼怪物或萊斯楚貢大巨人。對希臘人來說，所謂的人，或者說人之所以為人，是因為他們吃麵包、喝酒，友善接待外邦人，而不是把他們吃掉。現在這陣怪風把奧德修斯與水手吹到的地方，在在都與他們所了解的人的世界大不相同。不一會兒，暴風平息下來，這群希臘人發現遠方有一片陸地，就迫不及待地停靠過去。為了要知道這裡住些什麼人，順便填飽肚皮，奧德修斯派出幾名水手去打探當地人的情形。他們受到當地居民熱情招待，人人臉上掛著微笑，手上端著食物來招待這些希臘人。他們是蘿佗法各人，一個吃蘿佗果維生的民族。人一旦吃下這種美味的果實，就會忘記一切，忘了過去及現在身處何方，忘了自己從哪裡來，要到哪裡去，後來有人稱這種果子為「忘憂果」，因為吃了忘憂果，人就不再像人了，不再擁有過去的記憶及現在的意識。

這些被派出去的探子回到岸邊與同伴會合，卻拒絕上船離開，也無法說明到底發生了什麼事。他們就像中了魔法，浮沉在不可言狀的幸福大海中，所有回憶都麻痺了。他們只想待在原地，永遠維持現狀，再也沒有與過去的聯繫，也不需要籌畫未來，更不想返鄉。奧德修斯多少猜到了幾分：這是個令人遺忘一切的國度。二話不說，他揪起這些人的脖子，把他們一個個扔上船去。

在接下來的海上航行中，遺忘、記憶的消失、忘記自己的故鄉、忘記返鄉的願望，無時無刻出現在奧德修斯與他的同伴間。其實這就是奧德修斯歷險的主軸——總是充滿不幸與危險。生活在人的世界中，就是活在陽光下，看得見別人，也被人看見，彼此往來交談，記得別人，也知道自己。但奧德修斯卻駛進了一個完全相反的世界。在那兒，黑夜的力量，這些赫希歐德所稱的黑夜女神的子孫，總是不斷釋放出陰影，籠罩著奧德修斯與他的夥伴，使他們陷入一個又一個的迷惘中。黑夜的陰影就在身旁，一旦忘記自己原本的願望，就要被黑夜的力量所吞噬，而迷失與死亡也在那兒等著。

與獨眼巨人對決

離開蘿佗法各島，奧德修斯的船隊繼續航行。一陣濃霧籠罩在船的上空，船上的人什麼也看不到。黑夜的力量驅使著船，不必划槳也能前進，水手也無法控制方向。他們什麼都看不到，根本分不出東西南北。不久，便擱淺在一座小島上。是海洋的力量，或說是諸神的意旨，使他們來到這個島。當時沒有月光，四下一片漆黑，伸手不見五指。一夥人就這樣靠了岸，來到一個未知的地方。離開忘憂島之後，現在又有另一座晦暗與黑夜的大門在他們面前敞開，而他們也不得不走進這座大門，穿過一道長長的走廊，繼續他們的探險。實際上，從他們停靠的港灣有一條路通到小島高處，那裡是恐怖巨人所居住的岬角。他們的額頭中央只有一隻眼睛，所以又叫獨眼巨人。這些獨眼巨人不是前面所提由蓋婭與烏拉諾斯所生的三兄弟，而是後來的神祇所生。

奧德修斯把船隱藏在海灣裡。白天，他帶著十二個人登上一座丘陵。原本籠罩在頭頂的濃霧這時已經散去，他們現在可以看見東西了。他們看到遠處有一個很大的山洞，心想或許能在那裡面找到一些吃的東西，於是便走進山洞，果然發現了一簍一簍的乳酪和一些農村人家的食品。那裡沒有穀物，但有不少牲口，或許在地勢較低之處還會有少許野葡萄。理所當然，奧德修斯的同伴心裡想的只有一件事，就是扛起乳酪，趕緊離開這個不知會發生什麼事的鬼地方。他們對奧德修斯說：「走吧！」但奧德修斯拒絕了。他想要留下來，看看到底是誰住在這樣的地方。奧德修斯不僅是個時時記得過去的人，他也想要往前看、了解並體驗世界所能提供他的一切，即使在這個莫名其妙的半人半鬼的世界也是如此。奧德修斯的好奇心總是將他推向險境，甚至失去生命。這一回，他失去了幾個同伴的性命。獨眼巨人回來了，帶著一群山羊和綿羊，還有一隻大公羊，走進山洞裡來。

獨眼巨人的身材大得驚人。剛進山洞時，他根本沒看見這些如跳蚤般大小的訪客；而這些小人兒，則躲在洞穴的角落裡害怕得直打哆嗦。忽然，大巨人發現了這群人，就問站在最前面的奧德修斯：「喂！你是誰？」奧德修斯只得娓娓道來：「我們的船沉了，漂到島上來。」他先向巨人撒了第一個謊，他的船其實還停在海灣裡。「請你大發慈悲，救救我們吧。我們是希臘人，才剛剛跟阿加曼儂一起攻下特洛伊城，返鄉時卻不幸遭遇船難。」獨眼巨人開口：「哼，很好，我才不管你遇到什麼事！」他一把抓住奧德修斯兩個隨從的腳，往石壁上一摜，然後摘下他們的腦袋，一口吞進肚裡。其他水手都嚇得僵住了，奧德修斯也暗自揣想自己究竟到了什麼地方。看來，要逃出去是不可能了，因為一到晚上，獨眼巨人就用一塊大石頭把洞口堵住，不要說是最強壯的希臘人，就算動用整船的希臘士兵，也休想移動它。第二天，同樣的戲碼又上演，獨眼巨人吃了四個人，早上吃掉兩個，另外兩個則當晚餐。大巨人已吃了六個兵士，足足是這隊人的一半。獨眼巨人酒足飯飽，心情異常愉快。趁這個時候，奧德修斯想出一套甜言蜜語去哄騙大巨人：「我特地準備了一份禮物要送你，我打賭你一定會滿意。」一旦雙方展開對話，彼此間也隨之發展出一種私人關係、一種友好態度。

獨眼巨人自我介紹起來，他叫波呂非摩斯。他非常健談，名氣也不小。接著，他問奧德修斯叫什麼名字。人與人之間要表示友善，就得告訴別人自己是誰，打哪兒來，父母是誰，是哪一國人。奧德修斯說：「我叫梅友仁，父母這麼叫我，朋友也這麼叫我。」可想而知，「梅友仁」的意思就是「沒有人」，這三個字在希臘文裡讀作「烏蒂思」（*outis*）。這其中暗藏了一個文字遊戲。如果我們把烏蒂思拆開來讀，「烏－蒂思」可以換成「梅－蒂思」，因為「烏」（*ou*）與「梅」（*mē*）在希臘文中都是表示否定的字首，但是加上「蒂思」（*tis*），兩個字的意思就不一樣了。烏蒂思的意思是沒有人，墨提斯卻是足智多謀的意思。當然，一提到足智多謀，大家就會想到奧德修斯，因為他正是富有賊智、巧於設陷的英雄。他能在束手無策時找到出路，編出一大堆台詞把對方搞得團團轉，並在大難臨頭時化險為夷。波呂非摩斯說道：「烏蒂思就是『沒有人』，就衝著你是『沒有人』，我也要送你一份禮物——把你留到最後再吃。」奧德修斯從羊皮袋裡倒出一碗酒，這不是普通的酒，而是奇科聶島上的祭司馬隆送給他的神仙飲料。獨眼巨人一喝，渾身都舒爽起來，就向奧德修斯再要一碗。他喝得醉醺醺，加上先前吞下的乳酪和兩個水手，於是就昏昏沉沉地睡著了。

奧德修斯趁這時候和夥伴把一枝橄欖樹幹削尖，放到火裡烤得堅硬，然後朝獨眼巨人的眼睛猛戳。波呂非摩斯痛得大喊大叫，他唯一的眼睛就這麼瞎了，從此陷入黑暗的世界中。他高聲大喊救命，住在附近的其他獨眼巨人急急忙忙跑了過來。獨眼巨人是獨居而唯我獨尊的，從不把神放在眼裡，也不受任何管束，只管自己家裡的事，但是，聽到這麼慘痛的呼叫聲，大夥兒還是圍到山洞前。由於洞口被大石頭堵住，他們只好在外面大喊：

「波呂非摩斯！波呂非摩斯！你怎麼了？」

「啊！太可惡了！有人謀殺我！」

「誰那麼大膽？誰敢謀殺你？」

「『梅友仁』！『梅友仁』謀殺我！『梅友仁』弄瞎了我的眼睛！」

「呸！既然『沒有人』殺你，你就去找『沒有人』算帳吧！吵我們做什麼！」

大家於是一哄而散。奧德修斯就這樣巧妙地隱形起來，消失在他給自己編造的名字後面，救了自己一命。但他們仍未脫離困境，洞口還是被那塊巨石堵著，令他們脫不了身。奧德修斯想到唯一可以離開山洞的方法，就是把六個同伴一個個用柳樹枝綁在大綿羊的肚子底下，他自己則鑽到巨人最心愛的那隻大公羊底下，緊緊抓住羊毛，準備等巨人放羊的時候混出去。大夥準備就緒，就等巨人挪開石頭。終於，波呂非摩斯站起身來，把洞口的大石頭移到一邊，然後讓他的羊一頭頭從他的胯下過去，他小心翼翼地拍了拍每頭羊的背部，好確定沒有人跟著羊一塊兒混出去。但他沒想到希臘人就在羊肚子下，一個個被他放到山洞外。他心愛的大公羊是最後一個出去的，當牠穿過巨人胯下時，巨人彎下腰去跟牠說——畢竟牠是他最好也是唯一的朋友：「你看到了，這些可惡的人是怎麼對我的。放心好了，我一定會讓他們付出代價。」才說要報仇，仇人就跟著他的朋友，被他自己放出去了。

獨眼巨人接著把石頭推回去，以為那群希臘小兵還是被關在山洞裡，但天曉得他們全都出洞了。他們沿著石頭小路，飛快跑到海邊，跳上原本藏在海灣裡的船，解開纜繩，全速划離海岸。一抬頭，忽然看到獨眼巨人高高站在海岬頂端，舉起一塊又一塊大石頭，盲目地砸向他們的船；儘管他什麼也看不見，終究還是發現他們逃跑了。這時候，奧德修斯再也掩不住作惡後的快感與虛榮，大喊起來：「獨眼龍！如果有人問是誰讓你變成瞎眼龍的，你告訴他，是奧德修斯！萊爾特斯的兒子，旖色佳的奧德修斯！城邦的掠奪者，攻陷特洛伊的英雄，智勇雙全的奧德修斯！」當然，一個人如果得意忘形，災難是會再度找上門的。波呂非摩斯不是普通人的兒子，他是海神波塞冬的兒子。這位大神不僅統御一切水域，也掌管地層深處，只要他一發怒，地震、暴風、巨浪就要接踵而來。獨眼巨人對奧德修斯下了一個嚴厲的詛咒，但任何詛咒都必須說出被詛咒者的名字才會有效，如果他一直以為害他的人叫「梅友仁」，那麼詛咒就無效了。但現在有了奧德修斯的名字，他的詛咒就能夠生效。他向父親波塞冬報上奧德修斯的名字，要父親為他報仇：「我要奧德修斯永遠回不到旖色佳，要他歷盡千辛萬苦，要他的隨從全部死光，要他的船沉到海裡，讓他獨自在海上漂流，葬身海底。如果奧德修斯仍能脫離險境，回到故鄉，也會被當作是外人。他不能搭自己的船回家，只能搭外國的船，一艘無人等待的船，沒有人認得他是誰。」

波塞冬聽到了兒子的詛咒。從這一刻起，波塞冬的意志主宰了奧德修斯往後的旅程。他將讓奧德修斯歷經黑暗的極限，把他推向死亡邊緣，遭受各種最恐怖的危險。正如向來保護奧德修斯的雅典娜女神後來對他說的，她之所以要到最後旅途快結束時才出手幫他，就是因為不能跟波塞冬正面衝突。這位大神不肯原諒奧德修斯對他兒子造成的傷害，要用同樣的方式來為獨眼巨人報仇。怎麼說呢？奧德修斯弄瞎了波呂非摩斯的眼睛，讓他永遠生活在黑暗中，因此奧德修斯也必須在那一刻起歷經黑夜勢力的凶險，飽嘗黑暗的痛苦。

琦爾珂的牧歌

船隊遠離波呂非摩斯的地盤，到達埃歐樂斯的島。在奧德修斯的旅程中，有幾個地方確實像仙境，令不少人想就此定居下來，只不過這些地方無法讓他們定居。埃歐樂斯的小島就是這樣一個地方。這是個遺世獨立的小島，四周是一整排巨石，把整個島圍住，就像用銅牆圍起來的密室。埃歐樂斯和家人住在島上，從不與人往來；埃歐樂斯的子民彼此近親通婚，繁衍後裔，生活在一個完全封閉孤絕的體系中。這個小島是海上交通的輻輳點，是所有航線的必經之地。埃歐樂斯是掌管風向與風力的神祇，他可以讓風往四面八方或強或弱吹去，海上的船隻就靠這些風把他們送到目的地，但有時也被吹得迷失方向。奧德修斯是特洛伊戰爭中的大英雄，也是以後在史詩《伊里亞德》中為人傳誦的主人翁，埃歐樂斯對他的招待格外熱情豐盛。至於奧德修斯帶給他的，是他親身經歷或聽說而來的種種奇聞軼事，這些是埃歐樂斯從未聽過的。儘管他是風的主人，但對島外的世界一無所知。奧德修斯在他面前盡情述說，埃歐樂斯也聽得津津有味。幾天後，埃歐樂斯說：「我要送你一份好禮，有了它，你的船可以從這裡直抵旖色佳，完全不用操半點心。」他送給奧德修斯一個開口紮得非常緊的大牛皮袋。裡面裝的不是馬隆送的那種酒，而是風向的種籽。因為當他將某個方向的種籽裝到袋子裡，那個方向的風就無法吹起。埃歐樂斯把其他方向的風都裝進袋子，只留了一種風在外面，就是從他島上吹往旖色佳的風。他再三告誡奧德修斯，千萬不要去碰這個袋子，否則裡面的風一出來，就無法控制了。「現在，全世界只一種風，就是從我這兒把你們吹到旖色佳的風。」奧德修斯一行人上了船，各就各位，往旖色佳直駛而去。

夜幕低垂，奧德修斯從船上看到遠方的旖色佳島，故鄉已映入眼簾了。滿心歡喜的奧德修斯開始有了睡意，他的眼皮漸漸沉重起來，眼睛慢慢闔上，就像他封閉了獨眼巨人的眼睛一樣。他進入暗夜的國度，接受黑夜女神努恪絲的兒子睡眠之神許普諾斯的管轄。他在往旖色佳的航線上睡著，忘記自己必須看守牛皮風袋，不讓任何人碰它。這時候，不知情的水手卻七嘴八舌起來，打量著這大牛皮袋裡到底裝了什麼：「一定是什麼了不起的貴重東西。」他們決定把袋口鬆開來看一眼，然後再紮好，就好像什麼事也沒發生過一樣。當船就要靠岸時，他們解開了牛皮袋。這下可不得了，狂風從四面八方吹來，海浪高高捲起，把他們打離岸邊，再將他們順著原來的路徑吹回埃歐樂斯島。奧德修斯懊惱不已，只好再去找埃歐樂斯幫忙。埃歐樂斯看到他們，人吃一驚，忙問怎麼回事。奧德修斯跟他說：「我們又被風吹回來了。這不能怪我，風不是我放的。我幾天沒闔眼，實在累壞了，被暗夜中的睡神給征服，沒好好看管風袋。結果，我的同伴偷偷打開牛皮袋，把風放了出來。真該死，我不該睡著的。」可是，這回埃歐樂斯可沒那麼大方了。奧德修斯向他苦苦哀求：「求求你再給我一次機會，讓我回家去吧！」埃歐樂斯卻對他發起飆來，破口大罵：「再也沒有比你更可惡的人了，你以為你是誰，你誰也不是，所有神祇都厭惡你！如果不是有神祇痛恨你、詛咒你的話，這種不幸的事是絕對不會發生的。滾！我再也不要聽到你的聲音！」奧德修斯和他的同伴摸摸鼻子走了，他沒有得到埃歐樂斯的協助。

他們的船到了另一個小島，那是萊斯楚貢巨人的地盤。他們看到島上有一座城，城門口有個天然港灣，裡面的船停放得整整齊齊，似乎總算來到了一個文明人的地方，於是他們就把船一艘艘停進去。但奧德修斯總是比別人多了點心機，他不把船停在港口裡，反而繞到旁邊，停在一個不顯眼的小海灣裡。經過幾次教訓，奧德修斯也學乖了，他自己不上岸去打探，而是派幾個水手去看看這城裡住的是什麼人。水手沿著小海灣的岩壁爬了上去，往城堡的方向走，途中遇到一個令他們印象深刻的女人。她的穿著像農家女，還相當年輕，但也可能結婚了，比他們這些男人都要來得高大粗壯，根本就是個女巨人。她邀請他們跟她一塊兒進城：「我父親是這兒的國王，他最喜歡接待像你們這樣的英雄了，他會給你們任何你們想要的東西。」水手聽到這話，高興極了，儘管眼前這個迷人姑娘的高大身材一開始讓他們有點吃驚，但現在他們也只當她是個有點高壯的女人。他們被帶到萊斯楚貢國王面前，國王一看到他們，就抓起一個一口吞進肚裡。其他水手嚇得拔腿就跑，上船時還不忘大喊：「快跑！快跑！這裡有吃人惡魔！」這時候，萊斯楚貢人在國王的召集下全都趕到城外，發現了慌慌張張上船準備逃走的希臘人。巨人拿起大石頭，把希臘人的船隻砸得稀巴爛，接著就像捕魚一樣，把水手一個個撈上岸，然後吃掉他們。唯一倖存的是奧德修斯那艘船上的人，因為他們躲在港灣旁，沒有被人看到。不過，現在整個船隊只剩下一艘船了。

這船孤伶伶來到地中海上的埃阿島。奧德修斯和夥伴找到一個地方藏好船，然後登岸。島上有幾處懸崖，一座森林，還有各式各樣的植物。在死了許多同伴之後，水手對陌生環境愈來愈不放心了，許多人根本不願意往島上去。但奧德修斯還是鼓勵大家往前探險。二十個水手先去探查，他們發現了一座四面長滿了花的宮殿，環境非常清幽。唯一令人感到不安的是，園子裡有不少野獸、狼、獅子，而這些動物卻出奇友善地靠近他們，在他們腳邊摩娑。水手納悶大概來到了一個顛倒的世界，野生動物溫馴可親，人類反而兇惡可怖。他們敲了敲房子的門，來應門的是一位年輕貌美的少婦。她正在織布，邊織邊以醉人的嗓音唱歌。她請大家進門上座，然後親切地為每人奉上飲料。這是加了某種魔法藥劑的飲料，只要水手喝下一滴，馬上就會變成豬。每個水手喝下後從腳到頭都變成豬的模樣：長出豬鬃、發出豬叫、用蹄子爬、等著吃豬食。琦爾珂，這個美麗的魔法仙女，太陽神赫利奧斯*的女兒，得意地看著她的傑作，她的動物天地中的新夥伴。

奧德修斯與其他夥伴等不到這些水手回覆消息，開始擔心起來，於是他決定親自到島內一探究竟。所有人都勸阻他：「不要去！如果他們現在還沒回來，表示他們已經死了。」奧德修斯說：「不，我要去救他們。」這時，奧林帕斯的大使赫米斯突然現身告訴他發生了什麼事。這位機智聰穎的神祇說：「告訴你，仙女琦爾珂已經用一種飲料把你的同伴全變成豬，你要是碰到她，她一定也會給你這種飲料。不過，放心地喝吧！因為，瞧，我手上握的這株植物可以化解她的魔法。就算喝再多她給你的東西，你也還是你，從頭到腳都是奧德修斯。」說完，赫米斯就把手上的植物給了他。奧德修斯把這株植物吃下肚，腰間配著一把利劍，去找魔法仙女。琦爾珂開門讓他進來，搬了張雕工精細的椅子給他。奧德修斯大剌剌坐下，一點也沒有提他要來找同伴的事。當琦爾珂端來魔藥給他時，他裝作什麼也不知道，一口喝了下去。琦爾珂站在一旁等著看，但他並沒有變成豬。奧德修斯面帶微笑地看著她，後來拔出腰間的劍，縱身就要刺向她。琦爾珂這時恍然大悟說：「你一定是奧德修斯，我知道有一天你會來破解我的魔法。說吧！你想要什麼？」奧德修斯說：「先放了我的同伴，把他們變回原來的樣子。」

這可以說是一場琦爾珂與奧德修斯的大對決。透過赫米斯的撮合，他倆的關係以互爭高下開

---

*一般人說「太陽神阿波羅」，但在希臘神話裡，阿波羅是藝術、音樂與啟示之神。到了羅馬時代才把阿波羅稱為太陽神。——譯注

始，以琴瑟和鳴告終。凡人奧德修斯與仙女琦爾珂從此譜起戀曲，過著美滿幸福的生活。但琦爾珂首先得放了奧德修斯的同伴。為什麼琦爾珂要把來到這島上的人都變成豬呢？因為這位仙女十分孤單，她希望自己周圍能夠有生命的氣息，且不會離她而去。顯然地，如果把這些旅人變成豬、狗或是其他動物，那麼這些動物就會忘了自己只是島上的過客，忘了自己的過去，甚至忘了自己是人。這就是水手與之前所有來到島上的旅人的共同遭遇。但他們畢竟不是真正的獸類，他們跟真正的豬或狗不同，因為他們的心靈還在，因此當這群動物在看到人時，會很樂意跟他們親近。琦爾珂拿著她的手杖，帶奧德修斯走到豬圈，點了點這群由人變成的豬。一瞬間，豬就變回人形，而且比原來更年輕、更俊美、更富有活力。這場從人到豬再從豬到人的過程，或可說是類似死亡的歷程，等於給了他們的人生一個新的開始。琦爾珂並沒有殺死他們，也沒有破壞他們的心靈。如果人死了或是喪失心靈，就會完全進入黑暗之中，永遠回不來了；但他們經歷的並不是死亡，只是一場變成獸類的過程，一段脫離人世的旅程。這段旅程使人遺忘過去，彷彿進入一場夢中，而一旦旅程結束後重返人世，人就能脫胎換骨，煥然一新。

之後，奧德修斯與琦爾珂就過著田園詩般的甜蜜生活。有人甚至說他們生了小孩，這也是很有可能的。簡單地說，他們深愛彼此、熱戀纏綿。琦爾珂唱起美妙的歌曲，而奧德修斯則去把留在海邊的同伴找來。當然，一開始他們有點擔心，但奧德修斯還是說服了大家：「走吧！走吧！

放心，不會有危險的。」他們在那兒生活了很久。琦爾珂這個曾經把所有訪客都變成野獸的魔法仙女，並不是吃人怪物，也不是陰險的女妖。相反地，當他們住在琦爾珂家裡時，她盡情招待他們，讓每個人都覺得有如身處人間仙境。然而，奧德修斯的夥伴開始感到時日漫長，因為他們雖然吃得好、住得好，但他們所能享有的快樂跟奧德修斯比起來還是差一大截——因為他們上不了琦爾珂的床。當他們提醒奧德修斯該返鄉了，琦爾珂並沒有反對，也沒有試著留下奧德修斯。她告訴他：「如果你們想走就走吧！」不僅如此，她還把她知道的一切告訴他們，讓他們能順利返鄉。她跟奧德修斯說：「聽好，你們下一個要去的地方，是奇美利奧人的國家。那裡沒有白晝，只有黑夜與永不消散的濃霧，因為那兒是通往地獄的入口。」也就是說，這次奧德修斯一行人要去的不僅是人類世界的邊緣，要面臨的也不再是忘記自己的過去與人性而已，他們要深入到死亡的世界裡。琦爾珂指點奧德修斯航行的方向：「你把船停在那個地方，然後下來，準備一袋麵粉與一隻公羊，步行過去。你會看到一個大裂口，就停在那邊，灑上一層麵粉，然後為底比斯的老先知泰瑞修斯獻祭這頭公羊，讓血流出來。過一會兒，你就會看到從裂口裡走出一大群鬼魂。千萬記著，在你找到泰瑞修斯，讓他喝下公羊的血之前，不要讓任何幽靈喝這些血。當泰瑞修斯喝下公羊血，就會恢復一些精力，接著就能告訴你怎樣才能回到家鄉。」

沒有名姓，亦無臉孔

奧德修斯一行人就這麼上路了。到了琦爾珂所指示的地點，奧德修斯照她的話進行獻祭的儀式。他站在通往地獄的裂口前，撒下麵粉，割了公羊的頸子，讓羊血流出來，就等泰瑞修斯來喝。然後，他看到一大群幽靈從裂口中走出來，他們沒有名字，什麼人也不是，就像奧德修斯曾經說自己是「沒有人」一樣。他們也沒有臉孔，看不出到底誰是誰。這一大群無從區別的幽魂以前也曾是一個個有名有姓有臉孔的人，只不過現在什麼也沒有，什麼都不是了。這群遊魂發出一陣又一陣恐怖而模糊的喧鬧聲，他們無名無姓，不會說話，只能發出渾沌嘈雜的聲音。此情此景，即使是奧德修斯也不免膽顫心驚。眼前看的、耳中聽的，盡是要讓他的一切消解在這片廣大的無名無形中。他雄辯的言語淹沒在這樣的混雜中；他的光榮與名聲、他的英雄事蹟也在這黑夜的國度中化為虛無。終於，泰瑞修斯現身了。

奧德修斯趕緊請他喝祭獻過的公羊血，泰瑞修斯告訴奧德修斯他一定會回到旖色佳，他的妻子潘娜洛比還在等著他，並且告訴他回程的途中要注意的事。奧德修斯還看到不少希臘英雄的鬼魂，像是阿加曼儂與阿奇里斯，也看到了自己的母親。阿奇里斯喝了一點羊血後恢復元氣，開口說話了。他會說些什麼呢？現在人世間到處都在歌頌他的英勇與不朽事蹟，他的榮光照亮每座城邦，所有人都把他當作英雄中的英雄。儘管他現在進了陰曹地府，想必也同樣享有崇高的地位吧！想不到阿奇里斯卻說：「我寧可活在人間做個悲慘可憐的農夫，滿身泥濘，在太陽下辛苦耕作，也不願在這漫無天日的地獄裡當眾鬼之王。」讀者一定發現了，我們現在談的《奧德賽》中的阿奇里斯，與前面特洛伊戰爭的《伊里亞德》中的阿奇里斯，是完全不一樣的。我們說過，阿奇里斯選擇了短暫但充滿光輝的生命，而不要無聲無息的漫長人生，對此，他從不遲疑：他必須選擇光榮的生命，在青春最燦爛的時候英雄般死去，因為短促而榮耀的生與高貴而偉大的死，比一切都重要。但當他到了地獄之後，所想要的就完全不一樣了。一旦人死了，如果還能有所選擇，那麼他會寧可做一個窮苦而髒污的農夫，寧可在希臘最貧瘠的土地上揮汗犁田，也不要在死者的國度中當偉大的阿奇里斯。

聽完阿奇里斯的話之後，奧德修斯再度啟程。中途又停靠在琦爾珂的島上，她也再次熱情款待他們麵包與美酒，並指引他們回程的路，還特別叮囑他們途中會遭遇一些漂流岩壁帶來的可怕危險，這些岩壁不是固定不動的，每當有船隻要經過，岩壁就會聚攏在一起，不讓船隻通行。要避開這些岩壁，必須冒險航行在卡呂迪絲與史庫拉兩海怪之間。卡呂迪絲會把船隻捲入海底的大漩渦；史庫拉則住在一座通天峭壁的岩洞裡，一有船隻經過，就會出來捕捉水手，生吞他們。此外，他們還會經過賽芒女妖所住的小島。所有經過小島的人都難逃一死，因為沒有人能抗拒賽芒女妖的歌聲；她們的歌聲會使水手心狂意亂，再也把持不住方向，船隻就會撞上海中的礁石。奧德修斯的船首先碰上的，就是這群歌聲優美的女妖。

機靈的奧德修斯是怎麼通過的呢？按照琦爾珂教他的方法，當他們遠遠地看到歌聲誘人的賽芒姊妹之島，看到這群背上長了翅膀、身體像鳥，卻有女人的頭與胸部的女妖時，奧德修斯就融化一塊蠟，分成小塊塞住同伴的耳朵，但自己卻沒有封上，因為他想要聽女妖的歌聲。奧德修斯不只是一個對家庭、對故鄉忠誠的人，一個永保過去記憶的人，他同時也是勇於嘗試、渴望認識世界的人，對一般人認為不該去知道的事情也不例外，就像他在獨眼巨人島上的探險一樣。他不願意白白經過賽芒女妖的島而沒有聽到歌聲，他想要知道她們的歌聲究竟如何動聽。因此他不塞住耳朵，而要水手將他綁在桅杆上，讓自己一動也不能動。當他們的船接近賽芒女妖的島時，瞬間一切都安靜下來，什麼聲音也聽不到，連海風也像被壓到海面下。船的速度慢下來，幾乎感覺不到它在前進。接著，她們的歌聲揚起。唱些什麼呢？她們對奧德修斯唱道：「奧德修斯，奧德修斯，希臘人的光榮！眾人欽羨的奧德修斯！快來，來聽我們的歌聲，我們要告訴你所有英雄的故事，我們更要歌頌你，偉大的奧德修斯！」她們所唱的歌其實就與繆斯女神所歌頌的一樣，啟發了荷馬及其他吟遊詩人，吟唱出偉大的史詩及種種高尚的英雄事蹟。

女妖所說的都是真的，都是實際發生過的事。只不過，在小島四周的岸上堆滿一具具屍體，身上的肉因受太陽曝曬而腐化，僅剩下骷髏。當然，這些全是受到賽芒女妖歌聲迷惑而撞上礁石的航海人。賽芒女妖並不是殺人兇手，而是引誘的化身；她們不只用歌聲造成感官上的誘惑，更有追求知識與真理的引誘。但在這種引誘後面等著的，就是死亡。賽芒姊妹要告訴奧德修斯的，其實就是當他離開這世上，當他越過生死邊界而進入死亡彼岸時，當他不再是創造故事的人而成為被傳述的對象時，詩人和文學家所要稱頌他的。或許可以這麼說，當賽芒女妖唱奧德修斯的故事給他聽時，已經把他當成死去的人，或者是正處在生死交關，在生命的光彩與死亡的黑暗之間。這個邊界並不總是畫分得一清二楚，這是個游移不定的曖昧地帶，而人在這時的一個動念，就很容易把自己拉回生命或推向死亡。賽芒女妖對聽者的歌頌，就是一股把人拉往死亡的力量。這樣的光輝，是阿奇里斯生前追求並在死後懊悔的選擇。無論如何，唯有死亡才能帶給人不朽的名聲。

船行緩慢，奧德修斯聽到賽芒女妖的歌聲。他想要掙脫繩子循歌聲而去，但水手卻把繩子縛得更緊。終於，他們的船遠離了賽芒女妖的小島。接著橫在眼前的，就是那兩座游移不定的石壁。奧德修斯聽從琦爾珂的建議，往卡呂迪絲與史庫拉之間的水路駛去。當船經過時，有六個頭十二隻爪的大怪物史庫拉衝了出來，抓走數名船員，然後活生生吞進肚子。其他水手雖倖免於難，但也為數不多了。之後，他們抵達了屬於太陽神赫利奧斯的特里那其亞島。赫利奧斯是泰坦神祇的第二代，雄踞天空，世間一切都看得一清二楚。島上有專屬於他的牛群，這群牛具有神性，不會死也不會繁衍後代。牠們的數量固定，與一年的日子一樣多，不會增加也不會減少。這時，奧德修斯想起泰瑞修斯在地獄裂口對他說的：「你們會經過太陽神的小島，無論如何都不可以碰島上神牛一根汗毛。如果不碰，你們就能安然抵家；如果碰了，一切就毀了。」就在上岸前，奧德修斯記起這個警告，立刻告訴大家：「眼前這個小島是屬於太陽神的，島上的牛群也是他的，這些牛神聖不可侵犯。太陽神十分善妒，一定會小心翼翼地看緊牠們。我們就在船上吃自己的糧食，不上岸了！」但是這幾天來在海上經歷了前所未見的大驚險，加上好幾個同伴死去，水手已是精疲力盡、撐不下去了，他們出言頂撞奧德修斯：「你是鐵打的，從來不需要休息！」

此時，歐呂洛科斯代表全體水手發言：「我們就在這兒休息吧！」奧德修斯莫可奈何，只好答應他們：「好吧！但千萬不要碰島上的牛。船上有琦爾珂特地準備的食物，夠我們吃了。」仙女琦爾珂吃的是神食仙飲，但只為水手準備麵包和酒等普通人吃的東西。船靠岸，所有人都下了船，舒服地坐在沙灘上，吃麵包，喝酒，睡了一個好覺。第二天，海面上忽然捲起一陣巨風，使他們無法離開。這場暴風連續吹了幾天幾夜，他們只好一直待在島上。結果船上的食物漸漸吃光了。現在，飢餓侵襲，折磨著他們的胃腸。

在詩人赫希歐德筆下，飢餓之神力磨斯是黑夜努恪絲的孫子，紛爭女神厄莉絲的兒子；他與不法、晦暗、遺忘、昏睡等神祇，都是黑夜女神的後裔。遺忘、昏睡、飢餓這三種可怕的黑暗勢力，正埋伏在希臘人身邊，伺機侵襲。

飢餓首先發難，為了保命，水手開始釣起魚來。他們偶爾會釣起一條魚，但只夠塞牙縫，水手依舊吃不飽。奧德修斯這次還是一樣，離開大家，獨自到小島的最高處，看看能否有所得，接著就睡著了。奧德修斯再次不敵睡神許普諾斯，遁入黑夜的世界。當睡神征服奧德修斯，餓神力磨斯就有機會去攻擊其他人了。他藉歐呂洛科斯之口告訴大家：「再這樣下去，我們非餓死不可。看看這些牛，多麼肥美，光看就叫人流口水了。」趁奧德修斯熟睡而無法監視他們時，大夥兒圍捕這些牛，逮著後割了牠們的頸子，先向太陽神獻祭，請他饒恕他們的罪過，接著就把牛肉放到火上烤。這時候，奧德修斯醒過來，在高處聞到一股烤牛肉的香味。他心頭猛然一驚，向天空大喊：「神啊！你們愚弄了我，你們派睡眠來征服我，讓我進入黑夜的王國。這根本不是甜美的睡眠，而是遺忘和死亡的睡眠，令我犯下滔天大罪！」他衝下來，大罵他的同伴。但這些被飢餓征服的人老早就忘了命令與誓言，一心只想吃。

忽然間，奇異的事發生了。這些被宰的牛，儘管被切成小塊在火上烤，仍然發出哞哞叫聲，就像活牛一樣，因為這些牛本來就不會死，即使被宰成小塊，還是雖死猶生。雖然水手對神虔誠獻祭，但這樣的獻祭是錯誤的、越軌的，獻祭者把這些神牛當作是獵得的野牛來獻祭，混淆了野蠻與文明的界線。這時，奇異的景象愈來愈多。但奧德修斯的同伴卻不為所動，只顧著吃；狼吞虎嚥一番後就睡著了。第二天，海上風平浪靜，眾人上船準備出發。這時候，太陽神赫利奧斯氣沖沖地到宙斯那兒（這次不是去找海神波塞冬）控訴這些凡人的罪惡：「你看看這些凡人幹的好事！他們殺了我的牛！你一定要替我報仇！如果你不懲罰他們，明天我就不再把太陽帶上天界，不再給諸神任何光明，也不照耀人間，讓他們分不清晝夜。我反而會去陰間地府，給哈得斯和他那裡的鬼魂帶來光和熱，而你，你也將與凡人一樣置身在黑夜中。」宙斯好言勸慰太陽神，並向他保證：「我會處理，還你個公道的。」

由於一時疏忽，奧德修斯讓屬下犯下滔天大錯。他們混淆神聖與世俗、捕獵與獻祭，他們混淆了一切，使太陽差點兒不再照亮大地，使原本看得到陽光的地方，差點兒要永遠陷於黑暗中。當他們一離開小島時，宙斯就出手了，他在高高的天空上，使大地昏暗，船上的人什麼也看不到，頓時失去方向。接著，他用閃電擊斷桅杆，桅杆倒下時，擊碎了舵手的頭，將他打到海裡。小船經過猛烈的震動，瓦解成上千個碎片。水手無助地隨著海浪漂來漂去，就像一隻隻落水的小鳥，再怎麼鼓動翅膀，也飛不起來。奧德修斯緊緊抓著一塊船隻的碎片，在海上漂流了足足九天九夜。最後，海浪把精疲力竭的奧德修斯送到卡呂普娑（*Kalupsō*）的小島上。

卡呂菩娑之島

奧德修斯的船被雷電打得粉碎，所有水手都在水中漂流，就像是跌落水中的小鳥，任由無情的海浪吞沒。奧德修斯是唯一逃過這個劫難的，他緊緊抱住一節被擊斷的桅杆，隨著海浪載沉載浮。潮流將他帶往相反的方向，回到張著大口等著吞下他的卡呂迪絲面前，但他奇蹟式地逃過一劫。經過九天九夜的漂流，這個孑然一身的遇難航海家，精疲力盡地被帶到世界的盡頭——仙女卡呂菩娑的小島。這位仙女是阿特拉斯的女兒，也是普羅米修斯的姪女。這個在世界盡頭的小島，遠遠超越任何航線所及之地，甚至已經到了海洋的邊緣之外。奧德修斯累癱在沙岸上。卡呂菩娑救起他，招待他吃住。現在的情形與當初在琦爾珂那兒不同，那時是奧德修斯和夥伴去請求琦爾珂幫助，並且經過一番對決；現在則是卡呂菩娑發現並救了奧德修斯。

就這樣，他將在這座小島待上很久。五年、十年，甚至十五年。這些都不重要，因為時間在那兒是不存在的。卡呂菩娑的小島在世界之外，在時間與空間之外，日與日之間沒有分別。兩人談起戀愛，朝夕相處，夜夜纏綿。這是個道道地地的兩人世界，因為除了他們，沒有其他人在島上生活，也不可能有人來拜訪他們。在這樣的世界中，沒有新奇的事，沒有突發狀況，沒有任何意外，也沒有外界的消息，一切都平靜順利地進行著。島上的生活每天都一樣，奧德修斯有如處在世外桃源。仙女的眼中只有奧德修斯，她愛他，給他無微不至的照顧；但同時也將他隱藏起來，就像她的名字：在希臘文中，「卡呂菩娑」就是從「隱藏」（*Kaluptein*）這個動詞轉變過來的。她與她的島一直隱藏於世界之外，現在她也要藏起奧德修斯。

小小樂園

荷馬史詩《奧德賽》中，奧德修斯的歷險就是從這個地方開始講起。整整十年，他都跟這位仙女住在一起。那時他已經到了他旅程的最遠處，到了他漫遊的盡頭。這時，對他滿懷仇恨的海神波塞冬也鬆懈下來，不再去找他的麻煩。波塞冬跟往常一樣，到伊索匹亞人那兒吃喝玩樂。伊索匹亞是一個奇怪的民族，他們永遠年輕，身上散發出紫羅蘭的香氣。那裡的食物從不腐壞，他們甚至也不需要工作，因為每天早上，草原上都會有現成的食物，肉也好、菜也好，都自動熟成等著他們享用，就像是人類的黃金時代一樣。他們住在世界的兩端，在極東點與極西點。波塞冬常常拜訪他們，住在他們那兒，跟他們一塊兒吃喝。趁這個時候，雅典娜插手管事了。她去向父親宙斯說事情不能這樣繼續下去，因為所有遠征特洛伊的希臘英雄，只要是沒有戰死或在回程中遇難的，現在都回到了家園，與妻子團聚。可是奧德修斯，這個最尊敬神、也得到諸神最多寵愛的人，卻被卡呂菩娑扣留在她的小島上，無法返鄉。宙斯在愛女雅典娜的要求及波塞冬不在場的情形下，決定讓奧德修斯回家。話雖如此，但還是得要卡呂菩娑願意放他才行。結果，大使赫米斯再度出馬。赫米斯非常不滿這次的任務，他從沒去過卡呂菩娑那裡，誰都知道那是化外之地，距離神與人的世界都極遙遠，得越過重重汪洋才到得了。

赫米斯穿上他那雙快如閃電、疾如思緒的飛鞋，不多久就到了卡呂菩娑的小島。他到島上一看，大吃一驚：原本以為寸草不生的小島，竟是個小小的極樂園。那裡有百花盛開的花園、青翠蓊鬱的樹林，處處是噴泉、流水。他走到卡呂菩娑住的山洞，布置雅致，她在裡面歌唱、紡紗、織布，與奧德修斯做愛。赫米斯看得目瞪口呆。卡呂菩娑出現了。他們從未見過面，但卻認得彼此。「親愛的赫米斯，什麼風把你吹來？沒想到會在這兒見到你。」「那當然，如果是我自己的事，也不會大老遠跑來麻煩你。我是奉宙斯之命來的！他要我告訴妳，把奧德修斯給放了。因為其他遠征特洛伊的希臘英雄都回家了，沒有理由唯獨扣留奧德修斯。」卡呂菩娑反駁：「給我住口！我知道你們為什麼要我放了奧德修斯，因為你們這些自以為了不起的神嫉妒我！你們這些可憐蟲，比凡人還不如！看到一個女神願意與凡人一起生活，你們就無法忍受！這幾年來，我和奧德修斯同床共枕，過著幸福快樂的日子，這一點令你們渾身不舒服！」然而，卡呂菩娑無法違抗宙斯的命令，最後只好答應：「好，我放他走。」

得到答覆之後，赫米斯就回到奧林帕斯。從這時開始，故事即將急轉直下。奧德修斯的歸鄉之旅曾讓他遠離人類的世界，將他帶往死者的國度，到奇美利奧人那裡，到太陽光所能照到最邊緣的地方。如今他置身在這個世外桃源，在大海中孤立的女神居住的小島上。他的流浪就中斷在與卡呂普娑共譜的愛的二重奏中，一住就是十年。

當赫米斯到卡呂普娑的山洞裡跟她談話時，奧德修斯在做些什麼？他獨自一人登上岬角，望著波濤洶湧、廣袤無垠的大海，眼淚簌簌流了下來。他癱坐在那兒，體內所有水分全從眼眶流了出來，他再也無法壓抑自己了。為什麼呢？因為他對過去的生活感到懊悔，他為不能回到旖色佳，陪在妻子潘娜洛比身旁而痛苦。卡呂普娑當然不會不知道奧德修斯思念家鄉，一心惦記過去。但她也希望自己能改變他，讓他忘記過去的一切，忘記自己是個應該返鄉的人。要用什麼方法才能讓他不去回憶過去的一切？奧德修斯曾經到過死者的國度，在與眾鬼魂的談話中，阿奇里斯告訴過他死亡是多麼悲慘的一件事，一個沒有名字的影子、失去生命亦無意識、流離失所的幽魂，其可怕遠遠超過人的想像。而卡呂普娑可以讓他在他經歷種種驚險後，到達旅途的終點，賦予他永恆的生命，讓他永保年輕，不再為死亡與年老而疑慮恐懼。

在提供奧德修斯安穩與永生的承諾時，卡呂普娑知道自己在做什麼，她不可能不知道曙光女神的故事。曙光女神愛歐絲愛上一個名叫提同諾斯的俊美青年，她把美少年擄了過來，讓他能夠跟她在一起。她去懇求宙斯，希望他能賜予提同諾斯永保青春、長生不死的特權，因為她想永遠跟他在一起。宙斯臉上浮現一絲詭異的微笑，他說：「那就成全妳吧。」於是，在奧林帕斯曙光女神的寢宮裡，提同諾斯這個年紀輕輕就來到天上的人，得到永生不死的特權。但過了一段時間後，大約一百五十年或二百年吧，他變成一個比垂垂老人還要可憐的人。他全身僵硬起來，就像隻乾癟的大甲蟲，不能說話，無法吃東西，也動彈不得，活脫脫就是一個生之幽魂。

難以忘懷

但卡呂菩娑給奧德修斯的並不是僵死的生命，她真的能夠讓他永遠年輕不死，讓他成為百分之百的神祇。我們說過，仙女琦爾坷為了使她的訪客忘了回去，就把他們統統變成野獸，變成比人類低等的東西；但卡呂菩娑的方法不同，她並沒有把奧德修斯變成野獸，而是變成真正的神祇。但兩位仙女的目的相同，都是要讓奧德修斯忘記旖色佳與潘娜洛比。這整個故事的關鍵，也是奧德修斯所面臨的兩難。他看過死亡是怎麼回事，他去過奇美利奧人所住的地方，去過地獄的大門口，也曾經過賽芒女妖的小島，聽到她們用絕美的歌聲頌讚自己，島上還堆積著成群的死屍。雖然卡呂菩娑可以讓他長生不死、永遠青春，但他得付出代價，那就是必須永遠住在島上，徹底忘記自己的故鄉。此外，如果他要待在島上，就等於隱沒於世，不再是他自己，不再是奧德修斯，不再是執著返鄉的英雄。

但奧德修斯無法忘懷家鄉。為了完成使命，他準備接受種種考驗，承受一切苦難折磨。他被丟棄到人世的邊緣，卻仍一心一意要返回故鄉，重新找回自己。於是，他必須拋棄這世外桃源。因為在這個島上，他所能獲得的，並不是奧德修斯他自己的不朽，而是一種無名的不朽。就在奧德修斯準備離開小島時，雅典娜偽裝成奧德修斯的朋友——年老的智者門托爾，到綺色佳島找奧德修斯的兒子鐵雷馬科斯，告訴他：「年輕人，你知道你父親是個足智多謀的人，我保證他一定會回來。快去準備吧，他需要你的幫助。趕快到附近的希臘城邦，去看看他們有沒有你父親的消息。別待在家裡動也不動，只知哀聲嘆氣，快！振作起來！」鐵雷馬科斯卻回說不知道自己的父親是誰。他母親說過他的父親是奧德修斯，他卻從來沒看過他。的確，當奧德修斯出海遠征時，鐵雷馬科斯才剛出生，才只是幾個月大的嬰兒。

現在鐵雷馬科斯已經二十歲了，與奧德修斯離開綺色佳時的年紀一樣。他跟雅典娜說他的父親只是個陌生人，不只他這麼想，根本就沒有人再見過奧德修斯，他根本就是個沒人見過、聽過，也不可能再被見到、聽到的人。他可能早就被長著翅膀的女妖帶走，永遠離開人世。沒有人知道他現在在哪裡，是活著還是死了。鐵雷馬科斯接著說：「如果他是戰死在特洛伊的城牆外，或是死於歸航的途中，那麼他的戰友會把他的屍體帶回綺色佳，我們會為他建一座墳墓，在上面立一塊刻有他名字的石碑。這樣我們還可以說他將永遠與我們同在，為我這個兒子，還有所有家人，留下永不磨滅的光榮。但現在他就像從世上消失一樣，就這樣被抹煞、埋沒，沒有任何光彩。」他的話讓我們想到古希臘詩人品達（*Pindare*）的詩句，當一個偉大的歷險完成後，不應將它隱藏起來，任它無聲無息消逝。卡呂菩娑這個名字，正是從希臘文「隱藏」這個字演變過來的。而如果要讓這個歷險繼續存在，就必須有偉大的吟唱詩人來歌頌它。

當然，如果奧德修斯一直待在卡呂菩娑的小島上，就不會有《奧德賽》這本書，後世也不會傳誦奧德修斯這號人物。因此兩難仍然是：要不隱姓埋名過著永遠年輕的生活，從此失去身分，就像是從來不曾出生一樣，這樣的奧德修斯，其實跟地獄中的死者沒什麼不同。我們可以稱他們是「沒有名字的人」，因為他們誰也不是。要不就相反，選擇一個終將死去的人生，但在其中他可以找到自己，即使死了，也可以留下光榮的名聲。奧德修斯選擇了後者，他告訴卡呂菩娑他想回家。

他再也不想跟這個朝夕相處十年之久的仙女生活下去，愛神不再對他產生作用，不論是精神上或肉體上，他都不願意繼續跟她在一起。他跟卡呂菩娑即使同床，也是異夢，因為只有她想要繼續下去，而他的心則早已離去。他唯一的願望，就是要回到他凡人的生活，就算這樣意味著必須死去，也在所不惜。他的願望帶領他到必死的人生，他希望完成這樣的人生。卡呂菩娑問他：

「你真的這麼愛潘娜洛比？你愛她比愛我還多？她真的比我美嗎？」

「不是這樣的，妳是一位女神，妳比她美、比她高貴。說句真心話，妳在任何方面都遠勝過潘娜洛比。但潘娜洛比是我的妻、我的故鄉、我的生命。」

「好吧，我懂了。」於是卡呂菩娑就幫他造一座木筏，他們一起砍樹，計算木筏的大小與所需的木料，一同將木筏搭上桅杆。就這樣，奧德修斯離開了卡呂菩娑，展開一段新的歷險。

裸形與無形

奧德修斯在木筏上航行了幾天，一切平安無事。終於，他看到遠方有一小片陸地，就像是海面上放置著一塊盾牌，那是法伊耶克人所居住的島嶼。這時候，波塞冬剛結束在伊索匹亞人那兒的盛宴，返回奧林帕斯。從高空上，他看到大海上有一片小筏，小筏上有個壯漢抱著桅杆正向遠處張望，他馬上就認出那是奧德修斯。波塞冬氣得臉色發青，已經十年沒聽說這傢伙的消息了，這一定是諸神搞的鬼，一定是宙斯插手管了閒事。他怒不可遏，立刻舉起三叉戟，在海上攪起一陣巨浪。木筏立刻裂成碎片，奧德修斯在驚濤駭浪中浮浮沉沉，喝了好幾口海水，瀕臨滅頂。萬分幸運的是，這時候女海神琉科泰婭看到他。琉科泰婭原本是卡德摩斯的女兒依諾，被宙斯善妒的妻子赫拉逼瘋跳海，而成為女海神。這位一身純白的女神，經常出現在受暴風雨襲擊的海難者面前，拯救他們脫險。女神靠近奧德修斯，遞給他一條披巾，跟他說：「繫上它，這樣你就不會沉到海裡。不過，當你要上岸之前，記得把它丟掉。」奧德修斯照做了，繫上披巾，吃力地往島的方向游去。然而，好幾次當他要靠岸時，都被一陣大浪捲到更遠的地方。終於，他看到島的另一側有一個小灣，那邊是一條河的出海口，雖然遠了些，但是兩側沒有巨大的岩石，因此不會有海浪的反沖。費盡千辛萬苦游到那兒，已經是晚上了。精疲力竭的奧德修斯把身上的救命披巾丟到海裡後，緩緩爬上岸。他摸索著向前走去，到了一個斜坡上，看見一大片灌木林，於是藏身在那兒。他心中暗忖：這是什麼地方？誰住在這兒？又會碰到哪些危險？儘管身心俱疲，奧德修斯還是決定張著眼睛警戒。他已經好幾晚未曾闔眼，全身污垢，因為無法洗澡，身上覆著一層鹽，頭髮蓬鬆髒亂。他躺了下來，此時久未露面的雅典娜來了，女神讓他閉上眼入睡。

這座法伊耶克人的小島，介於凡人世界與奇幻世界之間：前者是希臘、旖色佳；後者則是食人族及女神混居的地方。長久以來，法伊耶克人就扮演著運送者的角色。他們的船具有神奇的力量，無須成群結隊，就可以在海上高速暢行，到任何想要去的地方。他們不需要有人引導方向，也不需要靠划槳來推動。他們就像是人間的赫米斯，擅長遠行，在一個世界與另一個世界之間傳遞訊息。不僅如此，這個島也是與外界完全隔絕的，島上的人從未在別處停留，其他地方的人也從不曾到過島上。他們純粹是運送者、過渡往來的旅客。倒是常常有神祇到他們的島上走走，神祇在那裡就以原本的形象出現，不需要化裝成凡人的樣子。

奧德修斯就一直藏在灌木叢中，黎明破曉時，他仍在沉睡。島上的王宮裡有一個公主，名叫瑙西卡，十五、六歲，正是適婚的年齡。只不過在島上的法伊耶克人中，國王很難找到令他滿意的女婿。有一天晚上，公主夢見自己的理想丈夫；當然，這個夢是雅典娜帶給她的。早上起來，她就叫一群女僕把王宮裡所有要洗的衣服、床單、被單收集起來，帶到河邊，準備用清澈的溪水清洗乾淨，再放到大石頭上曬乾。一大早，她們就把這些要洗的衣物裝上車，然後給牲口套上車具，走到河邊。衣物都洗好了，這群年輕女孩興高采烈地玩起球來。瑙西卡把球丟給一個女僕，想不到她笨手笨腳沒接好球，讓它滾了下去。女孩看到球滾到溪裡，個個尖叫起來。

奧德修斯被這股叫聲吵醒，急忙跳起來，走到林子外面，看看發生什麼事。他赤身露體，活像隻大蟲，令人看了就害怕。由於他擔心有什麼不測，因此一出來就用惡狠狠的眼光瞪著發出叫聲的人。女孩一看到他，嚇得四處閃躲。只有一個還站在原處，她是這群女孩中身材最高䠷的，也是長得最美的。就像狩獵之神阿提密斯站在隨從中，從各方面看都遠遠比別人出色。瑙西卡並沒有驚慌失措，沒有像其他人那樣嚇得亂跑，只是靜靜地站在原地。奧德修斯看到她，她也看著奧德修斯，心想這可怕的怪物到底是誰。瑙西卡是國王的女兒。雖然奧德修斯的模樣十分可怕，但說起話來還是挺動聽的，畢竟他是機警狡猾、能說善道的奧德修斯。他開口了：「妳是誰？妳是與隨從一起出遊的女神嗎？我是一個不幸的落海者，隨波漂流到這個島上。妳讓我想起曾經在德洛司島上看到的一株棕櫚，一株年輕挺拔、直入雲霄的棕櫚。記得當年看到那株樹時，我整個人都呆住了，站在它面前，我除了讚嘆，一句話也說不出來。現在我站在妳面前，看著妳，心中的狂喜同樣也是難以形容。」她回答他：「你說的話和你的外型相差甚遠，你不像是個野蠻人。」她叫回女僕，要她們好好照料這個人：「給他洗澡的東西，再讓他穿上衣服。」奧德修斯走進溪裡，洗去身上的鹽漬與污垢，然後再穿上衣服。這時，雅典娜讓他看起來更年輕、俊美、健壯；不僅如此，她更讓他全身上下都充滿吸引人的魅力。瑙西卡看了看他，悄悄地跟女僕說：「你們看他，剛才看起來又醜又凶，完全不像個好人，但現在卻像是住在天上的神祇。」

這時候，瑙西卡忽然閃過一個念頭：這個異鄉人，或許就是她昨天晚上夢到的，由神祇安排給她的丈夫。當奧德修斯問瑙西卡島上是否有人能幫助他時，她要奧德修斯到王宮裡去找她的父母，國王阿爾齊諾斯與王后雅瑞蝶。她說：「你去那裡一路上要多加小心。我現在該回去了，我得收拾這些洗好的衣服，和女僕一起回去。當然，你不能跟我一道走，因為我們島上從來沒有陌生人來過，人人都彼此認識。他們要是看到你，一定會質問你從哪裡來，來這裡做什麼。尤其是他們看到你跟我走在一塊，後果就更不堪設想了。所以，你必須等我離開後再走。順著這條路一直下去，你就會看到一座美麗的王宮，四周是秀麗的庭園，一年四季都長滿不同的花卉與水果。你還會看到一座小港灣，港裡停了許多漂亮的船隻。進了宮殿以後，你就直接往我母親雅瑞蝶走過去，跪在她面前，請求她保護你、接待你。最重要的是，千萬不要在路上耽擱，千萬不要跟任何人說話。」

說完這些，瑙西卡就走了。這時候，奧德修斯看到一個小女孩，這小女孩是雅典娜化裝成的。她告訴奧德修斯：「放心照著國王女兒的話去做。不過，在你去宮殿這段路中，為了避免任何意外，我會將你隱形起來，讓所有人都看不到你。不過你也不能去看別人，不能與他日光交會。因為要讓別人看不見你，你就必須不看別人。」

奧德修斯照著瑙西卡與雅典娜的話做了。他到了王宮，就走向王后，跪在她面前。從入門口一直走到王后面前的這段路上，所有聚集在那兒的法伊耶克貴族都沒有看到他。忽然間，雅典娜除去籠罩在他身上的雲霧，在場的法伊耶克人看到一個陌生人抱著王后的膝蓋，大家都嚇了一跳。雅瑞蝶與阿爾齊諾斯決定幫助這個異鄉人。他們還為他舉行一場盛宴，並在宴會後展開運動大會，要讓這位異鄉人看看法伊耶克人的優越體能。在運動大會上，阿爾齊諾斯的一個兒子向奧德修斯挑釁，想知道他是不是真的值得法伊耶克人招待。奧德修斯並不因此惱怒，他拿起厚重的石餅，擲得比所有法伊耶克人都遠，證明他的實力與英雄氣魄。接著，國王找了吟唱詩人為大家演唱，詩人唱了特洛伊圍城的故事，歌頌阿奇里斯與奧德修斯的英勇性格與光榮事蹟。這時候，奧德修斯再也忍不住了，他低下頭，用寬鬆的衣服遮住眼睛，好讓別人看不到他在流淚。但阿爾齊諾斯還是把這一切看在眼裡，他心裡想，這個坐在他身旁的年輕人，之所以會如此為這些歌曲感動，一定是因為他本身就是一位參與遠征的希臘英雄。他下令詩人停止歌唱，請奧德修斯告訴大家他的真實身分。奧德修斯也不願再隱瞞了，他說自己就是奧德修斯。接著，他就像吟唱詩人那般，告訴大家他從特洛伊返航後所經歷的一切。

國王決定送奧德修斯回旖色佳。他必須這麼做。當然，他不無一絲遺憾，因為他想到自己的女兒會因此錯失一段美好姻緣。他告訴奧德修斯，如果願意留在島上，跟法伊耶克人一起生活，並且娶瑙西卡為妻，那麼他將是個完美的女婿，日後可以繼承法伊耶克的王位。奧德修斯解釋他的世界與生活是離不開旖色佳的，因此他懇求國王務必幫助他回到那兒。傍晚，法伊耶克人為他選了一艘船，船上裝滿了禮物，請奧德修斯上船。奧德修斯向國王告別，接著再和王后和瑙西卡告別，就像他曾經與卡呂菩娑和琦爾珂告別一樣。船離開了法伊耶克人的小島，往人間的海域航行。這艘船將奧德修斯從人世的邊境，從光明與生命所能及的最遠處，送回他的家鄉——旖色佳島。

身分成謎的乞丐

好不容易，他搭上返鄉的船，在上面睡著了。法伊耶克人的船飛快航行著，不多時就到了旖色佳的海岸。他們在那兒看到一株高大的橄欖樹、一處仙女居住的洞口，還有高聳的山地。這裡是一座天然的港口，兩側都是巨大的石壁。法伊耶克人把熟睡的奧德修斯抱起來，放到海岸上的橄欖樹下，然後悄悄地離開，就如他們無聲無息地到來一樣。這時，海神波塞冬從高空上看到這一切，奧德修斯竟然回來了，他感到自己再一次被愚弄。他非要報復不可，於是他決定向法伊耶克人下手。當船尚未返回法伊耶克時，波塞冬揮舞他的三叉戟，將他們的船變成一塊巨大的石頭，這石頭一直往下延伸，牢牢地固定在海底，等於是一座固定在海上的小島。從此，法伊耶克人再也不能扮演聯繫各地的海上運送者角色了。在故事的一開始，奧德修斯所穿越的那扇門，也是他現在所返回的那扇門，那扇連接人的世界與其他世界的門，也跟著關閉了，永不再開啟。人的世界從此完全獨立，奧德修斯就此回歸俗世。

清晨時分，奧德修斯醒過來，抬頭看看四周，看看這片他從小生長再熟悉不過的土地。奇怪的是，他卻什麼也認不出來，覺得自己來到一個全然陌生的地方。其實，是雅典娜要讓這位英雄回到故居前，做一番徹頭徹尾的改變。為什麼呢？因為當他不在時，尤其是當特洛伊戰爭結束後的十年內，有一群潘娜洛比的追求者，認為他已經死了或永遠不回來了，於是就聚集在奧德修斯的宮殿。他們住在那裡吃喝玩樂，肆意宰殺奧德修斯的牛羊，飲用他酒窖裡的酒，吃他穀倉裡的麥子。他們在那兒等著潘娜洛比選擇他們其中之一，當她的第二任丈夫，但她卻一直拒絕，千方百計敷衍這些追求者。首先，她說如果無法確定奧德修斯已經死了，她是絕對不會再婚的。接著她說，她必須為奧德修斯的父親織一件麻衣，讓老人家去世時能穿著它入土。她一直住在宮殿的女子寢宮裡。而求婚者則聚集在大殿上，鎮日吃喝玩樂，酒足飯飽之後，就摟著王宮裡不忠的女僕，也就是那些為求享樂而背叛主人的女僕大逞淫欲。這些人的種種荒唐行徑，不是短短幾句就能道盡的。

潘娜洛比待在房裡，每天太陽升起後就開始織布，但一到晚上，她就把白天的工作成果全部拆毀。有兩年時間，她就靠這樣的方式矇騙那些求婚者：她總是說工作還沒有完成，實際上她每天都重新開始。正所謂內賊難防，一個不忠的女僕跟追求者透露了這個消息，於是他們又要潘娜洛比立刻做決定。這時，雅典娜所要避免的，就是不要讓奧德修斯犯下跟阿加曼儂同樣的錯誤，也就是說，不要讓他大搖大擺地回去，讓別人一眼就認出他是奧德修斯，然後兩三下就把他解決掉。女神決定讓奧德修斯以另一個身分回去，讓所有人都不知道他是誰。為了做到這一點，首先就要讓奧德修斯不認得自己的故鄉，免得他過於興奮而暴露自己的身分。雅典娜在沙灘上表明身分後，就跟奧德修斯說明他當前的處境：「有一大票無賴追求者在你的王宮裡，你必須去把他們統統殺光。可是他們人多勢眾，所以你必須得到兒子鐵雷馬科斯、牧豬人歐邁烏斯，還有牧牛人菲羅提歐斯這三人的幫助，才有成功的可能。我也會幫助你，但首先，我必須將你改頭換面一番。」奧德修斯接受女神的建議，雅典娜才讓他看到旖色佳的一景一物，看到海邊那株高大的橄欖樹與仙女所住的小山洞。

雅典娜驅散奧德修斯身邊的濃霧，讓他得以認出自己的家鄉。之前，當他漂流到法伊耶克島時，女神為了使他與瑙西卡相會，將他變得比原來更溫柔更俊美，現在她用同樣的法力，將他變成醜陋不堪的糟老頭：頭髮掉光變成大禿頭，皮膚又乾又癟，眼角積滿眼屎，佝僂駝背，衣衫襤褸，身上的臭味老遠就聞得到——根本就是個連乞丐都看不起的乞丐。奧德修斯的計畫，就是要扮成不會引人懷疑的樣子，混入自己的宮殿裡，向追求者乞討食物，捱受他們的笑罵，藉此衡量情勢，並找到自己的同謀，然後拿回他那把硬弓。這把弓只有奧德修斯拉得動，他要藉這把弓的力量，殺死所有追求者，不讓任何人有絲毫逃離的機會。

奧德修斯來到宮殿門前，正好遇到了年老的牧豬人歐邁烏斯。奧德修斯假裝不認識他，問他是誰，並假意好奇地問他王宮裡那些人的身分。歐邁烏斯回答道：「我的主人奧德修斯已經離開這裡二十年了，沒有人知道他現在是生是死、遭遇了什麼事。唉，真是可怕的不幸啊，這個地方全都走樣了。王后的追求者硬是住到王宮裡，把好好的宮殿弄得亂七八糟、糧食吃得一乾二淨，還命令我每天帶幾隻豬仔去給他們吃，這太不像話了，簡直無法無天啊！」他們兩個一起走到宮殿大門口。忽然，奧德修斯看到牆角的垃圾堆上，躺著一隻老狗。那是他的忠犬亞戈司，現在已經二十幾歲了。此時此刻的亞戈司，就像奧德修斯身上的邋遢打扮一樣，又髒又臭，全身長滿蝨蚤，衰老無力，動也動不了。奧德修斯問歐邁烏斯：「這隻狗年輕時候是什麼樣子？」「哦！牠年輕的時候可了不起了，沒有一條狗比得上牠。牠是一隻優秀的獵犬，三兩下就能抓到野兔，帶回給主人，從來沒有失誤過……」「喔，是嗎？」奧德修斯說完繼續往前走。這時，亞戈司聳聳鼻子，嗅出走過去的正是他的主人，但牠已經沒有力氣動了，只能搖搖尾巴，豎一豎耳朵而已。

這一切奧德修斯都看在眼裡。他看到他的狗，儘管已經衰老不堪，但還是認得他，狗憑著一種獨特的方式，以牠靈敏的嗅覺立刻就認出他是誰。但人就沒有辦法這樣了，歷經這些年的分離、這麼多的改變，人需要靠一些特徵和記號作為辨認身分的憑據；而旖色佳人也必須在這些記號上思索打轉，才能夠一步步把奧德修斯這個人拼湊出來。狗不需要這樣，牠一聞就認出了自己的主人奧德修斯。奧德修斯看到心愛的老狗還認得自己，心裡百感交集，眼淚幾乎奪眶而出。但他必須隱藏身分，不能對牠表示什麼，只好快步走開。亞戈司在認出主人之後就死了，歐邁烏斯卻沒有察覺這一切，仍與身旁的老乞丐一同前行。在宮殿大門的門檻前，他們遇到另一個乞丐，身材高大的伊羅斯，看起來比老乞丐奧德修斯年輕許多。伊羅斯常駐在這個地方，已經待了好幾個月了，人人都認得他。每當求婚者在裡面大吃大喝時，他就進去乞討，對著大家陪笑臉，捱他們幾下拳腳，換取一頓好吃的。當他看到奧德修斯要到宮殿去搶他地盤時，他馬上跑過來攔住：

「喂！你來這兒做什麼？這裡是我的地盤，別在這兒打轉，快給我滾！想分一杯羹？門兒都沒有！」奧德修斯只回了他一句：「咱們等著瞧吧。」他們一起進了宮殿。每個追求者都坐在餐桌上喝酒吃肉，左摟右抱，不少潘娜洛比的女僕在那兒侍候他們。大家看到今天進門的乞丐多了一個，不約而同地大笑起來。伊羅斯開始找奧德修斯麻煩，追求者抱著看好戲的心態，在一旁鼓動伊羅斯，說他比那老乞丐年輕多了，打敗他絕對沒有問題。奧德修斯一開始不想鬧事，但最後還是同意以拳擊一決高下，贏的留下，輸的人滾。每個人的眼睛都盯著他們。奧德修斯撩起一角長袍，露出大腿。追求者看到這老態龍鍾的叫化子腿上還有結實的肌肉，紛紛議論這場拳賽的勝負可不像想像中那樣一面倒。打鬥開始，沒兩下就分出高下，奧德修斯不費吹灰之力就將伊羅斯擊倒。追求者喝起采來，高興地大吼大叫，連呼過癮。奧德修斯把伊羅斯拎起來，丟到大門外面。但當他一轉身，求婚者的嘲笑辱罵就如潮水湧至。有個人甚至覺得，光用口水教訓他實在不夠，就跳過桌子，偷偷走到奧德修斯後面，舉起腿往他背上就是一腳，想把奧德修斯踢個倒栽蔥。這一腳結結實實踢到奧德修斯的肩膀上，讓他疼痛不已。這時候，王后的兒子鐵雷馬科斯出面緩和氣氛，他說：「這是我的客人，我不希望他受到任何傷害或侮辱。」

認出奧德修斯的傷疤

為了獲得援助，奧德修斯其實已先向某些人表明自己的真實身分。首先就是他兒子鐵雷馬科斯。他剛結束一場遠洋航行回來，而這趟航行的目的就是要探尋父親的下落。當他出海後，心懷不軌的追求者就埋伏在旖色佳的港口，準備在他回來時殺了他。與潘娜洛比結婚不僅是一樁婚事而已，因為與她結婚，就等於上了奧德修斯的床，而上了奧德修斯的床，就等於取得旖色佳島的政權。但如果鐵雷馬科斯活著，一來他是潘娜洛比的兒子，多少會阻礙婚事；二來他是奧德修斯的兒子，王位的合法繼承人。所以求婚者千方百計要拔除這眼中釘、肉中刺。所幸，由於雅典娜的協助，鐵雷馬科斯回航時並沒有在他們埋伏的港口上岸，得以避開他們的攻擊，而直接到牧豬人歐邁烏斯的住處。

奧德修斯父子分離二十年後首度相認，就是在歐邁烏斯住的小棚子裡。當時歐邁烏斯已前往王宮將王子安然無恙的好消息通知潘娜洛比，屋子裡只有奧德修斯父子二人。這時候，雅典娜出現了。奧德修斯看到她，歐邁烏斯的狗也嗅出來者不是普通人，嚇得毛骨悚然，夾著尾巴躲到桌子底下。但鐵雷馬科斯卻什麼也沒看見。女神要奧德修斯跟她一起走到棚外，她用魔杖點了奧德修斯，他立刻回復之前的年輕模樣。他不再是那醜陋嚇人的老乞丐，而像是住在天上的神祇。鐵雷馬科斯看到奧德修斯走回棚子時，著實嚇了一跳：剛才那個骯髒邋遢的老頭，怎麼一轉眼就變成一位神祇？奧德修斯告訴兒子自己的真實身分，鐵雷馬科斯卻不相信他的話，要他拿出證據，但奧德修斯什麼也沒拿，而是直接以父親身分教訓他：「夠了吧！父親就在你面前，而你卻不認他！」可是鐵雷馬科斯根本不認識他，因為他從沒看過自己的父親。「我告訴你，我就是奧德修斯！」奧德修斯再一次以父親的態度說話，但這對鐵雷馬科斯卻沒什麼作用，因為他雖不再是小孩，卻也不能算是成熟的大人。他從小跟著母親長大，在這樣的生活中，父親的教訓對他而言是全然陌生的。他現在的處境實在是非常尷尬：從來沒有見過父親，甚至不知道父親是生是死，眼前卻突然冒出一位自稱是父親的人，怎麼可能不懷疑這是不是一場騙局？當奧德修斯以父親的態度站在鐵雷馬科斯面前，以父親的口吻對他說話時，不僅奧德修斯更堅定了父親的意識，鐵雷馬科斯也終於確認眼前這位就是他的父親。這兩個人建立起一種人倫關係，靠著這樣的關係各自找到自我的認同。

在歐邁烏斯與牧牛人菲羅提歐斯的協助下，奧德修斯父子開始一步步展開復仇大計。這個計畫有一度幾乎要失敗。怎麼說呢？鐵雷馬科斯跟母親說城裡來了個老乞丐，受到求婚者無理對待，所幸他出面阻止。奧德修斯小時候的奶媽歐呂珂萊雅也在一旁開口，說那幫求婚者對這位異鄉人的態度是多麼粗暴惡劣。王后於是接待奧德修斯扮成的老乞丐，問他一些事，只要有海上旅客來到島上，她就會問問他們有沒有看到奧德修斯。奧德修斯就在認不得他的妻子面前展現起口才：「我見過奧德修斯，不過大概是二十年多年前的事了。那時他正要出發去特洛伊，途中經過我家，我哥哥伊多梅紐斯也帶兵跟他一起出征。我原本也要去的，但因為太年輕了，去不成。我唯一能做的，就是準備一些禮物送給英勇的奧德修斯。」王后聽了這個故事，半信半疑地繼續問道：「你說的是真的嗎？告訴我，他當時穿的長袍是什麼樣子？」奧德修斯當然記得他當時穿的長袍，質料、顏色都說得絲毫不差，尤其是釘在長袍上的一顆寶石，那是潘娜洛比當年送給他的，寶石上刻了一隻奔馳的野獸。潘娜洛比聽完，喃喃自語：「沒錯，他說的是真的。」她自然而然對眼前這位老者有了一股親切感，因為他見過奧德修斯，並且幫助過他。她請歐呂珂萊雅照料他，帶他去洗澡，並且幫他洗腳。歐呂珂萊雅對潘娜洛比說，眼前這人長得真像奧德修斯。這就奇怪了，雅典娜不是把他徹頭徹尾地變成另一個人嗎？她怎麼能認得出來？奶媽說：「他的手和腳簡直跟奧德修斯一模一樣。」潘娜洛比回答她：「不，妳不如說，如果奧德修斯還活著，經過二十年的滄桑與磨難，他的手腳應該就像這個樣子吧。」

奧德修斯如今身分成謎，不只是因他現在變成一個老乞丐，而且他離家時才二十五歲，現在已經四十五歲了。儘管他的手還是原來的手，但已不再完全一樣。二十五歲與四十五歲的奧德修斯，既是同一個人，也是不同的人。但奶媽還是認為老乞丐像極了奧德修斯，於是就跟他說：

「來往的旅客、追求者也好，乞丐也好，在所有來到這裡的人當中，就只有你讓我想到奧德修斯。」奧德修斯回道：「噢，是嗎？上次也有人這麼跟我說。」但他心裡想的卻是，待會歐呂珂萊雅為他洗腳時，一定會看到他腳上的疤痕，這樣一來她就會知道他的真正身分，萬一洩漏出去，那麼復仇大計恐怕就要泡湯了。

這道疤痕是怎麼來的呢？當奧德修斯十五、六歲時，他去外祖父奧托呂科斯那兒參加　個成年儀式。儀式中，男孩子必須全副武裝，在堂表兄的監視下，單獨面對一隻大野豬，用矛將牠刺死。小奧德修斯成功辦到了，但那頭野豬也在他的大腿靠膝蓋的部位開了道口子。小奧德修斯回家後，興高采烈地告訴大家整件事情的經過，一個細節也不放過：怎麼面對野豬，怎麼對準牠投矛，如何受傷，親戚怎麼給他包紮傷口，還告訴大家自己收到哪些禮物。接著，他像個小英雄般得意洋洋地展示自己腿上的傷口。這一切歐呂珂萊雅都知道得清清楚楚，因為她是他的奶媽。當奧德修斯剛出生時，外祖父來看他，那時，歐呂珂萊雅正把小嬰兒抱在膝上，看到奧托呂科斯走來，就請他給孩子取名字。這就是奧德修斯名字的由來。現在，歐呂珂萊雅專門伺候客人洗腳，可說是辨認腳形的專家，她一看就看出這個老丐的腳像極了奧德修斯。奧德修斯心想，一旦她看到他腳上的疤，那麼就會知道他是誰了。這道傷疤是認出奧德修斯的最好證據，就像他的親筆簽名一樣。

因此他選了一個背光的方向，讓奶媽看不清楚他的腳。奶媽把溫水倒進大水盆，然後把奧德修斯的腳放進去。當她洗到膝蓋時，覺得手觸摸到一塊腫起的肉，於是把眼睛湊過去看個清楚。她認出這是誰的腳了，激動之餘，她高叫一聲，慌亂中打翻水盆，水流得滿地都是。奧德修斯趕緊用手摀住她的嘴，她馬上知道了他的用意。但歐呂珂萊雅還是轉頭過去看看潘娜洛比，想告訴她眼前這個人就是奧德修斯。只不過這時雅典娜使潘娜洛比分了神，不讓她注意到歐呂珂萊雅在看她，而她也沒有聽到剛才的叫聲。歐呂珂萊雅低聲說：「親愛的奧德修斯，我的乖寶寶，剛剛怎麼會沒認出你呢？」奧德修斯跟她做了個手勢，表示以後會跟她解釋清楚，但現在什麼話都不要說。奶媽認出他了，但此時此刻還不能讓潘娜洛比知道他是誰。洗完腳後，奧德修斯出門找到牧豬人與牧牛人，將腿上的疤痕給他們看，讓他們知道旖色佳的王回來了。

拉開王者之弓

潘娜洛比在雅典娜的影響下，再也無法忍受這些追求者的惡形惡狀，決定要讓這一切有個了斷。她從寢宮出來，到大眾面前宣布，她將放棄無止境的等待，決定舉辦一場競賽，獲勝的人就可以娶她為妻。這時，雅典娜在她的身邊，讓她比平常更為美麗三分，使所有追求者，包括混在其中的奧德修斯，都為她神魂顛倒。競賽的內容是什麼呢？「我要在大廳裡，用十二把斧頭排成一列，你們之中的任何一個，要是能夠拉開我丈夫奧德修斯的弓，一箭射穿這十二把斧頭上的小孔，就可以做我的丈夫。我們立刻就可以準備婚禮。來人！開始布置宮殿，準備美酒佳餚！」求婚者個個心癢難當，他們都認為自己有本事通過考驗，娶到潘娜洛比。潘娜洛比把奧德修斯的弓，以及裝滿箭的箭袋，交給牧豬人歐邁烏斯。之後，她就回到寢宮，躺在床上，雅典娜讓她的心平靜下來，舒舒服服睡了一覺。

奧德修斯和鐵雷馬科斯，以及歐邁烏斯、菲羅提歐斯，就趁大家得意忘形時，悄悄關起宮殿的大門，讓追求者一個也出不去，外面的人也無法進來，同時，他們也把追求者的武器藏起來，使他們手無寸鐵。射箭大賽開始了，追求者一個接一個拿起奧德修斯那把硬弓，但無人能把它拉開，更不用說射中目標了。最後，求婚隊伍中最有自信的安提諾斯也失敗了。鐵雷馬科斯說，現在該輪到他了。意思就是由他代替父親奧德修斯來拉這把弓，如果成功，那麼母親就要繼續留在宮裡，不跟任何人結婚，誰也別想取得旖色佳的王權。他拿起弓來，比任何人拉得更滿，但還是失敗了。這時，邋遢老丐奧德修斯走上前去，把弓拿在手裡，說：「讓我也試試看吧！」追求者馬上辱罵他：「你瘋啦！憑你也想跟王后結婚？」這時潘娜洛比從寢宮出來，跟大家說這位老人只是要看看自己拉弓射箭的本領，與結婚無關，並說自己當然不可能跟一個老乞丐結婚。奧德修斯也說他不是來搶婚的，但他年輕時也算是一等一的射手，現在只是要看看自己還有沒有當年的本領。「這分明是瞧不起我們，恥笑我們。」追求者喧嚷起來。但潘娜洛比還是說：「讓他試吧！再怎麼說，他也曾經見過我丈夫年輕時的樣子。如果他成功了，我將送他許多禮物，給他地方住，讓他去想去的地方，脫離現在這個貧苦的環境。總而言之，我會幫他達成願望。」她壓根兒也沒想到，眼前的老乞丐竟然會是她丈夫。說完這些話之後，她又回到寢宮。

奧德修斯拿起弓，不怎麼費力就把它拉開了。他搭上箭，瞄準求婚隊伍中的安提諾斯，一箭射死他。這可把其他追求者給著實嚇了一跳，他們大罵起來：「渾蛋！你到底會不會射箭？箭靶明明擺在那邊，你卻射到這邊的人，你會不會瞄準？你以為弓箭是玩具嗎？快給我住手，臭老頭！」奧德修斯不理他們的叫吼，接著瞄準在場的每一個求婚者，一箭接著一箭射出去。這些追求者想逃都逃不掉。結果在鐵雷馬科斯、牧豬人與牧牛人的協助下，把一百多個追求者全部殺死。

這時，潘娜洛比再一次在雅典娜的催眠下，深深進入夢鄉，她什麼也沒看見，什麼也沒聽著。一場屠殺之後，大廳裡到處都是血跡。奧德修斯父子指揮僕人搬走追求者的屍體，徹底清洗大廳，回復原來的樣子。接著，奧德修斯問清楚哪些女僕曾跟求婚者睡過覺，然後用一根長繩子把她們全部吊死在屋樑上，就像賣野味的吊起一隻隻野雞。第二天，王宮熱熱鬧鬧地辦起婚宴，這是為了讓在宮殿外面那些求婚者的家屬不致懷疑他們的親人已慘遭殺害。大家都以為，宮殿大門緊閉是為了要準備王后的婚禮，牆內傳出陣陣音樂，以及熱鬧的歡樂聲。奶媽歐呂珂萊雅三步併作兩步跑上樓，去叫潘娜洛比起床：「快下樓！那些求婚的人都死了，奧德修斯回來了！」潘娜洛比一點也不相信，她說：「如果是別人跟我說這些無聊的話，我一定立刻攆他出去。夠了，別再拿我的期盼與痛苦開玩笑了。」奶媽說：「是真的，我認出他腿上的疤，絕對不可能是別人。鐵雷馬科斯也知道他是奧德修斯。他把所有追求者都殺了，我不知道是怎麼殺的，我什麼也沒看到，只是聽說而已。」

潘娜洛比緩步下樓，心中五味雜陳。她當然希望奧德修斯回來，但她也懷疑憑他與鐵雷馬科斯兩人的力量，怎麼可能把一百多個求婚者殺死，更何況這些人都是些年輕戰士。況且，如果那個人真的是奧德修斯，那麼他跟她說的那些，什麼在二十年前見過奧德修斯，曾經幫助過他，都是謊言了。他是個騙子，至少在幾天前還是個騙子，一個說謊不用打草稿的大騙子，這下騙子說自己是奧德修斯，難道就不是在說謊？她到了大廳，心裡打量要不要跑向奧德修斯，但她還是待在原地不動。奧德修斯面對她，低下眼睛，一句話也不說。潘娜洛比也說不出話來，畢竟眼前這個老乞丐，全身上下沒有一點像她的奧德修斯。她的心情跟在場的其他人完全不一樣。其他人在奧德修斯回來後，他們在旖色佳的地位就能夠確定下來。鐵雷馬科斯從小就需要一個父親，而現在父親總算出現了。奶媽、牧豬人、牧羊人及其他僕人，當離開他們二十年之久的主人回來後，也總算能確認自己的身分，確定自己在這個小王國裡的地位。畢竟一個人究竟是誰，和他與別人之間的關係是分不開的。但潘娜洛比不需要這些，她不需要一個丈夫，因為如果她需要的只是一個丈夫，那麼她幾年前就再婚了，根本不需要在這些年來苦苦與追求者周旋鬥智，忍受他們的侵擾。她要的不是丈夫，而是奧德修斯，或者，她要的是當年的奧德修斯，「她心中永遠年輕的奧德修斯」。因此，那些所謂的證據，那些讓其他人相信他就是奧德修斯的證據：大腿上的傷疤、拉開那把硬弓，對她來說都沒有意義，都無法讓她相信他就是奧德修斯。畢竟，誰都有可能有相同的特徵。她要的是獨一無二的他，那個曾經是她丈夫，讓她在家等候了二十年的奧德修斯。這二十年的日子，如一道鴻溝需要填補。她要親自去測試奧德修斯。她有一個祕密，是除了她和他之外，沒有其他人知道的。潘娜洛比知道，她必須比那個擅長說謊的老乞丐更為機警，才能知道他究竟是不是她的奧德修斯。

屬於兩人的祕密

就在那一天，雅典娜又把奧德修斯變回原來的樣子，變回二十五歲那年離開潘娜洛比的樣子。現在潘娜洛比看到的，完全是她心中所想像的，年輕俊美的奧德修斯。但光憑外表並不能決定一個人是誰，所以潘娜洛比仍不願意承認他。鐵雷馬科斯幾乎要生起她的氣來，歐呂珂萊雅也不耐煩起來，他們說潘娜洛比簡直是鐵石心腸。但話說回來，如果她的心不是如青銅般堅硬的話，又怎能對眾多追求者無動於衷，心裡只想著奧德修斯呢？「如果這個人真的是奧德修斯，獨一無二的奧德修斯，那麼我們一定會在一起。因為我們有一個祕密，一個絕對可以確定是他的祕密，全世界只有他和我知道這個祕密。」奧德修斯微微一笑，心中非常篤定。到了晚上，潘娜洛比吩咐女僕從她房裡把床搬出來給客人睡，因為在還沒有確定他的身分前，她不可能跟這個自稱奧德修斯的陌生人同床共枕。奧德修斯聽到她這樣吩咐女僕，氣得漲紅臉，怒斥道：「什麼？把床搬出來？休想！那張床是不可能搬出來的！為什麼？好，我告訴你們，那張床是我自己親手做的，其中有一支床腳，是牢牢長在土裡的橄欖樹幹，在造這張床的時候，我沒有把樹連根挖起，只削去枝葉，磨光樹幹，然後把床牢牢固定在上面。沒有人可以搬動它！」聽到這些話，潘娜洛比終於確認了他的身分，撲到他懷裡喊道：「你真的是奧德修斯！」

這樹幹做成的床腳象徵許多意義。它是固定不能移動的。這新婚之床的床腳，就像是他們兩人之間的祕密，就如同潘娜洛比的美德與奧德修斯的獨特，是永遠不可能動搖的。這張潘娜洛比與奧德修斯共寢的床，同時也確認了旖色佳國王的英雄氣概與穩固權威。這張床深深植根於旖色佳的土地裡，象徵國王與王后的合法統治權，確保他們將是公正的統治者，同時也保證這塊土地的富庶：穀物與果實年年豐收，牛羊豬隻也肥碩健康。最重要的是，這個多年來只有他倆知道，並時時放在心上的祕密，召喚著兩人的緊密結合，讓他們成為心靈相通的共同體。當奧德修斯漂流到法伊耶克島時，瑙西卡放下公主身段，問這個異鄉人是否願意與她成婚。奧德修斯跟她說，對男人與女人來說，當他們決定是否要與對方結婚時，心靈相通永遠是最重要的，夫妻之間的思想與情感要能達到和諧。而這張夫妻共寢之床正是心靈相通的象徵。

奧德修斯回到旖色佳，與妻兒重逢相認，在妻子的眼中，他看到純潔無暇的堅貞，而他也找回了多年以來一直忠心耿耿的僕人。事情算是告一段落了，但還沒有完全結束，因為奧德修斯的父親萊爾特斯還不知道兒子已經回到島上。他要離開宮殿，到鄉間去看多年不見的父親。這時他已經換下乞丐的裝束，回復原來的樣子，但並未穿上王室的衣服，因為他想要看看，在睽違二十年之後，父親是否還認得他就是自己的兒子奧德修斯。他到了父親隱居的鄉間小屋，兩個男僕與一個女僕正在別處忙碌，老人則孤孤單單，蹲在院子裡吃力地工作。奧德修斯走到他面前，就像是幾天以前扮成乞丐的奧德修斯走到王宮大門口，看到衰老的愛犬亞戈司軟弱無力地躺在垃圾堆上一樣。萊爾特斯抬頭看看他，問他來這裡做什麼。奧德修斯又開始編故事了：「我不是本地人。」他特地用一種跟僕人說話的語氣跟萊爾特斯說話：「你瞧瞧你，渾身上下沒有一寸是乾淨的，身上的怪味大老遠就聞得到。再看看你的衣服和帽子，又髒又破，簡直就是給僕人做僕人的人。」萊爾特斯一點也不在乎眼前這個人的取笑，他心裡只有一個念頭：這外地客會不會有奧德修斯的消息？老人照著心裡想的問了，而奧德修斯則跟往常一樣，掰起了故事。

萊爾特斯聽後開始哭了起來：「他已經死了？」一邊哭還邊抓起地上的泥土往自己頭上抹。看到父親如此痛苦，奧德修斯覺得自己不該再騙下去了。「別哭了，爸爸，我就是奧德修斯。」「真的？你有什麼證明？」奧德修斯撩起長袍，露出自己腿上的傷疤。但這樣的證據對父親而言仍是不夠的。於是他就說起自己小時候的事。他說那時萊爾特斯正值壯年，把他帶到庭園裡，指著一株株的果樹，告訴他這些樹的名字，並且把這些樹送給他。他還記得，一共有十三株梨樹、十株蘋果樹、四十株無花果樹，還有五十壟的葡萄藤。他還重複萊爾特斯曾教給他如何耕地、撒種、怎樣澆灌養育植物的種種知識。年老的萊爾特斯早已淚流滿面，但這次卻是喜極而泣，隨後將奧德修斯擁入懷中，彷彿自己就是當年的旖色佳國王萊爾特斯，而眼前的奧德修斯只不過是個十來歲的孩子。就像幾天前奧德修斯與鐵雷馬科斯相會時，把已經二十歲的兒子當作幾歲大的孩子看待一樣。奧德修斯給萊爾特斯抱著，彷彿自己也回到兒時。這樣的結局，真是出乎意料。萊爾特斯回到破舊的小屋裡去整理容貌，當他出來時，全身上下都像是個氣質高貴的神祇。當然，他多少也得到了一些雅典娜的神力協助。當他得以重享天倫之樂，自然而然也回復了往日的丰采，散發出神祇般的優雅尊貴。

重回似水年華

在宮殿裡、在城市中，深植在旖色佳土地裡那橄欖樹做成的床腳，或是在田野、在庭園的每一株果樹，這些固定在土地中的植物，都是過去與現在的聯結。小時候栽下的樹，現在已經長大了。它們就是一筆筆最真實的見證，記載了奧德修斯的童年，記載了從那時到現在幾十年來從不間斷的時光。在聽到這個結局時，難道我們不也跟奧德修斯一樣，把他的童年生活，把他遠征特洛伊之前的一景一物，與現在返鄉之後的一草一木給聯結起來？難道不也把他與潘娜洛比之間的相識、相愛、相結、相離，以及重逢後的種種情景再一次地編織起來？記憶中的時光已經完全消逝，以後只能一次又一次地在敘述中重尋它的痕跡。失去的東西之所以能再次尋回，是因為奧德修斯從不曾忘記要回到他原來的家，也因為潘娜洛比從不曾忘記年輕時的奧德修斯。

奧德修斯與潘娜洛比在橄欖樹的床上共寢共眠，彷彿回到新婚之夜。年華似水，流回二十年前，流回他倆新婚的夜晚。雅典娜想了辦法，讓太陽神的馬車不那麼早出發，讓那一個夜晚特別長，讓黎明遲遲不現。他們度過最長的一夜，彼此訴說這些年來的經歷與艱苦生活。往事一幕幕浮現，不帶任何時間的印記。第二天，求婚者的家屬知道他們的親人被殺，放聲大哭，發出復仇的怒吼。他們聚集所有在島上的親人，拿起武器，衝向奧德修斯、鐵雷馬科斯、萊爾特斯，以及他們忠誠的僕人，要為自己的親人報仇。雅典娜阻止了雙方的衝突，要他們放下武器，停止戰鬥，接受和平的到來，並且締結盟約。旖色佳的一切又回復原樣：有國王與王后、有兒子與父親，還有一群忠誠可靠的僕人。社會關係得以重建，一切都重新上了軌道。從此以後，吟遊詩人也將為世世代代的人吟唱奧德修斯的返鄉之旅，歌頌他永不磨滅的榮耀。

六、重返底比斯的戴奧尼索斯

在希臘的萬神譜上，戴奧尼索斯可說是最獨特的。他居無定所，到處流浪；他無所不在，也無處永在。無論到什麼地方，他都要所有人認識他、尊崇他，尤其在底比斯更是如此。他要確立自己在這裡的崇高地位，因為這是他的出生地。在旅居歐亞非各地之後，他以來自遠方的異鄉客之姿回到底比斯，為的是在自己的出生地為人接受與歡迎，並且在城邦裡享有正式的地位。他既是流浪者，也是本地人。就像傑內說的，他是希臘諸神中永遠的他者、永遠的異類。他與眾不同、難以應付，總是游移不定，讓人張皇失措。或是借用德田的話，他是個極具感染力的神祇，就像流行病毒一樣。*當他闖入一個陌生的地方，就會立刻製造騷動引人注目，不一會兒功夫，當地人對他的狂熱崇拜便一發不可收拾地傳布開來。

這個與眾不同、特立獨行的怪客，總是突然出現在一個地方，接著就像傳染病般席捲當地。他兼具漂泊與穩定兩種極端特質，他是最接近人類的神，因為在希臘的宗教世界中，他建立了一種有別於其他神祇的神人關係：與人更為親密，也更具有人性。一般神祇是不會以真面目示人

---

*傑內（Louis Gernet）是凡爾農的老師，著有《古希臘人類學》、《古希臘的法律與制度》等書。德田（Marcel Detienne）是凡爾農的學生，著有《神話學的發明》、《戴奧尼索斯在廣闊的天空》等書，並與凡爾農合著有《古希臘的權謀智慧》。——譯注

的，而我們也說過，如果凡人看到神祇，就會給自己帶來無法預料的災禍。但戴奧尼索斯與他的崇拜者之間是一種面對面的關係。他會直視崇拜者的雙眼，使崇拜者彷彿被催眠般目不轉睛地盯著他的面貌。然而，即使戴奧尼索斯與凡人如此親近，他卻也同時是離凡人最遠、最神祕也最難以理解的神，令人無法捉摸又難以歸類。我們稱愛芙蘿黛蒂是愛與美的女神，雅典娜是戰爭與智慧之神，赫菲斯托斯是工藝鍛冶之神；但我們卻無法給予戴奧尼索斯一個確定的性格。他無所不有卻又一無所有，無所不在卻又一無所在。他兼具的兩種極端特質間所形成的張力，使得關於他的種種傳說都帶有特殊意涵：一端是流浪、漂泊、居無定所、永遠在旅行中的異鄉客；另一端則是，他希望能夠有屬於自己的地方、有安身立命之處，人人都能接受他——這就是他的命運，他選擇的道路。

浪跡天涯的歐羅巴

故事要從卡德摩斯開始說起。我們在第二章曾提到他，他在宙斯受困的時候，憑著聰明機智幫助了他，使他能夠擊敗大怪物颱風。現在，卡德摩斯則以底比斯城建立者的身分登場。底比斯是古希臘一個非常重要的城邦，它的開基英雄卡德摩斯其實是腓尼基人，從遙遠的亞細亞來到希臘半島。他的父親阿革諾是泰爾國王，或稱西頓國王；母親則是帖蕾法莎。他們來自中東地區，大約在今天的敘利亞。這對王室夫妻生了四個兒子：卡德摩斯、菲尼克斯、奇里克斯、塔索斯，以及一個女兒歐羅巴。今日我們所稱的歐洲即是來自她的名字。

歐羅巴是一個美麗開朗的女孩。有一天，她跟同伴一起在泰爾國的海邊遊玩。宙斯從天上看到她在戲水，當時她大概什麼衣裳也沒穿。許多版本的故事都說，歐羅巴是在採集風信子、百合或水仙時，以她的美貌吸引了宙斯。但在這裡，她並不是在編織花束，而是靜靜坐在海邊歇息。宙斯從天上看到她，立刻就想把她據為己有。宙斯化身為一頭俊美的公牛，毛皮潔白似雪、兩角彎如新月，緩緩走向海灘上的歐羅巴，然後在她的腳邊慵懶躺下。歐羅巴起初有點被這奇異的野獸給嚇著，但這隻公牛表現得溫馴可人，絲毫沒有一點野性，她就放了心，慢慢靠近牠身旁。她摸摸牠的頭、拍拍牠的背，而牠動也不動，只轉過頭來默默看著她。也有人說公牛舔了舔她白皙的皮膚，總之，歐羅巴最後是跨到公牛背上，兩手握著牛角，就在這時，公牛忽地一躍而起，飛也似的衝向大海，從水面上奔馳而去。

宙斯帶著歐羅巴離開亞細亞，來到克里特島。他們在此結合，宙斯並用計使他們在島上的生活不受打擾。歐羅巴生了幾個兒子，其中米諾斯與拉達曼堤斯後來成為克里特島最早的統治者。宙斯送給這兩個未來的君王一份奇特的禮物：青銅巨人塔羅斯，命他看守克里特島。有了他的守護，克里特島就像一座嚴密的堡壘，完全遺世獨立，島外的人休想上岸，島上的人也無法離開。

塔羅斯每天沿著海岸巡邏三次，嚴防任何人偷渡。他的身體有如銅牆鐵壁，沒有人可以打倒他。但他有個致命之處，就在他的腳踝上。這裡是他全身血液經脈的樞紐，用一把鎖牢牢鎖著，如果被打開，全身力氣就會流失殆盡。有人說是仙女米蒂亞，在隨著尋找金羊毛的遠征船亞戈司號回到希臘的時候，用法力解開了這個鎖。但也有人說是大英雄赫拉克勒斯用神箭射傷了塔羅斯的腳踝，因而殺死了他。

從歐羅巴的遭遇，我們看到一個拐騙人口的事件、從一個世界到另一個世界的旅程，最後她被拘禁在克里特島上與世隔絕。接著這個旅程而來的是「流浪」：當阿革諾從女兒的同伴口中得知歐羅巴被一隻大公牛帶走，就命令妻子與兒子離開王宮，把歐羅巴找回來。於是，輪到母親與卡德摩斯等三兄弟過著流浪飄零的生活，離開自己的出生地，離開家庭與宮殿，到天涯海角去尋找行蹤不明的歐羅巴。在長途跋涉的過程中，他們建立了幾個城邦。卡德摩斯與母親來到希臘半島上的特雷司一帶，他們打聽不到歐羅巴的下落，卻又不能回家，因為阿革諾告訴他們，如果沒有找到他的女兒，就永遠不許返回王宮。母親帖蕾法莎終於不堪長途跋涉，最後死在特雷司。卡德摩斯為她舉行了隆重的葬禮。

埋葬了母親之後，卡德摩斯決定去德爾斐的阿波羅神殿，尋求神的指引。神諭告訴他：「停止漫無目標的跋涉，你必須定居下來，因為你永遠也找不到你的妹妹。」歐羅巴就像失蹤的旅行者，沒有人知道她到了哪兒、發生了什麼事。除非得到德爾斐神諭的暗示，誰也不會知道她被軟禁在克里特島上。神諭告訴卡德摩斯：「你將會看到一頭流浪的母牛，緊緊跟著牠。歐羅巴就是被一頭流浪的公牛帶走的，牠已經定居下來了。你也要跟著母牛，牠走你就走，牠停你也停。當牠躺下而不再站起來的時候，你就要在那裡建一座城。你，泰爾人卡德摩斯，你要在那裡落地生根。」卡德摩斯照做了，他帶著幾名年輕隨從去找這頭母牛。不久，他們看到一頭秀美異常的母牛，身上有著新月般的花紋，像在暗示別人牠扮演了某種特殊角色。他們緊跟在母牛後面，一直走到貝歐提亞，母牛停在一塊青草地上，躺下，不再走了。流浪者停駐下來，漂泊終於結束。卡德摩斯知道：這裡就是他安身立命的地方，他要去建一座城——底比斯。

異鄉客與本地人

在建城之前，卡德摩斯感覺到雅典娜女神就在附近，他決定為她舉行一場祭典。由於向神祇獻祭需要水，卡德摩斯便派隨從出去尋找，最後在人稱阿瑞斯之泉的地方發現了水源。這個水源的主人正是戰神阿瑞斯。當隨從要用水袋去取水時，遇上一個難題：泉水被一條大龍所看管，這條大龍凶猛異常，所有到阿瑞斯泉取水的年輕人都喪生在牠爪下。於是卡德摩斯親自出馬，勇猛殺死了巨龍。雅典娜要卡德摩斯就在該地為她獻祭，然後取下巨龍的牙齒，走到附近的大平原上，把牙齒撒在土裡，就像農人播種穀物、等待收穫一樣。卡德摩斯遵照女神的指示，取了水，並宰殺母牛獻祭給雅典娜。之後他去取下巨龍的牙，走到附近平原上，把它們撒在土裡。才撒下去不久，這些龍牙就長成一個個青年戰士，從土裡冒出來。他們全副武裝：手臂上縛著盾牌，手裡拿著利劍、長矛，身上穿戴著沉重的護腿甲、胸盔和頭盔。一來到地面，他們就滿懷敵意、小心提防地彼此互睨，像是隨時要衝上戰場大肆殺戮。他們從頭到腳，每一寸都是道道地地的戰士，戰鬥似乎就是他們來到地上的使命。卡德摩斯認為這些戰士隨時都有可能把矛頭轉向他，於是就先下手為強，拿起一塊石頭，趁這些人彼此對峙、無暇他顧時，往他們中間扔過去。這群年輕戰士以為是其他人趁自己不備之際偷襲，立刻展開一場惡鬥。他們互相殘殺，最後只剩五個人活下來。希臘人稱這些活著的戰士為「史跋拓」（*Spartoi*），意思是被種出來的人，就跟麥子或其他穀物一樣。他們是從土裡冒出來的，因此可說是百分之百土生土長的人。他們跟遠道而來的異鄉客完全不同，因為他們的根就在底比斯的土裡。他們呈現了人與土地間最原始的關係，而且是為了戰鬥而來到這世上。這一點只要看看他們的名字就知道了：第一個叫克托尼歐斯，意思是地底下的；第二個叫屋大尤斯，意思是從地下長出來的；第三個叫裴羅洛斯，意思是巨大的，有如怪物一般的；第四個叫西伯雷諾，意思是勇敢過人而驕傲自大；最後一個叫耶克勇，這個名字發音與一種劇毒的蛇極為相近。這五個史跋拓人具有怪物般的力量與性格，是徹頭徹尾的戰士，同時也象徵大地昏黑與陰暗的一面。

戰神阿瑞斯知道卡德摩斯殺了為他看守泉水的巨龍，登時勃然大怒。因為這巨龍不是普通的龍，而是阿瑞斯的兒子。阿瑞斯命令卡德摩斯代替巨龍看守泉水七年，就像赫拉克勒斯也曾因傷害他人或觸犯神祇而被懲以苦役。七年後，卡德摩斯重獲自由。那些欣賞、喜愛他的天神，尤其是雅典娜，決定讓他擔任底比斯的主宰。然而，卡德摩斯這個將史跋拓人從地底帶到世上的異鄉人，必須先在底比斯落地生根。再一次地，諸神與眾人為了卡德摩斯的婚禮而齊聚一堂。他的新娘是阿瑞斯與愛芙蘿黛蒂的女兒，女神哈摩妮雅。也就是說，卡德摩斯的岳父正是這七年來要他贖罪的神祇，那始終守護著底比斯之泉、不許任何人接近這水源的戰神阿瑞斯。同樣的戰鬥精神也在史跋拓人身上彰顯出來，他們這一世系被稱為「格格臬」（*gégenés*），意思就是從土地裡長出來的人。

哈摩妮雅具有母親愛芙蘿黛蒂的特質，是掌管婚姻、協調與和解的女神。婚禮那天，所有天神都來到底比斯城祝賀，因為新娘也是他們的一份子。繆斯女神唱著婚禮歌曲，諸神也送上各自的禮物。但這些禮物中卻有一些是不祥的，將帶給往後繼承這些禮物的人一些災難，甚至死亡。卡德摩斯與哈摩妮雅生了幾個孩子，有塞墨勒、奧托諾依、依諾。依諾將與阿塔瑪斯結婚，後來變成海中女神琉科泰婭；還有一個女兒雅高薇，她將與史跋拓人耶克勇結婚，而生下的孩子就是我們待會兒要談的彭修斯。底比斯在建城時融合了來自不同地方的人，呈現出一種均衡的結合。其中有來自遠方的卡德摩斯，靠著自己的勇氣與智慧來到此地，由諸神指定為統治者。另一方面，則有土生土長的史跋拓人，他們腳底沾著底比斯的泥土，是最純粹的戰士。這兩股力量影響了底比斯的未來發展，而卡德摩斯之後的王位繼承也必須在這兩種不同的血緣間取得平衡。但這兩股力量之間，其實存在著更多的誤解、衝突與種種緊張關係。

把大腿變成子宮

卡德摩斯的女兒塞墨勒是個人見人愛的姑娘，就像當年的歐羅巴一樣。宙斯看上了她，但這次他要的不僅是一夜歡愉，而是長久的纏綿。塞墨勒知道每晚躺在她身旁的伴侶，雖有常人的外貌，實際上卻是天神宙斯。她希望宙斯讓她看看他的真面目，展現他宇宙主宰的威嚴與光耀，展現他永生不死與極樂至福的王者風範。我們知道，即使在諸神降臨人間參加婚禮時，凡人想用脆弱的肉眼直視神祇，都是很危險的，更遑論宇宙之王以充滿光輝的本尊形象現身。宙斯告誡過塞墨勒這件事的危險性，但最後還是拗不過她的要求，只好答應。當他以雷霆萬鈞之勢出現在塞墨勒的寢室時，塞墨勒立刻被她那神聖情人所發出的強光烈焰燒得全身是火。那時她已懷了宙斯的兒子——戴奧尼索斯，宙斯眼見母親已經沒救，就毫不遲疑地把胎兒從燃燒的母體內拉出來，然後在自己的大腿劃一道切口，往兩側拉開，將大腿變成女性的子宮，然後把戴奧尼索斯放進去，當時他還只是六個月大的胎兒。如此一來，說戴奧尼索斯是宙斯的兒子就有了雙重的意義。他與宙斯的關係比宙斯與其他兒子都要來得親；也可以說，他「出生了兩次」。當出生時間一到，宙斯把他的大腿打開，取出小戴奧尼索斯，就像從母親肚裡生出來一樣。這是個奇特的孩子，從神性的標準來看，他的血統是不純粹的。他是宙斯與凡間女人所生，從宙斯那兒遺傳到神性的一面；另一方面，他曾在母親肚裡待過六個月，接著在宙斯的大腿裡度過剩下的時間，這也是絕無僅有的。戴奧尼索斯從小就面對嫉妒的女神，也就是天后赫拉的追擊，她雖然拿宙斯的婚外情一點辦法也沒有，但也無法容忍他的放蕩生活，更難以忍受宙斯總是要盡力保護他在外偷歡所生下的孩子。宙斯現在所要操心的，就是為戴奧尼索斯找到安全可靠的保姆，好讓妒火中燒的赫拉無法找到他。

戴奧尼索斯年紀稍長之後，也開始過著居無定所的生活。但他命運多舛，走到哪裡都受到生活安定的當地人驅逐、迫害。例如他在年輕時來到特雷司，當時那時有一大群年輕的巴科斯女徒跟在他後面唱歌跳舞。巴科斯（*Bakkhos*）是戴奧尼索斯的另一個名字。那裡的國王呂庫戈斯對此景象大感憤怒。沒有人知道這個年輕的陌生人是從哪裡來的，但他的一舉一動都彷彿以神自居，而那些跟在他身後的女人，一個個高聲叫唱，猶如發現了新的神祇般瘋狂地崇拜他。呂庫戈斯下令兵士逮捕這些巴科斯女徒，將她們關進監獄。但戴奧尼索斯那時已有足夠的神力放她們出來，呂庫戈斯於是下令追捕戴奧尼索斯，逼得他開始逃亡。這個身分不明，外表看起來像女性的神祇，在逃亡的過程中飽受驚嚇折磨。為了逃離呂庫戈斯的迫害，他只好跳進海裡。海神忒提斯將他藏在海洋深處，保護他一段時日。後來他離開海洋，離開他必須躲躲藏藏的希臘，到了亞細亞。這是一趟偉大的征服之旅。他走遍亞細亞每一塊土地，無論到哪裡，都有忠誠的信徒跟著他，就像一支龐大的軍隊。他的信徒幾乎全是婦女，沒有一般男性戰士所用的武器，只是人手一根戴索斯杖*。所謂戴索斯杖只不過是把松果固定在細長植物的莖上，但奇妙的是，這樣的手杖卻具有超自然的魔力。戴奧尼索斯和他的女信徒就靠著這項武器，讓所有要阻止他們前進的軍隊全無功而退，把要逮捕他們的兵士打得落荒而逃。在以征服者的姿態行遍亞細亞之後，戴奧尼索斯決定返回希臘。

---

*戴索斯杖（Thyrse, *thursos*）一般譯為「酒神杖」，但由於作者在本章開頭即表示不擬將戴奧尼索斯歸類為任何一種特定神祇，所以我們採取半音半義的翻譯方式，借用戴奧尼索斯的名字，將其譯為「戴索斯杖」。——譯注

周遊的祭司帶領野蠻的婦女

我們來看看他回到底比斯之後的事吧。這個四處漂泊的神祇，從小就被狠心的後母，天后赫拉追殺；年輕時又受到特雷司王迫害，不得不跳到海裡，躲到大海深處。現在，他長大了，回到他出生的地方。當時的底比斯王是彭修斯，他是塞墨勒的姊妹雅高薇的兒子，也就是卡德摩斯的外孫，戴奧尼索斯的表兄弟。戴奧尼索斯的母親塞墨勒早在他出生前就死了；而彭修斯的父親，就是雅高薇的丈夫耶克勇，也在彭修斯出生後就死了。彭修斯從祖父卡德摩斯手中繼承了王位，卡德摩斯雖仍在世，但因年事已高，不適合再執掌國政。新王遺傳了父親耶克勇土生土長的底比斯人性格，性情十分剛烈，凡事絕不讓步，深具戰士的優越感。

底比斯堪稱古希臘的模範城邦，當戴奧尼索斯抵達時，並未以本尊姿態現身，而是假扮成這位神祇的祭司。這個到處遊蕩的祭司穿著婦女服飾，有著披肩長髮、深色眼珠，渾身充滿東方氣息，而且談吐優雅，散發出誘人的魅力……他所引起的旋風惹怒了「土生土長」的底比斯王彭修斯。這兩人年紀相當，彭修斯是個年輕國王，而自稱為祭司的戴奧尼索斯則是位年輕神祇。在這個祭司身旁總是圍繞著一群年輕女子，以及從呂底亞（今土耳其西部）一路跟隨他而來的婦人，換句話說，就是東方女人。她們無論臉孔身材或生活方式，對底比斯人來說都是完全陌生的。在底比斯的街上，她們高聲談笑、跳舞唱歌、任意坐臥，吃飯睡覺也都在大馬路上。這一切看在彭修斯眼裡，令他氣得火冒三丈。這群四處遊蕩的流浪者在這裡幹什麼？他決定把這些人趕出去。然而，全城婦女卻在戴奧尼索斯的施法下陷入瘋狂。戴奧尼索斯要報復卡德摩斯的女兒，也就是他母親的姊妹，尤其是雅高薇。因為雅高薇否認塞墨勒與宙斯之間的關係，說塞墨勒是個歇斯底里的女人，常和一些來歷不明的男人交往，最後因自己不小心而葬身火海。還說，若塞墨勒當時懷有身孕，腹中的孩子也早就跟她一起燒死了。無論如何，那絕不可能是宙斯的兒子。因此，即使塞墨勒所犯的錯誤只是過分要求與情人坦誠相對，她與宙斯之間的關係卻遭到底比斯人全盤否認：關於他倆的傳說全被當成了無稽之談。

神與人並非不能結婚，大家都知道卡德摩斯的妻子就是女神哈摩妮雅。但在他們的婚禮之後，重要的是建立一個城邦，一個完全依照人類標準而建立的城邦。戴奧尼索斯追求的不是像卡德摩斯與哈摩妮雅的婚禮那樣的人神共處方式，他要的是重建人與神之間的關係。也就是說，這份關係並不只是在人間節慶或重大祭典時才將神請到人間，而是建立在真正的人類生活中，讓神祇深入底比斯的政治與民間生活。他要散布某種酵素，使每個底比斯人的日常生活開展出新的面向。為此，他必須讓底比斯的婦女陷入瘋狂，使這些固守傳統的配偶與母親角色的女人去接受完全相反的生活方式，也就是與追隨戴奧尼索斯的呂底亞女人過著放浪形骸的生活。這位神祇使出他的魔力，讓底比斯的婦女一個個瘋狂起來。

底比斯城的婦女扔下家務、抛家棄子，走進山裡，走到未開墾的野地與樹叢深處。她們做出種種驚世駭俗的瘋狂舉動，農人在一旁觀看，心中既驚訝又佩服，卻也為她們感到羞恥。彭修斯得知這件事後，怒氣更加高漲。他決定先從那些外國女人下手，因為他認為底比斯的婦女之所以會如此瘋狂，就是那群跟在戴奧尼索斯後面唱歌跳舞的東方女人造成的。他派出部隊，把那些來自呂底亞的女人一個個抓起來，關到監獄裡。負責維持城邦紀律的兵士照做了。奇怪的是，每當他們把這些女人關到監獄，戴奧尼索斯就用魔法放她們出來。這些女人一出監獄，立刻在大馬路上又唱又跳，敲著東方響板，製造層出不窮的噪音。於是彭修斯決定逮捕她們的首領，那個自稱神祇祭司、具有蠱惑魅力的流浪漢。他命令屬下逮捕戴奧尼索斯，施以腳鐐手銬，然後關在國王的牛棚裡，跟牛馬一塊兒吃住。這位祭司沒有半點反抗，臉上始終帶著微笑，只是偶爾露出諷刺的神情，心平氣和地任人擺布。當他被關進王室的牛棚後，彭修斯以為一切都搞定了，於是派出王室軍隊，準備進行大規模掃蕩。他命令手下到鄉間逮捕那些放浪形骸的女人，將她們帶回城裡。士兵分成四人一隊出發，奔向森林田野去包圍那些婦女。

這時戴奧尼索斯被關在王宮的牛棚裡，忽然之間，他身上的鐐銬全部掉落，王宮瞬間著了火，圍牆紛紛倒塌。看到戴奧尼索斯毫髮無傷走了出來，把彭修斯嚇壞了。就在他看到王宮失火、圍牆倒塌的同時，這個自稱祭司的年輕人如鬼魅般走到他面前，毫髮無傷，跟以前一樣衣衫襤褸，面帶微笑看著他。此時，數名軍官前來稟報，他們個個受傷流血、頭髮凌亂、盔甲殘破。「你們怎麼搞的？」軍官向彭修斯敘述追捕婦女時所見的景象：「在我們還未靠近的時候，她們就像沉浸在幸福中，一點也不凶惡。在她們身上及四周，在草地上或森林裡，到處是一片祥和。她們懷裡抱著各種動物的幼兒，用自己的奶餵牠們，彷彿那些小動物是她們的孩子。那些小動物乖乖躺在女人懷裡，安安靜靜地吃奶、休息，簡直無法想像。」根據鄉間農夫與兵士的說法，她們簡直就像在另一個世界裡，萬物之間一片完美和諧。人與動物和平相處，凶猛的野獸與獵物友好共存、彼此親近。所有的人與動物都歡樂地玩耍、休憩，沒有任何界線。他們的世界裡只有友誼與和平。連大地也參與他們的歡樂，不管是誰，只要拿戴索斯杖往地上一戳，就會有清澈純淨的水、鮮奶及美酒湧出。黃金時代又重回大地。「可是，」軍官接著說，「當士兵出現，當她們發現暴力向她們進逼時，這群天使般的女人馬上變成殺人不眨眼的惡魔，拿起手上的棍子，朝我們的部隊猛衝，狠狠毒打甚至殘殺我們，我們根本不是對手，只能四處逃命。」

溫柔戰勝暴力，女人戰勝男人，原始鄉村戰勝了城邦秩序。彭修斯知道他已失敗，戴奧尼索斯站在他面前露出微笑。彭修斯在某方面代表了當時希臘男人的典型，認為人必須要有高貴的風範氣質，能自我控制，並能理性思考，進而自我期許不做任何低賤的事，控制自己不淪為激情與欲望的奴隸；但另一方面，這種態度多少也隱含了一種對女性的輕蔑，因為他們認為女人總是輕易放縱自己的情緒。不僅如此，他們也同樣輕視所有非希臘人，鄙棄那些縱情聲色、皮膚過於白皙的亞洲蠻族，因為那些人不願到運動場上鍛鍊自己，不願承擔必經的痛苦以成為自我的主宰。換句話說，彭修斯從小就接受這樣的觀念，認為君王的角色就是要維持城邦的階級秩序，男人各司其職，女人負責家務，外國人不許進城。此外，他還認為亞細亞的東方人都是軟弱的懦夫，習慣服從暴君的命令；至於希臘，則是自由人的國度。

站在彭修斯對面的這個年輕人，從某方面來說，就像是他的倒影，他的另一個分身。他們是表兄弟，來自同一家族、年紀相仿、都在底比斯出生，只不過戴奧尼索斯曾在外漂泊許久。如果我們從彭修斯身上卸下那些「真正男人」的冑甲，除去那些令他認為男人應是如何、城邦又是如何的規範，拆掉那個背負著對城邦的使命、隨時準備在必要之時行使君王權力的男人形象，那麼，我們所看到的就是戴奧尼索斯。

「我在我身上看見他」

化身為祭司的戴奧尼索斯，開始用一種智者的論辯法，透過發問與模稜兩可的回答，引起彭修斯對那個他不了解也不願意了解的世界、也就是所謂放縱失序的女性世界產生興趣。在女人聚集幹活的地方，我們大致可以看到女人所從事的活動，但我們永遠搞不清楚這些女人到底做了什麼，但一般而言，男人仍控制著女人。一旦女人解放自己而不再待在城裡，不再往來於神廟與市集，不再有人注意時，誰知道她們會做出什麼事？彭修斯顯然有興趣想知道更多。在與戴奧尼索斯的對話中，他提出一個又一個問題：「你說你是神的祭司，到底是哪一位神？你怎麼知道他是神？你見過他？還是曾在夜裡夢見他？」「不，不是夢到，我看到他的時候十分清醒。我是在我自己身上看到了他，我經由凝視自己而看見他。」彭修斯心中不禁暗忖，「我在我身上看見他」究竟是什麼意思？

這是個關於「觀察」、「目視」的概念，世上存在著一些我們不了解的事物，但若能親眼目睹，就會有對它們有較清楚的認識。這個觀念慢慢在這個定型的文明人、這個希臘城邦的君王腦中萌芽。彭修斯對自己說，或許去城外看一看也不錯。這時在他心裡燃起一種窺視的欲望，那是他以前從未有過的；不僅如此，他想到那些在野外放浪形骸的女人之中，有些可能來自他的家族，在那兒享受驚世駭俗的性狂歡。他是個非常害羞的年輕人，還沒有跟女人有過任何接觸；儘管他覺得自己應該竭力控制自己的欲望，但還是想去看看。眼前的祭司告訴他：「想看她們其實很簡單。你的兵士被打得頭破血流，是因為他們帶著武器浩浩蕩蕩去圍剿，所以一下子就被這些女人發現了。你呢，大可不驚動任何人，私底下偷偷地去看。你只要打扮成像我這樣，就可以站在最靠近她們的地方，觀看她們的種種瘋狂行徑，沒有人會發現你。」才一轉眼，身兼國王、城邦公民、希臘人、男性等角色的彭修斯，穿上了與戴奧尼索斯一樣的服裝，打扮成女人的模樣，披頭散髮，像極了他眼前這個亞細亞人。他倆面對面站著，四目交會，就像看著鏡中的自己。戴奧尼索斯拉起彭修斯的手，領他到婦女聚集的西台隆山。這兩人一前一後走著，一個是土生土長，代表有身分的「自我」；另一個則是來自遠方，代表不受城邦規範的「他人」。他們一起走出底比斯，走向西台隆的山腰。

戴奧尼索斯向彭修斯指了一棵松樹，叫他爬到樹頂，藏身在枝葉間。如此一來，他就可以目觀一切而不被人察覺。彭修斯爬了上去，坐在那兒等著。不一會兒，就看到他的母親雅高薇與其他被戴奧尼索斯變瘋的底比斯婦女走出來。她們顯然處於一種令人匪夷所思的瘋狂狀態。的確，是戴奧尼索斯讓這些婦女發瘋的，但她們並未真正成為他的門徒，因為她們並未奉他為信仰的神。相反地，雅高薇帶著其他女人高喊一切都不存在。她們的行為舉止並不像是出自信仰或皈依某種宗教的結果，反而像是得了嚴重的精神病。由於不被人接受、不被人相信，她們全都染患了「戴奧尼索斯症」。面對世間的不信任，戴奧尼索斯症成為一種蔓延極廣的傳染病。在她們的瘋狂行徑中，一會兒像是神的信徒，彷彿回到黃金時代的至福狀態，諸神、眾人與群獸和平共處、互相友愛；卻又在轉瞬間陷入一片血腥的暴戾之氣，將士兵撕成碎片，甚至殺死自己的孩子，做出種種令人想像不到的事。底比斯的婦女就這樣淪於精神幻覺與放縱，深陷在戴奧尼索斯症候群中。

戴奧尼索斯在底比斯尚未擁有任何地位，他還未被那兒的人接受，仍被視為異鄉人，是個過客。彭修斯坐在松樹頂端，看著婦女在森林中穿梭。只要沒有人要逮捕或迫害她們，她們的行為舉止就真的非常平和。為了想看得更清楚，彭修斯忍不住將頭往前探。忽然，婦女發現在松樹頂端有個人在看她們，就說這一定是間諜或告密者。她們發起狂來，衝到樹旁，想要把樹推倒。但樹卻推不倒，於是雅高薇就帶領大家刨起松樹的根。彭修斯在樹頂左右搖晃，嚇得大喊：「母親！是我啊，我是彭修斯！別再挖了，我快要摔下去了！」但這群女人早已陷入瘋狂，根本聽不到任何呼救的聲音。樹倒了，彭修斯跌了下來，女人一擁而上，把他的身體撕成碎塊，就像在某些戴奧尼索斯的獻祭中，要把動物活生生撕裂一樣。彭修斯就這樣被解體。他的母親拔下他的頭，插在一根戴索斯杖上，得意洋洋地四處炫耀。她覺得自己是個英勇的戰士，手上正舉著小獅子或小野牛的頭，高興得不得了。在這種戴奧尼索斯式的瘋狂中，她似乎變成了與她丈夫耶克勇同樣的人，身上充滿來自黑暗大地的戰鬥力量。她認為自己在戰場與獵場上的表現遠超過任何男人。在其他身上沾滿血跡的女人簇擁下，雅高薇走向偽裝成祭司的戴奧尼索斯。

年老的卡德摩斯也在那兒。這個底比斯城的建立者、雅高薇的父親、彭修斯的祖父，正與年老的預言者泰瑞修斯站在一起。泰瑞修斯代表了底比斯城老年人的平庸智慧，一種儀式化的、不求新求變的智慧。他倆並不想介入這場紛爭，也不像一般人對戴奧尼索斯懷有恨意，因為卡德摩斯就是卡德摩斯，他是塞墨勒的父親、戴奧尼索斯的外祖父；而泰瑞修斯的職責則是擔任天上與人間的溝通橋樑。但他們多少也受到戴奧尼索斯的吸引，這也是為什麼他們即使年事已高、行動不便，仍然穿起獻祭儀式的服裝，披頭散髮、手拿戴索斯杖，隨著婦女來到山間樹林，與她們一起歌唱舞蹈。對他們來說，為神祇獻上榮耀，是不分年齡與性別的。當雅高薇高舉掛著彭修斯頭顱的戴索斯杖四處歡唱時，兩個老人走到她面前。雅高薇還認得卡德摩斯，她在他面前展現她的戰利品，興奮誇耀自己是全底比斯最偉大的獵人，所有男人都比不上她。她呼喊：「看哪！我的獵物！我殺了牠們！」卡德摩斯為眼前的景象所震懾，但他仍慢慢走過去，想要恢復她的神智，他輕聲問她：「怎麼回事？看看妳手上這獅子頭，看看牠的頭髮，妳真的認不出牠是誰嗎？」慢慢地，雅高薇從迷亂中清醒過來，真實世界的片段也一點一滴從夢幻世界中浮現，而那令她一度深陷的迷夢中，同時並存著暴力血腥與至善至美。她終於回過神來，一睜眼，赫然發現手中所舉的，竟然是自己親生兒子的頭顱。這是何其恐怖！

排斥他人，喪失自我

戴奧尼索斯返回故鄉底比斯，但卻遭到眾人排斥，並且導演了這樁母弒子的悲劇，使得底比斯城的本地人與外來者之間、居民與旅行者之間，在很長一段時間內都無法建立起良好的關係。緊張關係一直存在，張力的一端是想要永遠保持原狀，保持自我認同，拒絕任何改變；另一端則是外來的影響，陌生的、不同的、外在的一切。當這些衝突無法調解時，恐怖的事就會發生。有些人在任何情況下都堅持不變，宣稱必須捍衛傳統價值以對抗外來事物，對抗所有質疑他們、逼迫他們用另一種觀點來看待自己的人。也就是這些堅持者，具有強烈自我認同、自認優越的希臘公民，將會在恐怖殘酷、極端失序的狀態中崩潰，走向滅亡。至於底比斯的婦女，原本行為舉止無可挑剔，平時表現賢淑端莊、堪稱模範的她們，轉眼間就變得有如蛇髮女妖梅杜莎，殘殺眼前所見的一切生物。尤其是雅高薇，這位殘殺親兒的母后，不但將兒子撕成碎片，還把他的頭插在棍子上當作戰利品。而彭修斯則是死狀淒慘，像隻野獸般被活生生撕裂。這個文明的、始終保持自我控制的希臘人，最後向迷惑人心的想像、向他以前所譴責的異端讓步。恐怖終於降臨在那些從來不懂接納他人的人身上。

在這些事件之後，雅高薇自我放逐，卡德摩斯也離開了底比斯，戴奧尼索斯則繼續他在人間的旅程。他在天上神界的位置已經確定，他也將在底比斯擁有崇高的地位。他征服這個城邦，並不是為了趕走其他神祇，不是為了推行對他的崇拜而壓制其他信仰；而是為了在城中心建他的神廟、舉行他的慶典與獻祭儀式，讓邊緣的、流浪的、外地的、常規之外的人也有立足之地。他啟示了我們：如果有一群人拒絕承認、接納他人的存在，那麼這群人終將遭到殘酷的淘汰。

戴奧尼索斯的返鄉，使底比斯重現人與神之間的和諧。這種和諧關係曾以一種模糊的方式出現在底比斯城，諸神從天上降臨人間，將阿瑞斯與愛芙蘿黛蒂的女兒哈摩妮雅許配給卡德摩斯。如果這不是諸神的應許，那麼至少也是一種世界和諧的可能；雖然分裂、衝突與屠殺還是隨時會發生。不僅戴奧尼索斯的故事證實了這點，在卡德摩斯的後裔中，接下來要談的拉達科斯這一世系，以及他的兒子萊歐斯、孫子伊底帕斯，他們也都見證了至善與至惡可以同時並存。在他們的故事中，我們仍不斷看到真正的統治者與其權力內部的緊張關係，在在顯示出身地底的史跋拓人後裔，身上流著戰士的血，時時準備向仇恨與暴力獻身。

七、錯遊世間的的伊底帕斯

在彭修斯慘死、卡德摩斯與雅高薇離去後，底比斯的王位繼承以及城邦秩序就陷入一片混亂。誰有資格來繼承王位？誰具有王者的德性與治理人民的能力？基本上是由卡德摩斯的兒子波呂多羅斯來接任王位。波呂多羅斯的妻子是史跋拓人克托尼歐斯的女兒，叫做努格帖伊（*Nuktëi*），意思是夜晚，而這個名字正來自黑夜女神努格絲。努格帖伊有兩個兄弟，也有人說是她的近親，叫做努格丟斯（*Nukteus*）與呂科斯（*Lukos*）。努格丟斯的名字同樣意味著黑夜，而呂科斯這個字指的則是野狼。他們都帶有格格梟人的血統，都是從土裡冒出來的史跋拓人的後代，象徵著戰場上的暴力。

彭修斯身上流著兩股不同的血脈。母親雅高薇是卡德摩斯的女兒，因此他隸屬底比斯的王室正統。卡德摩斯在底比斯的王權是由神祇指定的，諸神將女神哈摩妮雅許配給他，藉此賦予他在底比斯的統治地位。彭修斯的父親是耶克勇，他是五個史跋拓人之一。耶克勇這個名字的讀音與某一種毒蛇非常接近，令人立即聯想到女神愛格德娜，大地蓋婭的孫女，葛爾歌女妖的姊妹。愛恪德娜的半身是女人，半身是蛇，隱藏在地底深處的神祕之所，是無可匹敵的惡魔。她與颱風結合，生下許多可怖駭人的妖怪，例如為冥王哈得斯看守地獄之門的惡犬克別洛斯，還有身上長了獅子、蛇與羊三種動物的頭的噴火怪獸克邁拉，後來讓貝雷洛丰藉著飛馬沛加索斯的力量給消滅。因此，彭修斯的性格可說是牽扯在兩股力量之間，一半來自卡德摩斯的王室正統，另一半則來自底比斯地底的黑暗暴力。在彭修斯慘死後，王位由波呂多羅斯接掌，但他在繼位後不久就過世了，王位只好再傳給他跟努恪帖伊所生的孩子，拉達科斯。這個名字的意思是跛行，意指不穩定、不平衡的。拉達科斯是合法的王位繼承人，但他的血統卻也不純正。他的父親波呂多羅斯是卡德摩斯與女神哈摩妮雅所生的兒子，就這一點而言，他的確具有王室血統；但他的母親努恪帖伊卻是史跋拓人的後裔，他們是從土裡生長出來的青年戰士，來到世上的使命就是廝殺打仗。當波呂多羅斯去世的時候，拉達科斯還太年輕，無法執掌城邦政事。

在卡德摩斯之後，底比斯的政權一直紛擾不定，暴力、失序與僭越層出不窮。王位並不是透過確定而穩當的方式由父親傳給兒子，而是一群人從另外一群的手中搶奪過來。其中有王室家族與史跋拓人後裔之間的鬥爭，也有史跋拓人的後裔彼此間的衝突。當拉達科斯去世的時候，他的兒子萊歐斯才剛滿一歲，於是王位再度懸空，這時就由努恪丟斯與呂科斯，也就是新王的兩位舅公來主政。他們掌權了很長一段時間，尤其是呂科斯，有人說他執政了十八年。在這段期間裡，年幼的萊歐斯一直沒有辦法掌握大權。

呂科斯與努恪丟斯後來被安非翁與澤托斯這兩個外邦人給驅逐。外邦人在底比斯統治了一段時間，但這個篡奪而來的王位總有一天還是要回到正統繼承人的手中。而在這一天到來之前，也就是篡位者掌權期間，萊歐斯不得不在外地流浪。當他流亡到科林斯，受到國王裴羅普斯盛情款待與保護的時候，已經邁入成年了。

顛沛的底比斯王室

這時候發生了一件影響重大的插曲，那就是萊歐斯愛上一個不該愛的人，克里希波斯。克里希波斯是個非常俊美的年輕男子，他的父親正是科林斯國王裴羅普斯，也就是萊歐斯流亡海外時的保護者。萊歐斯在克里希波斯面前表現得風度翩翩，對他說盡了讚美的言語，並且用馬車載著他一起出遊。他在這位美少年的面前表現出成熟男子的風範，教導他如何成為真正的男人。但同時他也找機會想要與克里希波斯發生肉體上的關係，他對克里希波斯發出情欲的誘惑，但被拒絕了。在氣質風度與才華涵養無法引誘美少年的情況下，萊歐斯竟然使出強制的手段想要逼人就範。有人說，這年輕人感到莫大的羞辱，於是就自殺了。裴羅普斯知道了這件事，心裡充滿悲痛與憤怒，他對萊歐斯下了非常嚴厲的詛咒：他要讓拉達科斯（萊歐斯的父親）的子孫無法繁衍下去，要讓他們遭到滅族絕後的慘劇。

拉達科斯的名字意味著「跛腳」，而萊歐斯的涵義就沒有那麼明顯了，可以說是一國之君，也可說是命運乖違的人。我們看得出來，萊歐斯在各方面的關係並不順遂，他在人生大道的每一段路上，都走得巔顛簸簸。從底比斯的王位繼承來看，他的父親拉達科斯、祖父波呂多羅斯與曾祖父卡德摩斯都是底比斯的國王，而在父親死後，原本應當由他接掌底比斯的治國大業，然而他在年輕時就遭人篡位，甚至被趕出城外，遠走他鄉。當他到了可以結婚生子的年紀，竟然愛上一個年輕男子。而他對克里希波斯的感情完全是一廂情願，甚至演變成可恥的霸王硬上弓。他們兩人從來就沒有情感上的交流，沒有任何溫柔情意可言。在人的感情世界裡，再也沒有比這種事情更糟糕的了，更何況萊歐斯是裴羅普斯的賓客。在美好的賓主關係中，呈現的應該是友情的交流、賓主雙方的餽贈款待與禮尚往來。但萊歐斯非但沒有回饋主人，甚至以暴力向主人的兒子求歡，導致對方自殺身亡。

在拉達科斯死後，底比斯的王政由呂科斯主掌，接著安非翁與澤托斯又奪去了王位。最後這兩位篡位者也死了，萊歐斯終於能回到底比斯，登上王位。當地民眾欣喜若狂，為他舉行了盛大的典禮。經過長久的政權顛沛之後，他們終於等到一位具有卡德摩斯血統的人來當他們的王。

萊歐斯與喬卡絲塔結婚，喬卡絲塔是格格臬人的後裔，只不過關係遠了一點。她是耶克勇的曾孫女，而耶克勇則與萊歐斯的外曾祖父克托尼歐斯一樣是史跋拓人，帶有屬於黑暗勢力的血統。新任國王與王后結婚許多年都沒有孩子，萊歐斯就到供奉阿波羅的神殿求神諭，想知道該怎麼做才能有一個孩子，使底比斯的王室正統能夠延續下去。神諭沒有告訴他這些，卻說：「如果你生了兒子，日後你的兒子將弒父娶母。」這句話將萊歐斯嚇得驚惶失措。回到底比斯後，他就儘量減少與妻子同房，極力避免讓妻子懷孕。但人算不如天算，有天他喝醉了，晚上就幹下了糊塗事。套句希臘人的話：「沃土撒了種，轉眼就要發芽。」十月懷胎之後，喬卡絲塔生下一個男孩。夫妻倆決定不讓這小孩活在世上，想了辦法要除掉他。他們喚來一個王室的牧羊人，每年夏天，王室牧人都要到西台隆山去放牧國王的牛羊，而現在牧人有了另一個任務：把孩子丟棄在荒山野地，任憑野獸吞噬或飛鳥啄食。

牧人在孩子腳後跟打了個小洞，然後用一條皮帶穿過去，把孩子揹在背上，就像獵人揹著獵物一樣。他趕著牧養的羊群，帶著新生兒走上山去。正當他要把嬰兒丟下的時候，這孩子忽然對著他笑了。此情此景使他頓時心生不忍：真的要把這小嬰孩丟在這裡嗎？他辦不到。他看了看四周，發現山的一邊有個科林斯的牧人在那裡放牧牛羊，便求他收留這個孩子，不要讓他死在荒郊野外。科林斯的牧人想到他們的國王波呂伯斯與王后蓓麗玻雅極渴望有個孩子，就把這腳上帶傷的嬰兒抱走，獻給他們。國王與王后因這從天而降的禮物而感到驚喜萬分，將他當成親生兒子般照顧得無微不至。這個被拋棄的孩子，拉達科斯的孫子、萊歐斯的兒子，與他的父祖同樣遠離了權力，遠離了他該享有的親情與愛情，遠離自己出生的家園，遠離他所屬的底比斯王室。所幸他還是被另一個王室撫養長大，接受了另一對王室夫婦原本無法付出的一切。時間過得飛快，他已長成一個優秀的青少年，所有人都稱羨他的堂堂儀表，讚賞他的英勇機智，而科林斯的年輕菁英或多或少都對他懷著嫉妒與敵意。他，就是伊底帕斯。

冒牌貨！

伊底帕斯並不是天生的跛子，但他腳後跟上的印記卻是永遠無法消除的。那是個遠離的印記，遠離自己應該生長的地方，遠離自己真正根源的印記。而他也注定要走上不穩定的一生。在科林斯，他被當作是國王的兒子，大家也認為他將是波呂伯斯的繼承人。但也有人知道他其實不是科林斯人，並且私下議論這個祕密。有一天，他跟一個同年紀的人吵架，那人忽然對他吼了起來：「你以為你真的是國王的兒子？才怪，你是個冒牌貨！」伊底帕斯聽了，傷心地跑去找父親，說有人罵他是冒牌貨，竟說他不是父親的親生兒子。波呂伯斯極力安慰他：「他們全是胡說八道，信不得真。這些人只是嫉妒你，什麼壞話都說得出口。」但他並沒有這麼說：「他們錯了，你確實是我和你母親的親生兒子。」伊底帕斯的情緒雖然平靜下來，但還是抹不去心裡的懷疑，他決定去德爾斐神殿，請求神諭告訴他，究竟波呂伯斯與蓓麗玻雅是不是他的親生父母。神諭並沒有直接回答他的問題，而是告訴他：「你會殺死你的父親，並且和母親上床。」這話有如晴天霹靂，讓伊底帕斯將原本要問的問題拋諸腦後：「我究竟是誰的兒子？」他腦中唯一閃過的念頭就是：走！走得愈遠愈好，離開科林斯，不要再見到自己的父母，避免任何慘劇的發生。但他萬萬沒料想到，現在的父母根本不是他的親生父母。就像當年的戴奧尼索斯，他開始遠走天涯，變成了無處可歸的流浪者。他不能回到自己長大的地方，腳下再也沒有屬於自己的土地。他乘上馬車，離開德爾斐，漫無目的地走。然而他所走的路，卻恰恰通往他誕生的地方——底比斯。

當時底比斯正受到一場可怕瘟疫的侵襲，於是國王萊歐斯決定再度前往德爾斐神殿，看看神諭會不會給他一些指引。他並沒有率領陣容龐大的隨從，只帶了馬車夫和一、兩個侍應。萊歐斯與伊底帕斯這一對真正具有血緣關係的父子，就這麼在狹路正面相逢：父親深信兒子早已死去，兒子則認為父親是一個陌生人。父子相遇不相識，就在一道僅容一輛馬車通過的三叉路口。伊底帕斯與萊歐斯各自坐在自己的車上，萊歐斯雖然穿著普通的衣裳，但他畢竟是一國之君，認為自己理所當然有優先權，於是就要車夫跟對面的年輕人打聲招呼，請他讓路。車夫沒好氣地大喊：「渾小子！你是眼睛瞎了不成？不知道要讓路嗎？快滾！」他不只動口，還用木棍往伊底帕斯的馬身上抽去，甚至還打到了伊底帕斯的肩膀。伊底帕斯可不是任人隨便打發的，儘管是在外流浪，他也沒有忘記自己是一國的王子，沒有理由隨便向什麼人讓步。車夫的魯莽引發了伊底帕斯的怒火，他拿起自己的棍子往馬車夫的腦袋狠狠敲下，使他當場氣絕。接著他又攻擊萊歐斯，直到他倒地死亡。萊歐斯的隨從嚇得連氣也不敢吭，三步併成兩步逃回底比斯。伊底帕斯並不覺得自己做了什麼錯事，對他來說，這只不過是一樁道路衝突，殺人只是出於正當防衛。於是他回到自己的馬車，繼續流浪的路程。

當他輾轉來到底比斯，已是很長一段時間之後了。那時全城陷入另一場災難，這場災難是人面獅身的女妖斯芬克司所造成。斯芬克司就是我們前面提過的愛格德娜與颱風的孩子，她有女人的頭與胸部，母獅子的身軀與腳爪，背上則長著一對翅膀。她坐在底比斯城的大門口，有時是在大石柱的頂端，有時在一塊很高的大石頭上。她的樂趣就是在那兒攔住底比斯的年輕人，提出謎語要他們解答。她盤問每一個路過的人，不時要求底比斯人為她獻上優秀俊美的青少年。有人說，斯芬克司的目的是要跟這些男孩子做愛。無論如何，只要眼前的年輕人答不出她的問題，就會立刻被她處死。底比斯人就這樣眼睜睜看著城中的青年男子一個個死去。伊底帕斯恰巧從另一個城門進入底比斯，不知道大城門發生的事。他看到城裡的老百姓個個惶惶不安，全城陷入愁雲慘霧中，就問他們到底發生了什麼事。在萊歐斯死後，主掌朝政的是王后喬卡絲塔的哥哥克瑞翁，他同樣是史跋拓人的後代，具有格格梟剛毅暴烈的性格。就在他為底比斯的困境苦惱之際，他看到了伊底帕斯這個氣宇非凡、勇氣十足的年輕人。他心想，或許這個人就是拯救底比斯的最後希望。於是他走向伊底帕斯，鄭重對他宣布：如果他能戰勝大城門外的怪物，就能娶王后為妻。

接二連三的災難

當萊歐斯死去的消息傳回底比斯後，王位就由王后喬卡絲塔接掌，但實際執政的卻是她哥哥克瑞翁。因此克瑞翁有權許諾伊底帕斯，如果收服了斯芬克司這個怪物，就能一舉得到王后與王位。伊底帕斯毫不猶豫地點了頭，昂首闊步走到大門外，走向斯芬克司。女妖高高坐在城門口，遠遠地望著伊底帕斯走來，心想：又有一個美男子送上門了。斯芬克司出了一道謎題給他：「天上飛的、水中游的、地上走的生物之中，是什麼只有一種聲音，只有一種說話方式，但卻有兩隻腳、三隻腳、四隻腳？」伊底帕斯低頭沉思起來。或許這個問題對他來說，並沒有那麼困難。因為他名字中有「底帕斯＊」三個字，而這三個字的意思就是「兩隻腳」。他微笑起來，說道：「答案是『人』。當人還小的時候，他用四隻腳在地上爬；長大了，他就站起來靠兩隻腳走；老的時候，他得拄著枴杖走路，才不會搖晃跌倒。」斯芬克司眼看這個神祕的智慧之謎竟被破解，就從她所坐的石柱往下一跳，當場死了。

整個底比斯城歡聲雷動，眾人準備了盛大的慶典與豐盛的宴席，為伊底帕斯慶功。喬卡絲塔

＊伊底帕斯希臘原文為 *Oidipous*，其中 dipous 的意思就是「兩隻腳」。——編注

成為他的妻子，也就是他偉大功績的獎賞。伊底帕斯成為底比斯之王，他的確有這個資格，因為他已經表現出最高的智慧與勇氣，不愧是卡德摩斯的後代。多年以前，諸神就是因為欣賞卡德摩斯的智慧與勇氣，才將女神哈摩妮雅許配給他，使他成為底比斯城的建立者。伊底帕斯與喬卡絲塔生了兩男兩女，男孩叫做波呂尼克斯與耶提歐克列，女孩則是伊絲美納與安蒂岡妮。在斯芬克司死後，底比斯城維持了幾年的太平日子，人民安居樂業，到處充滿幸福和樂的氣氛。在底比斯的大地上，四季依序交替，大自然展現出豐盛美好的生命力，大麥、小麥豐收，樹上結滿甜美的水果，牛羊生下胖碩的小牛、小羊。在這片生機盎然的土地上，女人也生下美麗健康而活力充沛的小孩。但有一年，一切忽然變了調、走了樣。婦女生下怪胎、畸形兒，要不就是流產、死胎。就在一轉眼間，所有秩序都被打亂，生命的泉源變質而逐漸乾涸。一場沒有任何預兆的災難忽然來到，男人與女人、老年與少年都染上嚴重的病，一個接一個相繼死亡。極端的恐怖籠罩著底比斯，全城陷入混亂不安。為什麼會這樣？究竟是哪裡出了問題？

克瑞翁決定派人到德爾斐去請求神諭，求神指示為何底比斯會陷入這樣的悲慘境地，還有該怎麼解除這些災禍。這時，底比斯城裡年紀最大的老人與年紀最輕的孩童（分別象徵三條腿與四條腿的生命），來到王宮向伊底帕斯懇求，希望他能想辦法拯救全城的人：「解救我們的災難吧！你曾經趕走可怕的斯芬克司，拯救我們於水深火熱中。現在請你再消滅這場瘟疫吧！它害慘了全城邦，奪去許多人的生命，沒有任何動物、植物能倖免於難。再這樣下去，好不容易才步上軌道的底比斯，眼看就要毀滅了啊！」

伊底帕斯心情沉重異常，他誓言要找出這場災難的原因，克服這場災難。就在這個時候，去德爾斐神殿求神諭的人回來了。他帶回的神諭上說，在殺害先王的兇手還沒有付出代價前，底比斯的災難不會停止。一定要找出殺了萊歐斯的人，懲罰他，將他逐出城外，永遠不讓他再踏上底比斯的土地。伊底帕斯知道了神的旨意後，再度對人民發誓：「我一定會找出兇手。」伊底帕斯原本就具有追根究柢的精神，隨時不忘探知、查問。對他而言，思考、探究等心智上的探險，永遠是最有吸引力的。他要徹底追查這宗懸疑命案，無人能阻擋他的決心，不到水落石出絕不罷休。

他下令全城每一個人：不管是誰，如果知道任何有關萊歐斯之死的線索，都必須來向國王報告。而任何人如果認為誰有嫌疑，就必須毫不猶疑檢舉他，讓他接受調查審問。兇手絕對不能在底比斯多待上一刻，因為正是他玷污了整個城邦，使居民陷入痛苦深淵。只要兇手還沒找到，還未被趕出家門、趕出聖殿、趕出城外，伊底帕斯就不會停止調查。克瑞翁告訴大家，在底比斯城內有一位先知，或許他有辦法獲得神的啟示，告訴大家誰是兇手。這位先知不是別人，就是曾經與卡德摩斯一起加入戴奧尼索斯的隊伍，死後曾在冥府給予奧德修斯指引的泰瑞修斯。克瑞翁希望能把他找來，向他詢問事實真相。但泰瑞修斯卻不願意露面接受詢問。只不過這由不得他，一群人把他帶到公民廣場，帶到底比斯全城民眾、元老以及克瑞翁與伊底帕斯面前。

伊底帕斯對他發出質問，但泰瑞修斯拒絕回答，只說自己什麼也不知道。這惹火了伊底帕斯，他其實沒有把眼前這個老人放在眼裡。難道他自己不比眼前這老人更機智、更聰明嗎？他不是曾靠自己的經驗與判斷、靠自己的理性解開斯芬克司的謎？當全城面臨女妖威脅的時候，這位先知就算能解讀神諭，還不是照樣無法揭開謎底？伊底帕斯感到自己撞上了一堵沉默的牆，什麼訊息也得不到。只不過這並不是一堵無知的牆，因為老人是知道真相的：誰殺了萊歐斯、在哪裡殺的、怎麼殺的，他都知道。因為他是阿波羅的祭司，而阿波羅正是德爾斐神殿的主神，就是他曾告訴伊底帕斯：「你將弒父娶母。」泰瑞修斯有一種神性的智慧，他不僅知道一切，更知道該不該說出自己所知的一切。泰瑞修斯知道底比斯的災難是伊底帕斯帶來的，但他不願意說，他一言不發，態度非常堅決。這樣的堅決態度，反而讓伊底帕斯認為他一定知道些什麼，堅信他不會無緣無故沉默不語。伊底帕斯愈想愈多，幾乎到了走火入魔的地步。他猜測在泰瑞修斯與克瑞翁之間一定有什麼祕密協議，一定是克瑞翁買通了泰瑞修斯，並且假造了神諭。這一切都是假的，都是克瑞翁布下的局，他想要謀取王位！

憤怒吞沒了伊底帕斯，他的理智也跟著失去平衡。他當眾宣布，克瑞翁必須被放逐，他沒有資格再待在底比斯：設下圈套謀殺萊歐斯的，不是別人，就是克瑞翁！理由很簡單，他是王后喬卡絲塔的哥哥，如果萊歐斯一死，王位就會順理成章落入他手裡。除了他，還有誰有謀害國王的動機？現在，底比斯的權力高層正式分裂了，伊底帕斯與克瑞翁的爭執對罵就在大庭廣眾下展開。伊底帕斯執意要把克瑞翁逐出國門。這時，喬卡絲塔走了出來，希望雙方冷靜下來，她試圖化解這兩個男人，或是兩個世系之間的鬥爭。這兩方的鬥爭並不是正統的卡德摩斯後裔與純粹的史跋拓人之間的鬥爭，因為他們的後代血緣早已融合在一起。拉達科斯是史跋拓人克托尼歐斯的外孫，因此他的兒子萊歐斯與孫子伊底帕斯的身上，都流著史跋拓人的血。至於喬卡絲塔與克瑞翁，他們是耶克勇的直系後代，身上也都帶有黑暗的暴力成分。城邦就要分裂，權力高層相互鬥爭、仇視，伊底帕斯依舊鍥而不捨進行調查。

這樁恐怖的謀殺案並不是沒有現場目擊者。我們說過，在慘劇發生的時候，萊歐斯的一個隨從逃回了底比斯。所以現在要做的，就是把這個人找回來再仔細詢問一次。當年他逃回來的時候，是這樣跟大家說的：「我們在路上碰到幾個歹徒，他們埋伏在從底比斯到德爾斐的三叉路口，攻擊我們的馬車，殺了國王與車夫。」當伊底帕斯聽到屬下報告這件事時，心中不禁一陣迷惑。因為這個慘劇發生的地點，是距離德爾斐不遠的一個三叉路口，一條狹窄的鄉間小路。這個地方他再熟悉不過了，就是在那裡，他殺死一個老人與他兇暴的馬夫。難道這個老人就是萊歐斯？不！不可能，因為他雖然不知道自己殺了誰，卻很清楚自己當時是孤身一人，沒有跟任何人在一起。很簡單的推理就可以解釋一切：「殺萊歐斯的是一群匪徒，而我只有一個人，所以不可能是我。很顯然，在同一個地方發生了兩起兇殺案。首先，我殺了兩個惡漢，一個是要攻擊我的馬夫，一個是這惡馬夫的主人；接著，萊歐斯到了同一個路口，碰到一群埋伏的匪徒，被他們所殺。這完全是兩回事，萊歐斯的死跟我沒有任何關係。」

伊底帕斯想把這個現場目擊者給找回來，仔細聆聽他的說詞，而且他也擔心這個人的下落。有人告訴他，這個人一回到底比斯，幾乎連一刻也沒有停留，就隱居到鄉下去了，後來再也沒有人看過他。這可奇怪了！但無論如何，還是要想辦法把他找回來仔細審問，才能知道凶殺案究竟是怎麼發生的。費了好大功夫，總算有人把這個可憐的隨從找了回來。伊底帕斯親自審問他，但他答的話並不比泰瑞修斯多。伊底帕斯大發雷霆，他警告這人老老實實把話全部說清楚，否則就要以酷刑來逼他開口。

就在這時候，一個外國人到了王宮，他是遠從科林斯來的使者。他走到喬卡絲塔與伊底帕斯面前，恭恭敬敬向他們行禮，請求晉見國王伊底帕斯。他要來向國王稟告一個不幸的消息：他的父母親，也就是科林斯的國王與王后去世了。伊底帕斯一聽，心中十分悲痛，但在這樣的痛苦中，卻也夾雜了一絲欣慰。因為這樣一來，當初神諭所預言的厄運就不會實現了：既然父親波呂伯斯與母親蓓麗玻雅都已過世，伊底帕斯自然不可能弒父娶母了。他感到如釋重負，神諭的落空反而令他高興。科林斯的使者此行是要來請伊底帕斯回科林斯繼承王位，因為這是前任國王所指定的。伊底帕斯向他解釋自己當年離開科林斯的原因：「我非離開科林斯不可，因為預言說我將殺死父親，並且娶自己的母親。」沒想到使者竟回答他：「你其實不需要擔這個心，因為波呂伯斯不是你的父親，蓓麗玻雅也不是你的母親。」

晴天霹靂！伊底帕斯心中一陣驚恐：這到底是怎麼回事？

「你的父母並不是親生父母」

喬卡絲塔在他們身旁，聽到科林斯使者所說的每一句話：伊底帕斯是一個被遺棄的孤兒，才剛出生就被帶到科林斯的王宮，被國王與王后收養。儘管他不是他們的親生骨肉，他們仍希望這孩子能繼承科林斯的王位。一股強烈的恐怖感攫住喬卡絲塔，使她頓時頭暈目眩。如果她剛才沒有猜出一二的話，現在也無須再猜測了，因為一切都已水落石出。她離開爭論的現場，獨自回到寢宮。

伊底帕斯繼續質問使者：「你是怎麼知道的？」

「不需要誰告訴我，因為就是我親手把嬰兒抱去給我的主人，科林斯的國王與王后。抱你去的人就是我，你的腳後跟穿了一個洞。」

伊底帕斯問：「是誰把嬰兒交給你的？」

使者看了看四周，在一群王室的部屬裡，認出那個當年為萊歐斯與喬卡絲塔放牧牛羊的老牧人：「就是他。」伊底帕斯這時已瀕臨崩潰，但底比斯的牧人矢口否認，科林斯的使者遂與他爭辯起來：「你明明記得，那時候我們都在西台隆山放牧，是你親手把孩子交給我的。」伊底帕斯覺得整件事情變得愈來愈可怕，在聽到科林斯的國王與王后不是他的親生父母時，他還天真地想，自己或許是某位寧菲仙女或某位女神所生的孩子，被人無意間撿到，這不正可以解釋他與眾不同的命運？在他還抱著虛妄的期待時，底比斯的貴族元老已知道一切都真相大白了。伊底帕斯走到底比斯的老牧人面前，用溫和的語氣問他：

「你是在哪裡撿到孩子的？」

「在王宮。」

「誰交給你的呢？」

「就是王后喬卡絲塔。」

就在這一刻，一切疑惑煙消雲散。伊底帕斯終於明白了。他像個瘋子般衝到寢宮去找喬卡絲塔，卻發現她用衣帶上吊自殺，已經斷氣了。他放下她的屍身，然後從她的長袍上取下胸針，刺瞎了自己的眼睛，鮮血從眼眶裡汩汩地流出來。

這個受到詛咒、剛出生就被遺棄的王室繼承人，長大之後又重回家園，登上原本就該屬於自己的王位。但他不是循著正常的父死子繼的方式登上王位，而是以脫離正軌的方式，經過一再的陰錯陽差才尋回自己的一切。他懲罰自己永遠無法重見光明，再也看不到任何人的臉孔。他甚至希望自己的耳朵也聾了，再也聽不到任何聲音。他寧願與世隔絕，再也不發一語，因為他居然就是玷污整個城邦的人。當瘟疫來臨，當季節時令不按照原本的秩序運行，當萬物的繁衍偏離正軌，就是因為城邦裡潛藏著污穢與瘴癘。而這個立誓要找出罪魁禍首的底比斯王，最後發現原來一切罪惡的源頭就是他自己。他曾說過，殺人犯必須背負著恥辱與罪孽遠離底比斯。現在，他必須放逐自己。

三者合一的人

在這個故事中，很明顯地，斯芬克司之謎正好道出了拉達科斯後裔的命運。所有動物，兩隻腳的也好，四隻腳的也好——暫且不管沒有腳的魚吧，都有一種不會改變的「本性」，有他「合乎自然的樣子」。這種使牛成為牛，使鴿子成為鴿子，使每種動物各成其所是的本性，是從出生直到死亡都不會改變的。每種存在都有其地位、有其獨特的生活方式、有其唯一的本質。人與其他動物多少有些不同，人的一生包含了三個階段，他的本性也同樣具有這三階段。我們一開始是小孩，但一個小孩的本性與成人並不完全相同。一個小孩要成為大人，必須通過種種過渡儀式，藉此跨越兒童世界與成人世界之間的鴻溝。我們成為自己以外的另一個人，進入一個新的角色，發現自己已由兒童轉變為成人。同樣的，對一個國王或戰士而言更是如此。在青壯年的時候，他是個人物，擁有令人稱羨的體力與社會地位；但在年老力衰之後，他不再像當年那般叱吒風雲，好一點的則成為能夠給人開導建議、有智慧的老者，差勁的就淪為在大街小巷踽踽獨行、喃喃自語的廢物。

人雖然要經過這三個階段，但他也永遠是同一個人。而我們在伊底帕斯的故事裡看到了什麼呢？裴羅普斯對萊歐斯的詛咒已經禁止了拉達科斯世系的繁衍，因此從伊底帕斯出生的那一天起，他就注定要扮演這樣的角色：一個不該出生的人，錯遊世間的伊底帕斯。原本是萊歐斯的繼承人，底比斯王室的合法繼承者，但同時又是被詛咒的存在。他的身分完全是扭曲的。他剛生下來就被父母送給死神，卻又奇蹟似地活了下來。他在底比斯出生，卻被迫離開出生地，當他返回故鄉而成為一國之君，卻不知道自己原來已經回到生命的起點。伊底帕斯的一生從來就不是穩定平衡的。當他結束異鄉寄旅，回到自己出生的宮殿時，他的人生三階段已經混淆了。他混淆了人生的季節時令，混淆了象徵孩童的春天、象徵成人的夏天與象徵老年的冬天。在殺死父親之後，他就一步步走上取代父親生命的路程，接掌了原本屬於父親的王位與母親的床。他娶了自己的母親，在母親的腹內，在那個曾經孕育他的地方撒下生命的種子，這時他不僅取代了父親的地位，也將自己變成親生子女的兄弟，因為他們都是在母親喬卡絲塔的腹中獲得自己的生命。從斯芬克司口中道出的怪物，同時有兩隻腳、三隻腳、四隻腳的怪物，不是別人，就是伊底帕斯。

斯芬克司之謎所提出的不僅是個人的問題，更是整個人類的問題。人類社會是怎麼持續下去的？在每一個社會、每一個文化中，各種階層地位與功能職位都會一直保持下去，儘管占有這些地位的個人會一代接著一代出生、成長、死去。國家的王位永遠只有一個，但是掌有它的人卻不斷改變。如何才能使政權維持穩定，不因掌權的人有所不同而受影響？如何才能使國王的兒子繼位為王，不違背先王的理想、不偏離原來的軌道，即使執政的人不同，卻宛如是同一人執政？世代興衰交替是人類生活的特性，這樣的特性來自於人類生命的渺小、有限與不完美。怎樣才能使這種不完美所導致的交替變動與應該維持恆定、一致與和諧的社會秩序相結合？在對萊歐斯所下的詛咒中，甚至回溯到更早，在卡德摩斯與哈摩妮雅婚禮時所收到的禮物中，早就有不少帶來厄運的東西。這些是不是都在告訴我們，即使在神祇與凡人的美好結合中，同時也會藏有不和的酵素與仇恨的種子？也就是說，在婚姻與戰爭之間，在和諧與分裂之間，總是有一種神祕的聯繫？包括我在內的許多人，曾經說過婚姻之於女孩，就像是戰爭之於男孩。在任何一個城邦，也就是任何一個有女人也有男人的所在，都無可避免地會有戰爭與婚姻之間的截然對立與不可分離的糾葛。

伊底帕斯的故事並沒有因此結束，他的孩子也屬於拉達科斯的後裔，因此也同樣受到詛咒。伊底帕斯所受的詛咒，必須追溯到過去，追溯到他還沒有出生的時候。他這一支系在萊歐斯那兒就應該結束，他根本就不應該被生出來。儘管伊底帕斯沒有做錯什麼，無論他勇氣與智慧都高人一等，他還是注定要為他那受詛咒的家族，付出慘痛的代價。

伊底帕斯的孩子

當悲劇的真相揭曉，伊底帕斯雙目失明、身敗名裂，他的兩個兒子開始對他極盡嘲弄之能事。有人說，在伊底帕斯離開底比斯之前，這兩個兒子在瞎眼的父親面前，自己使用卡德摩斯的金杯與高貴的銀桌，卻給伊底帕斯吃最劣等的肉與殘渣剩菜。不只如此，他們還把他關在一個陰暗密閉的小房間裡，就像要把污穢的源頭徹底隔除在底比斯之外。伊底帕斯忍無可忍，終於對自己的兒子下了嚴厲的詛咒，如同當年裴羅普斯詛咒萊歐斯一般，詛咒他們兄弟永遠不能和睦相處，兩人都想獨攬王室大權，都想把對方逐出城外。他們會各自帶著武器和軍隊，在戰場上仇恨相向，最後自相殘殺。

伊底帕斯的詛咒確實應驗了。耶提歐克列與波呂尼克斯，這兩個原本不該出生的拉達科斯後裔，結下無比的深仇大恨。在父親走後，兄弟倆原本約定輪流當王，一年一年輪替下去。第一年先由耶提歐克列執政，但屆滿一年之後，他卻告訴波呂尼克斯，說國家需要他，所以他要繼續當王。權力被剝奪的波呂尼克斯憤而離開底比斯城，流亡到亞各司，娶了國王的女兒。之後他獲得國王的支持，率領了以七個將領為首的大軍來攻打底比斯。在這場亞各司人與底比斯人，也可以說是底比斯王室手足相殘的激烈戰鬥中，兄弟倆各自以武器殺了對方，成了對方的手下亡魂。此後再也沒有拉達科斯的後裔了，整個故事就此結束，至少，看起來是結束了。

這七支圍攻底比斯的大軍，如果沒有亞各司王阿德拉斯特的支持，是不可能組成的。而如果要讓阿德拉斯特出面組軍，就必須獲得亞各司先知安非亞勞斯的同意。安非亞勞斯早已預見這場遠征不會有好下場，不僅攻不下底比斯，他自己也會死在戰場上。理所當然，他向國王表示了反對的意見。然而波呂尼克斯卻另有辦法，他知道怎樣才能改變這個先知的態度。當初他離開底比斯的時候，身上帶了兩件寶物：一件長袍與一條項鍊。這不是普通的長袍與項鍊，它們是當年在女神哈摩妮雅與卡德摩斯的婚禮上，諸神送給女神的禮物。他帶著這兩件寶物，找到安非亞勞斯的妻子艾麗菲蕾，告訴她，如果她能讓丈夫撤回原先的意見，讓他勸服阿德拉斯特出兵攻打底比斯，那麼寶物就會是她的。這兩件使人墮落的禮物，來自女神與人間英雄的婚姻誓約，現在則與另一個誓言產生關聯，轉眼就要帶給底比斯一場災禍。這另一個誓言是什麼？就是亞各司先知安非亞勞斯必須事事順從妻子的誓言，因為他曾經與妻子立誓，無論艾麗菲蕾跟他要求什麼，他都不能拒絕。這神聖的誓言是絕對不能反悔的，而現在卻與那不祥的禮物結合起來，帶來無法挽回的災難。這一切都曾經出現在卡德摩斯與哈摩妮雅的婚禮上，隨著底比斯王室的血脈流傳，最後導致兩兄弟的互相殘殺，造成這一族裔的滅絕。

合法居留的異鄉人

伊底帕斯被逐出了底比斯，只有女兒安蒂岡妮陪著他，隨他四處流浪。最後他們來到雅典國王的領土，一個叫做科羅諾司的村落。他到了一個不該到的地方，因為復仇女神埃里尼斯的神殿就在那兒。這裡是當地人的聖地，而他們也絕不容許任何人在那兒逗留。但德爾斐的神諭卻指示伊底帕斯必須來到復仇女神的神殿，因為只有在這裡他才能洗淨身上的罪孽。村民圍了過來，想要趕他走：這個衣衫襤褸的瞎眼乞丐，怎麼可以坐在神殿附近？他們就像當初底比斯人看到穿著女性服飾，全身亞細亞裝扮的戴奧尼索斯一樣，既是驚訝又是害怕。但他們連把伊底帕斯趕走都不敢，因為神殿的四周是神聖的，沒有人敢進去，於是只能在遠處叫罵。這時，雅典國王鐵修斯來了，伊底帕斯對他講述自己的悲慘命運，說自己的生命即將結束，希望能在這兒度過最後的日子。如果鐵修斯接受他，那麼他願意從此護佑雅典，幫助雅典人贏得戰場上的勝利。鐵修斯接受了他的請求，因為他也聽過伊底帕斯的事蹟，對他一直心懷崇敬。伊底帕斯這個底比斯人，身上有一半的史跋拓人血統，同時也是卡德摩斯與哈摩妮雅的子孫，流著受到諸神眷顧的男人與女神的血液。在經過早年的漂泊之後，他回到自己的家鄉，卻又身敗名裂地離開，與剛出生的時候一樣，再度成為流浪的異鄉人。在生命的終點等著他的還是漂泊，沒有自己的地方，沒有歸屬，沒有根，腳下永遠沒有屬於自己的土地。鐵修斯給了他友情的招待，保護他，但他並沒有因此成為雅典公民，而只是一個有合法居留權的外邦人，希臘文稱為美托伊科司（*metooikos*）。他可以安穩地住在這一小塊地上，但這塊地並不屬於他。伊底帕斯從底比斯這個神聖的也是被詛咒的城邦、夾雜著和諧融合與仇恨分裂的城邦離開，來到雅典。這是一次水平的遷徙，從地表的一角移居到另一角。

伊底帕斯成了正式居住在雅典的外邦人。但他的旅程還沒有結束，不久之後，他將被捲入到大地深處，然後再到天上，往奧林帕斯諸神的所在前進。也就是在水平的旅程結束之後，他要經歷一場垂直的旅程：從地上到地下，再從地下到天上。雅典人在市中心廣場建立他的墓碑，但他並未正式獲得半神的身分或受封為雅典的守護英雄。他最後消失在一個祕密的地方，只有鐵修斯知道地點，而他也只告訴王位繼承人，要他們世世代代永遠守護伊底帕斯的墳墓，因為這是雅典人克敵制勝與穩定內政的保障。一個從底比斯來的異鄉人，獲得雅典人的接納，最後消失在雅典的土地底下，或許是宙斯的雷電把他帶走了。他並沒有被同化為土生土長的雅典公民，也沒有像格格梟人那般，變成一個全副武裝的戰士從地底鑽出來。伊底帕斯的旅程是以反方向進行的。他來自異鄉，告別了照耀大地的陽光，深入到不屬於自己的雅典土地。為了報答雅典人在他落難時對他伸出援手，他帶給雅典人和平與穩定作為回報。這又讓我們回想起底比斯建城之初，諸神將哈摩妮雅送給卡德摩斯所象徵的意義，在多年以後，伊底帕斯的結局隱約呼應了當年那場婚禮的許諾。

八、裴修斯，死亡，形象

裴修斯的誕生

我們現在要回到很久很久以前。那時候在亞各司這個美麗而富庶的城邦裡，有一個很強大的國王叫做阿克里休斯。他有個孿生兄弟，叫普羅伊托斯。這兩兄弟還沒出生，就在母親雅歌萊的肚子裡拳打腳踢，彼此爭吵不休。出生之後，兩人依舊你爭我搶，終其一生，從來沒有片刻休戰，而他們彼此爭奪最烈的，就是亞各司河谷這塊肥沃的土地。

最後是阿克里休斯取得了亞各司，而普羅伊托斯則統治堤雲特。阿克里休斯有一個女兒，但他一直對自己沒有兒子耿耿於懷。於是他便前往德爾斐神殿，請示自己會不會有繼承人，而如果有必要的話，應該怎麼做才能生個兒子。與往常一樣，神諭並不直接回答求問者的問題，只告訴他：他將會死在他的外孫，也就是他女兒的兒子手裡。

阿克里休斯的女兒叫做戴娜雅，是一位美麗動人的少女，阿克里休斯對她疼愛有加。但對國王來說，如果自己的性命與女兒的幸福不可兼得，他只好選擇前者。那該怎麼辦呢？阿克里休斯想到一個辦法，就是把戴娜雅囚禁起來，不讓她跟任何男人接觸，不讓她結婚，她當然就不會有孩子。可憐的戴娜雅，她大半輩子的禁閉生涯就是從這時候開始。阿克里休斯找人在宮中建了一座地牢，牆壁是用青銅鑄成的。建好之後，他就要女兒進去，並派一位婢女進去服侍她，然後將她們兩人牢牢鎖在裡面。不巧的是，宙斯此時從天上看見了正值花樣年華的戴娜雅，立刻為她的美貌所吸引，愛上了她。在那個時候，人與神之間的領域雖然已經區隔開來，凡人住在地上，神祇住在天上，但彼此間的距離其實並不是那麼遙遠，神祇可以從永恆光明的奧林帕斯天庭，不時透過清朗的天空，以他們驚人的目力探尋人間的美麗女子，向這些潘朵拉的後裔求愛。天上女神的容貌並不比凡間女子遜色，但為什麼這些神祇總是輕易愛上凡間的女人？或許就是因為人間女子擁有一些女神所沒有的特質吧！或許就因為凡間女人的美是脆弱而無法永恆的，所以諸神才會把握機會，到人間採擷這稍縱即逝的青春魅力。

愛上戴娜雅的宙斯，看見她被父親關進地下的青銅小室，臉上浮起一抹得意的微笑。他化為一陣金雨，緩緩流入囚室中，然後變成一個英俊瀟灑的男子現身在戴娜雅面前。他倆在密室裡做起愛來。十月懷胎之後，戴娜雅生了個男孩，就是我們的主角裴修斯。當然，這一切都是沒有人知道的大祕密。但祕密是無法永遠守住的，裴修斯是個健壯的寶寶，哭聲宏亮驚人，連青銅牆壁都可以穿透。有一天，阿克里休斯在王宮裡散步，忽然聽見囚禁女兒的地牢傳來一陣怪聲，立刻就下令徹查。他把所有人都叫到大殿，問了侍女，才知道地牢裡竟然有個小男孩。這時候，德爾斐神殿的預言——他女兒的兒子將會殺了他，如雷電般閃過他的腦海，使他驚恐交集，緊接著就是一把無名怒火湧上心頭。他要人把女兒帶上來，大聲問她孩子的父親是誰，想不到答案竟然是：「宙斯。」阿克里休斯怎麼可能相信呢？他一口咬定是那個不忠的女僕偷偷帶了男人到地下室。氣急敗壞之下，他把身兼保姆的女僕綑綁起來，放在宙斯的祭壇上，活活犧牲了她。但最重要的問題還是：如何處置戴娜雅與她的孩子？父親不能殺死自己的女兒與外孫，因為沾染親人鮮血的手是永遠無法洗清的。他決定再度將他們母子囚禁起來。

他找來一個技藝高明的木匠，精心設計了一個大木箱，把戴娜雅與裴修斯裝在裡面。他把這件事交由神祇解決，讓命運決定他們的生死。這次他不再把女兒囚禁在地牢裡，而是將他們送到無垠的天空下，放到無邊無際的大海中。但這對母子並沒有葬身海底，大木箱最後還是漂到了岸邊，停在賽里弗司小島的海灘上。這是個不太富裕的小島，島上的漁人狄克堤斯撿到這個大木箱，打開了它，赫然發現裡面有一位女子與一個男孩。狄克堤斯也被戴娜雅的美貌吸引，於是他帶他們回家，殷勤招待他們，彷彿把他們當成久別重逢的家人。他陪伴在戴娜雅身旁，保護她、尊重她。他也將裴修斯當作自己的親生兒子，把他扶養長大。狄克堤斯其實是王室中人，他的兄弟波呂迪特斯就是賽里弗司的國王。國王在一個偶然的場合看到了戴娜雅，立刻瘋狂地愛上她。他一心一意要娶她為妻，如果無法如願，至少也要占有她的肉體。但事情並沒有想像中那麼容易，因為裴修斯這時已是一個強壯的青年，常常在母親身旁保護她。而狄克堤斯也很清楚國王在打什麼主意，自然不會讓他有機可乘。波呂迪特斯絞盡腦汁，終於想到一個辦法：他要舉辦一個盛大的晚宴，邀請島上所有的青年男子參加，每個參加的人都要準備一份厚禮。

飛向葛爾歌

國王波呂迪特斯坐在宴會的首席，宣布這場盛宴的目的是要為女兒挑選如意郎君。誰想要娶美麗的公主為妻，就必須向國王獻上最珍貴的禮物。所有賽里弗司島上的年輕人都到了，裴修斯當然也不例外。在盛宴上，每個年輕人都極力展現自己的大方與尊貴。國王尤其鼓勵這群年輕人選幾匹善跑的名駒來，因為公主是個醉心騎術的少女，如果有人肯送她幾匹高貴的駿馬，一定能打動她的芳心。裴修斯這個從海上漂流過來的人，根本就是個窮小子，也沒有什麼顯赫的身世，要怎麼樣才能給其他年輕人與國王一個深刻的印象？他站起來高聲說，一匹美麗的母馬算不了什麼，他能夠帶來任何國王想要的東西，例如葛爾歌女妖的頭。這年輕人，未經深思熟慮就誇下了海口。第二天，所有年輕人都到國王面前獻上他們準備的禮物，只有裴修斯空著手，走到國王跟前說，他會帶來一匹全世界最俊美的母馬。想不到國王卻說：「不必，你帶葛爾歌女妖的頭來就行了。」這下子裴修斯可真是無路可退，如果他要反悔自己說過的話，就會顏面盡失。他絕對不能不信守承諾，即使是在衝動之下所說的大話也不例外。於是，裴修斯就擔負起取回葛爾歌頭顱的重責大任。這可不是隨便什麼人都做得到的，但我們不要忘記他是宙斯的兒子，因此有不少神祇會來幫助他。尤其是雅典娜與赫米斯，這兩位機智靈巧、身手敏捷的天神，將伴隨裴修斯踏上冒險之途，隨時出手相助。

他們向眼前這個不知天高地厚的年輕人說明這項任務是何等艱鉅。首先，要砍下葛爾歌的頭，就必須知道她們在哪裡，問題是大家都不知道她們的藏身之所。其次，葛爾歌女妖共有三姊妹，其中兩個是永生不死的，就算裴修斯的本領再大，也不可能砍下她們的頭。而唯一會死的是最小的那個，也就是大名鼎鼎的梅杜莎。因此，裴修斯要取回的就是梅杜莎的頭顱。但困難之處在於，葛爾歌三姊妹的威力非同小可，任何人只要被她們看見，就會立刻變成石頭。於是裴修斯的任務等於有三個階段：找到葛爾歌的藏身地，認出梅杜莎，砍下她的頭。裴修斯總算知道自己惹上了什麼麻煩，但在兩位神祇的保護下，這年輕人還是信心滿滿地出發了。

葛爾歌並沒有那麼容易被找到。光是知道上哪兒去找，要跟誰打聽她們的消息，就必須通過重重的關卡。其中第一步是去找葛爾歌的姊妹葛萊婭，她們跟葛爾歌一樣是三姊妹，都是兩大海怪佛庫斯與克托的女兒。這兩個大海怪的體積就像大鯨魚那麼大，也都是大地蓋婭的孩子。葛萊婭住的地方不像她們的姊妹那麼遠，葛爾歌住在大海之外，在世界的邊緣之外，在黑夜女神努恪絲的大門邊；至於葛萊婭則是住在大海內，也就是住在世界之內。在年紀上，葛萊婭與葛爾歌一樣，都是年輕的三姊妹，但她們在外貌上就大不相同了。葛萊婭一生出來就老態龍鍾，可說是老邁不堪的少女，或者是年紀輕輕的老太婆。她們的皮膚慘黃，布滿皺紋，就像我們放著牛奶不喝，過一陣子表面就會凝結起一層有縐摺的薄膜一樣。在這些我們不知道該稱她們是仙女或女妖的少女身上，沒有一寸肌膚是白裏透紅的，她們全身上下都粗糙而醜陋不堪。葛萊婭姊妹還有一點是最特別的：她們三個共用一隻眼睛、一顆牙齒，所以彼此的關係格外親密，就像是同一個人。

我們不免要說：不對吧？一般人有兩隻眼睛、一副牙齒，有時候還嫌不夠；三個人共用一隻眼睛、一顆牙齒，這怎麼行？但我們要知道，眼睛的功能在看，倚多取勝是沒有用的。三姊妹雖然只有一隻眼睛，但卻可以輪流用它，從不間斷。這隻眼睛的目光極其敏銳，而且永遠不用休息，所以葛萊婭姊妹可以一刻也不停地監視著外界。再就牙齒來看，雖然她們只有一顆牙齒，但誰說這就會讓她們沒法子吃掉走近她們的人？我們來看裴修斯要怎麼樣才不會被她們看見並且吃進肚子裡吧！

我想起一種小時候玩的遊戲：賣藝人在桌子上倒扣著三個杯子，在其中一個杯子裡藏一顆球，然後兩隻手將三個杯子移來移去，讓大家猜最後球到底在哪一個杯子。玩這個遊戲最重要的，就是要有敏銳的目光，才跟得上賣藝人的快動作，並且不被假動作所蒙蔽。其次就是不能有任何鬆懈，因為只要稍微眨眨眼，一切就完了。對裴修斯而言正是如此：他不僅要知道那隻眼睛在那兒，還要把它搶過來，才能跟她們談條件。要做到這點，一方面裴修斯的目光必須比三個年輕老太婆的獨眼還要銳利，要看清楚眼睛到底在誰的身上；另一方面則不能觀察太久，免得自己被她們發覺。這可不是件容易事，因為她們的眼睛銳利無比，從來沒有休息的一刻，所以只要眼睛還在其中一個女妖的身上，裴修斯就不可能把它奪走。但由於這隻眼睛是輪流使用的，當女妖把眼睛取下來交給另一個女妖的時候，三個女妖都無法看見東西。裴修斯就必須把握這電光火石的剎那，像羽箭般飛奔過去，將這隻眼睛奪走。

裴修斯沒有失誤。他埋伏在一個她們看不到的地方，趁她們在傳遞眼睛的當兒，一口氣衝過去將它奪走。而在奪走眼睛之後，要奪走牙齒就容易些了。葛萊婭姊妹立即陷入恐慌，發出憤怒又痛苦的呼喊。雖然她們有永生不死的能力，但如果沒有眼睛可看，沒有牙齒可嚼，那活著又有什麼意思？為了取回被奪去的眼睛與牙齒，她們願意付出任何代價，答應裴修斯提出的任何條件。裴修斯說，只要葛萊婭告訴他寧菲仙女的住處，還有怎樣才能找到她們，那麼他是很樂意歸還這些寶貝的。

在希臘文裡，寧菲（*numphē*）指的是已經離開孩童階段，可以結婚生子的青少女，但還沒有結婚，稱不上是婦女。寧菲仙女也是三姊妹，但她們與葛萊婭完全不同，除了容貌皮膚不像葛萊婭那樣令人不敢領教之外，她們也不會用眼睛窺伺有無人經過，再用牙齒把經過的人吃掉。寧菲仙女非常好客大方，當裴修斯跟她們說明來意之後，三姊妹就立刻給了他所需要的東西。她們告訴他葛爾歌住在那裡，並且送給他三樣神奇的寶物，好讓他能完成這不可能的任務。

什麼樣的寶物呢？首先是一雙長了翅膀的鞋子，就跟奧林帕斯大使赫米斯所穿的一樣。穿上這雙鞋子，就可以不用在地上左腳拖著右腳前進，而可以如思想般飛躍，像宙斯的大鷹那樣扶搖直上，不費吹灰之力就能從世界極南端飛到極北端。這項禮物代表的是速度。

接著是一頂哈得斯的隱身帽。這帽子是用狗皮做成，原本是給死人戴的。當人死後進入地下世界，都要戴上哈得斯帽，然後成為沒有臉孔的人。這頂帽子表示一種死亡狀態，但活人也可以戴它，一戴上它，人就可以像幽靈一樣，看得見別人，別人卻看不見他。

有了速度與隱身能力，仙女還送他第三樣禮物：一個叫做「庫比西司（*Kybissis*）」的背包。當裴修斯砍下梅杜莎的頭以後，可以把它放進這個背包裡，就像獵人把獵物放進隨身攜帶的背包一樣。這背包就像葛爾歌的眼皮，能夠阻擋她們致命的目光，如此一來就不用擔心看到梅杜莎的眼睛而被變成石頭。除了這些寶物，赫米斯也送他一件私人禮物：一把削鐵如泥的鐮刀，讓他不論要割什麼東西，都可以得心應手。我們還記得在宇宙一開始時，克羅諾斯就是用這樣的鐮刀閹割了烏拉諾斯。

現在，裴修斯從頭到腳都裝備齊全了：頭上是隱身皮帽，腳下是飛天寶鞋，庫比西司在背，鋒利鐮刀在手。他信心滿滿往葛爾歌所住的地方飛去。

葛爾歌三姊妹到底是什麼怪物？為什麼大家都那麼怕她們？她們是集種種矛盾於一身的女妖，身上具備了許多彼此不相容的特徵。她們有部分是不會死的，另一部分則不然：三姊妹中，兩個姊姊長生不死，最小的妹妹梅杜莎卻生命有限。她們的身形長相都像女人，但頭上卻高高豎起一條條可怕的蛇，放射出野蠻凶惡的目光。她們的背上長了黃金的翅膀，能夠讓她們像鳥那樣在天空高速飛行。她們的手是青銅質的，臉龐則帶有說不出的詭異之美，同時具有男性與女性的美感，一直到後來都還有人稱她們為美麗的葛爾歌或是美麗的梅杜莎。在某些畫像中，她們長著鬍子，但臉上卻也有一些非人的特徵。她們有兩顆獠牙，大剌剌地露在嘴巴外面，咧開嘴時，舌頭就會向遠處一吐而出。她們還會扭著嘴，發出極其駭人的嗥哮，就像大力擊打青銅器所發出的聲音，這種聲音能使人因極度恐懼而血液凝結。

最可怕的當然還是她們的眼睛。她們的目光有一種奇特的力量，只要與她們目光相接，哪怕是短短的一剎那，馬上就會變成石頭。所有的生命特徵：肢體的移動、體內的溫熱、肌肉的彈性、皮膚的滑潤，都會在剎那間消失，全身上下都變得冰冷僵硬。這不僅僅是從活人變成死人而已，更是從生命的世界進入到礦物的世界，比死亡更要遠離人性。裴修斯所要做的，就是精確辨認出在三個葛爾歌之中，哪一個是梅杜莎，換句話說，哪一個女妖的頭是可以被砍下的。並且要避免與她們三個之中的任何一個目光相接，在不與她們面對面、不被她們看到的情況下砍走梅杜莎的頭。我們再一次看到，「眼力」在裴修斯的任務中有多麼重要了。在與葛萊婭遭遇時，沒有銳利的目光是贏不過她們的，但這多少還簡單些，因為就算被她們看到，也不會立即死於非命。但與葛爾歌遭遇時就不同了，她們的眼睛並不是交換著用的，只要被其中任何一個看到，就會立刻化成石頭，成為地獄裡一張死亡的臉，沒有生命，沒有目光，再也看不到一切。

還好雅典娜給了他一些建議，並且幫了他一個大忙，否則裴修斯永遠也別想砍下梅杜莎的頭。女神告訴他，不能從水平的方向接近她們，一定要先飛到高空，從女妖的高處往下窺探，這樣才不會大老遠就被發現。接著，要抓準那兩個不會死的葛爾歌休息的時候下手，因為她們休息時會把眼睛閉起來。在這個時候，就可以專心對付梅杜莎，趁著她沒注意時砍下她的頭。要做到這一點，就必須在接近她舉刀揮砍時，撇過頭不看她。問題來了：如果不看，怎麼可能砍得準確呢？胡亂砍去的結果，可能砍下她的手或砍中她身體的其他部位，那一切努力就白費了。這一刀是絕對不能砍錯的，怎樣才能對準目標，既不看她也不被她看到？

雅典娜再一次幫裴修斯解決了這個難題。她把自己光亮的銅盾借給裴修斯，這面盾牌就像一面鏡子，有了它，裴修斯就可以在不與梅杜莎目光接觸的情形下，藉著反射在盾牌中的鏡象，知道自己該往什麼方向飛去，並且在那一處下手揮刀。他順利砍下了梅杜莎的頭，迅速把它放到庫比西司背包裡，緊緊紮在身上，藉著飛天寶鞋逃之夭夭。

梅杜莎被砍的傷口噴出一陣鮮血，神奇的飛馬沛加索斯就從女妖的脖子裡飛出來，直往天庭衝去。同時，從梅杜莎的胸腔裡發出一陣慘痛的哀嚎。另外兩個葛爾歌姊妹在休息中被驚醒，她們衝上天去，發出尖銳而恐怖的怒吼，要捉拿殺了她們妹妹的兇手。葛爾歌的飛行速度不會比飛天寶鞋來得慢，但她們卻不知道對方有另外一件法寶：裴修斯取出神奇的隱身帽，迅速戴在頭上，轉瞬間就消失得無影無蹤。葛爾歌飛得再快也沒有用，因為她們根本不知道上哪兒去抓人，只能在空中大發雷霆。

安朵美答的美

裴修斯得意洋洋踏著寶鞋飛回希臘。當他飛過地中海東岸的伊索匹亞，看見一位美麗的少女被綁在海岸邊的大石頭上，兩隻腳浸在海水裡。少女的名字叫做安朵美答，她是被父親克佛斯綁在那兒的。為什麼呢？克佛斯是伊索匹亞的國王，他統治的國家遇上了嚴重的天災，當地的預言家告訴國王和全國人民，要讓災難停止，唯一的辦法就是將安朵美答獻給一個大海怪。這個海怪掌管伊索匹亞沿海，如果不討好他，他就會發怒捲起大浪，淹沒整個國家。國王沒有選擇餘地，只好把女兒綁在海邊，達成海怪的心願：一口吞下她，或者是與她交歡。

命運坎坷的少女坐在海邊無力地啜泣，聲音裊裊傳到天空，傳到裴修斯的耳中。他低頭一看，發現了那可憐的少女，深深被她的美貌所吸引。他立刻去找國王克佛斯，國王告訴他整件事情的來龍去脈，裴修斯說自己願意救安朵美答，但條件是國王必須將女兒嫁給他。國王心想，反正這年輕人是不可能打敗海怪的，於是就答應了。

裴修斯回到安朵美答被綁著的地方。這時海潮已漲了起來，少女的下半身已經浸在海水裡了。海怪挾著驚濤裂岸之勢而來，浩蕩如萬馬奔騰，任誰碰上都要被捲得無影無蹤。他張開血盆大口，巨尾擊打海浪成嘯，不知道是要威脅安朵美答，還是要讓少女欣賞他雄偉的英姿。裴修斯該怎麼做？他沒忘記雅典娜傳授給他的戰術。藉著飛天寶鞋的神力，他往上一縱，飛到海怪的上空，停在太陽與海浪之間，影子落在海上，首先遮住海怪的眼睛，然後再往前移，在海怪前方左右搖晃。海水反映出裴修斯的影子，就像不久前雅典娜的盾牌反映出梅杜莎的影像一樣。海怪看到面前的影子，以為是什麼東西要來向他挑戰，就往前撲去，沒想到卻撲了個空。趁這當兒，裴修斯從高空中往海面急衝，舉起鋒利的鐮刀解決了他。

在完成這項英雄任務後，裴修斯來到安朵美答身邊，溫柔地為她解開束縛。安朵美答的神情慌亂，無法自制。一個海怪已經夠可怕了，現在又來一個比海怪更厲害的年輕人，實在讓她不知道該怎麼辦才好。她想要鎮定，但卻呼吸急促、四肢痙攣起來。裴修斯陪她坐下來，告訴她自己是誰，請她不要害怕。就在這時候，裴修斯犯了件可怕的錯誤：為了安撫安朵美答，為了讓自己能行動自如，他放下手上的鐮刀，將背包從肩上取下，放在海灘上。但他卻沒有注意到，這時候梅杜莎的頭並沒有完全被封住。她的目光從背包口露出來，接觸到海灘上的生物：原本柔軟的、隨浪浮動的海藻，就在剎那間變成礦物，變成了血紅色的珊瑚，在海浪中一動也不能動。

裴修斯就這樣把安朵美答帶走了。他將背包重新紮緊，回到了賽里弗司島。母親一直在那兒等他回來，而狄克堤斯也同樣在那兒等著。在裴修斯出發後，戴娜雅與狄克堤斯為了躲避波呂迪特斯的騷擾，就躲到島上的一個聖殿裡。裴修斯找到了他們，聽他們說了國王的惡行後，就決定去找他算帳。他裝作什麼都不知道，找人通知國王，說裴修斯帶著承諾的禮物回來了，並且要在一個盛大的宴會上獻給他。那一天，國王大宴賓客，島上所有重要的人物都來了。大家聚集在大廳裡，痛快地吃喝，盡情地享樂。裴修斯到了，他推開大門，慢慢走進來。眾人向他歡呼致敬，國王則暗自盤算接下來會發生什麼事。

眾賓客或躺或坐，裴修斯則靜靜站著。他從背包中取出梅杜莎的頭，將它舉得高高地四面揮動，自己則掉轉過頭去看著大門，不與女妖的目光接觸。所有的賓客就在一瞬間變成石頭：有的正在喝酒，有的正在講話，他們張著嘴，目光停在剛進門的裴修斯身上。至於波呂迪特斯的臉上則是一副詭異的驚訝神情。所有的與會者就這樣變成石像，再也不能看、不能說話，只剩下徒具形象的軀殼，永遠靜止在他們生前最後的模樣。接著，裴修斯把梅杜莎的頭再放回背包中，走出王宮大廳。整個梅杜莎的故事，到這裡可說是告一段落了。

再看看裴修斯的外祖父阿克里休斯吧！裴修斯現在知道，阿克里休斯當年之所以要趕走他們母子，是因為擔心自己會殺死他。理所當然，裴修斯認為自己不可能殺死外祖父，而他也希望全家人能夠重享天倫之樂，於是就帶著安朵美答、母親戴娜雅以及狄克堤斯一起離開賽里弗司，向亞各司啟航。沒想到，阿克里休斯聽說裴修斯已經長大成人，聽到他種種英雄事蹟，並且知道他正在返鄉的路上，就嚇得魂不附體。為了避開孫兒，阿克里休斯急忙躲到鄰近的城邦去，那兒的人正在舉行運動大會。

裴修斯回到了亞各司，聽說國王到別的地方去參觀運動大會，就親自過去找他。運動大會的重頭戲是一場擲石餅大賽，大家看到正值黃金年華的裴修斯，一致稱讚他的俊美健壯，都鼓勵他參加石餅大賽。他上場拿起沉重的石餅，遠遠擲了出去。事有湊巧，石餅恰好砸在外祖父的腳上，造成一道致命的傷口。神諭應驗了，阿克里休斯就這樣被他的孫子殺死。裴修斯傷心地回到亞各司，人民擁戴他出任國王，但他自己卻遲疑不決。雖然是出於意外，但前任國王畢竟是因他而死，他認為自己繼承王位並不妥當。最後，他想到一個解決的方法，就是把阿克里休斯的兄弟普羅伊托斯找來，請他接任亞各司的王位，自己則接掌普羅伊托斯原本統治的堤雲特。

在前往堤雲特之前，他把那些讓他戰勝梅杜莎的寶物，全都還給幫助他的神祇。削鐵如泥的鐮刀還給了赫米斯，並請他幫忙歸還飛天寶鞋、背包、隱身帽給遠在塵世之外的寧菲仙女。他把梅杜莎的頭獻給了雅典娜，因為雅典娜是幫他完成任務的最重要神祇。從此以後，女戰神的裝備就多了一件寶物。只要在戰場上舉起梅杜莎的頭顱，敵人就會立刻變成石頭，血液凍結成冰，僵死於極大的恐懼中。這神奇的頭顱將敵人的生命變成幽魂，將他們帶入黑暗陰影的國度，帶入哈得斯的地獄世界中。

我們的英雄人物就這樣回到凡人的生活。他的冒險事蹟足以令人稱其為「死亡的主宰」。但他畢竟是個凡人，當生命走到盡頭的時候，他仍須跟所有人一樣，離開這個人世。為了讚揚這個不畏葛爾歌致命之眼的年輕人，宙斯將裴修斯的靈魂引到天上，並將他化為永恆的星座。每當夜幕低垂時，以裴修斯為名的英仙星座冉冉上升，點點星光將他的形象刻畫在夜空中，讓世世代代的人仰望，直到永遠。

諸神人名對照表*

二畫

力磨斯 Limos *Limos* 飢餓之神。

四畫

厄瑞玻斯 Erébos *Erebos* 卡厄斯的兒子，黑暗的陰府之神。

厄洛斯 Éros *Eros* 愛神，有兩位：其一是老愛神，世界創始時最初的神；其次是小愛神，愛芙蘿黛蒂的兒子，主掌性的吸引力與男女的結合。愛神丘比特是小愛神的拉丁文名字。

厄莉絲 Eris *Ἔρις* 希臘人用「厄莉絲」一詞來統稱暴力，這個字同時也是紛爭女神的名字。

五畫

卡厄斯 Chaos *Khaos* 空無，渾沌。宇宙最初的狀態，世界從其中產生。

---

*正體字母為法文，斜體字母係以拉丁字母直接轉譯希臘原文名稱，楷體字為譯者所補之附注。正文採用常見的譯法。——譯注

卡呂冬 Calydon *Kaludōn* 科林斯海灣北部，屬於埃托利亞的地區。

卡呂迪絲 Charybde *Kharubdis* 海怪。住在海中岩壁的深處，吞掉所有經過他附近的船隻。

卡斯托爾 Castor *Kastōr* 迪奧庫洛兩兄弟之一，宙斯與麗妲的兒子。精於戰術與騎術。他與雙生兄弟波呂克斯不同，因為他的壽命是有限的。

卡德摩斯 Cadmos *Kadmos* 西頓國王阿革諾的兒子。與母親帖蕾法莎一同被父親遣出城，尋找失蹤的姊妹歐羅巴。女神哈摩妮雅的丈夫。底比斯城的創建者與第一任國王。

史庫拉 Scylla *Skullē* 海上怪物。住在海上岩壁的洞穴裡，一有船隊接近，就會現身捉船上的人來吃。

史蒂恪絲 Styx *Stux* 歐克亞諾斯的大女兒，她是具有致死力量的地獄之河。

史鐵若普斯 Stéropès *Steropēs* 獨眼巨人三兄弟之一。烏拉諾斯與蓋婭的兒子。

布龍鐵斯 Brontès *Brontēs* 獨眼巨人三兄弟之一。蓋婭與烏拉諾斯的兒子。

汀達柔斯 Tyndare *Tundareus* 海倫、克呂泰涅絲特拉與迪奧庫洛兩兄弟的父親。

白里奧司 Balios *Balios* 阿奇里斯的戰馬之一。長生不死，在情勢緊急時能說人話。

白亞瑞斯 Briarée *Briareōs* 百臂巨人三兄弟之一。蓋婭與烏拉諾斯的兒子，獨眼巨怪與泰坦諸神的兄弟。

六畫

伊多梅紐斯 Idoménée *Idomeneus* 特洛伊戰爭中來自克里特島的將領。他也是向海倫求婚者之一。

伊底帕斯 Œdipe *Oidipous* 萊歐斯與喬卡絲塔的兒子。他出生三天就被遺棄，因為他父親得到神諭指示，說他長大後將弒父娶母。然而，這則預言最後依然在他不知情亦非故意的情況下成真。

伊思馬羅斯 Ismaros *Ismaros* 特雷司地方的城市，為奇科聶人所居住。奧德修斯和他的部下在從特洛伊城回航時，攻陷了這座城。但後來他們在野外休息的時候，遭到奇科聶人的報復，死傷慘重。

伊絲美納 Ismène *Ismēnē* 伊底帕斯的女兒，安蒂岡妮的妹妹。

伊達斯 Idas *Idas* 倫丘斯的兄弟，迪奧庫洛兄弟的表兄弟。他與倫丘斯聯手攻打迪奧庫洛兄弟。在戰場上，他殺了卡斯托爾，傷了波呂克斯。宙斯為了救自己的兒子波呂克斯，用雷電將他擊斃。

伊羅斯 Iros *Iros* 在旖色佳行乞的叫化子。他本來想禁止化裝成乞丐的奧德修斯進入王宮，但卻被他一拳給打倒。

安朵美答 Andromède *Andromeda* 伊索匹亞國王克佛斯的女兒。為了平息海神波塞冬的憤怒，她被綑綁在海邊，準備奉獻給一個大海怪。後來被裴修斯所救。

安奇歇斯 Anchise *Agkhisēs* 特洛伊人，在伊達山頂與愛芙蘿黛蒂做愛，生下特洛伊戰爭英雄，赫克托（Hectōr）的好友埃尼亞斯。

安菲亞勞斯 Amphiaraos *Anphiaraos* 亞各司的預言者，艾麗菲蕾的丈夫。他是圍攻底比斯的七將領之一，死於這場戰役中。

安菲翁 Amphion *Amphiōn* 宙斯與安蒂歐佩（*Antiopē*）的兒子，澤托斯的兄弟。他殺了底比斯的掌權者呂科斯，和他的兄弟聯手奪走他的王位。

安提諾斯 Antinoos *Antinoos* 潘娜洛比的求婚者之一。

安菲特裡忒 Amphitrite *Amphitritē* 海中老者聶柔斯的女兒，忒提斯的姊妹。海神波塞冬的妻子。

安蒂岡妮 Antigone *Antigonē* 伊底帕斯的女兒。與雙目失明且被放逐的父親一同離開底比斯。

米蒂亞 Médée *Mēdeia* 女魔法師。柯爾其德國王埃鐵斯（*Aiētēs*）的女兒，太陽神赫利奧斯的孫女，仙女琦爾珂的姪女。

米諾斯 Minos *Minōs* 宙斯與歐羅巴的兒子。克里特島的王，後來與拉達曼堤斯一同擔任地獄的法官。

艾麗菲蕾 Ériphile *Eriphulē* 亞各司先知安非亞勞斯的妻子。波呂尼克斯以哈摩妮雅的項鍊賄賂她，要她說服安非亞勞斯贊成派兵攻打底比斯。

艾鐵 Aithêr 或 Éther *Aithēr* 黑夜的兒子，象徵純粹而永久光亮的神。

西伯雷諾 Hyperenor *Hyperēnōr* 五個史跛拓（*Spartoi*）人之一。

七畫

佛庫斯 Phorkys *Phorkus* 蓋婭與龐多斯的兒子。與克托結合，生下一群女怪：葛萊婭三姊妹、葛爾歌三姊妹，以及愛格德娜。

忒提斯 Thétis *Thetis* 海中老者聶柔斯的女兒。非提亞國王裴琉斯的妻子，阿奇里斯的母親。

克托尼歐斯 Chthonios *Khthonios* 五個史跛拓人之一。卡德摩斯將龍牙撒在底比斯的土裡，而長出一群戰士，他們彼此廝殺，最後還活著的五人就被稱為史跛拓人。

克佛斯 Céphée *Kēpheus* 伊索匹亞王。安朵美答的父親。

克別洛斯 Cerbère *Kerberos* 愛格德娜與颱風的孩子，哈得斯地獄之犬。嚴密看守死者之國，使得生人無法進入，死人無法離開。

克呂泰涅絲特拉　Clytemnestre　*Klutaimnēstra*　宙斯與麗妲的女兒，海倫的姊妹，阿加曼儂的妻子。在丈夫遠征特洛伊的時候，她與埃奇思托斯通姦，並且在丈夫回國時殺了他。

克里希波斯　Chrysippe　*Khrusippos*　科林斯王裴羅普斯的兒子。他父親的賓客萊歐斯對他百般討好，並向他求愛。他拒絕了。萊歐斯竟想以暴力脅迫，結果導致他的自殺。

克托　Céto　*Kēto*　大海怪，龐多斯與蓋婭的女兒。葛萊婭三姊妹，葛爾歌三姊妹以及愛恪德娜的母親。

克拉拓斯　Kratos　*Kratos*　史蒂恪絲的兒子。象徵統治者所執掌的權力。

克桑鐸司　Xanthos　*Xanthos*　阿奇里斯的戰馬。長生不死，需要時能通人語。

克瑞翁　Créon　*Kreōn*　喬卡絲塔的兄弟。在萊歐斯死後、伊底帕斯到來之前，由他治理底比斯。

克邁拉　Chimère　*Khimaira*　愛恪德娜與颱風的孩子。身體是羊、獅子、與大蛇的混合，口中會噴出火焰。

克羅諾斯　Cronons　*Kronos*　蓋婭與烏拉諾斯的兒子，泰坦神族中最小的兄弟。宇宙的第一個統治者。

努恪丟斯 Niktée *Nukteus* 史跋拓人克托尼歐斯的兒子。呂科斯的兄弟，拉達科斯的舅舅。

努恪帖伊 Niktéis *Nuktēi* 史跋拓人克托尼歐斯的女兒。波呂多羅斯的妻子，拉達科斯的母親。

努恪絲 Nux *Nux* 暗夜女神。卡厄斯的女兒。

呂科斯 Lykos *Lukos* 史跋拓人克托尼歐斯的兒子，努恪丟斯的兄弟。

呂庫戈斯 Lycurgue *Lukourgos* 特雷司王。派人追捕戴奧尼索斯，後者為躲避他的追捕，跳到海裡逃亡。

希波答美 Hippodamie *Hippodameia* 埃里得國王歐諾矛斯（Oinomaos）的女兒。她的父親宣布，如果想要娶他美麗的女兒為妻，就必須在馬車大賽中勝過他。結果裴羅普斯得到海神波塞冬的協助，贏得勝利而與希波答美結婚。

沛加索斯 Pégase *Pēgasos* 神馬。從梅杜莎被砍斷的脖子中飛出來，一直飛到奧林帕斯。他專門為宙斯運送雷電。

狄克堤斯 Dictys *Diktus* 賽里弗司國王波呂迪特斯的兄弟。拯救並保護戴娜雅與裴修斯，這對母子被自己的父親與外祖父阿克里休斯放逐到海上。

貝雷洛丰 Bellérophon *Bellerophōn* 科林斯的英雄，薛西弗斯（Sisuphos）的孫子。靠著飛馬

沛加索斯的協助，殺死了噴火怪獸克邁拉。

八畫

亞戈司 Argos *Argos* 奧德修斯的狗。這名字或許是用來紀念亞各司的諸位英雄。牠的視力極佳，一切都逃不過牠的眼睛。

亞培多斯 Japet *Iapetos* 泰坦諸神之一，普羅米修斯、埃庇米修斯與阿特拉斯的父親。

亞歷山卓斯 Alexandre *Alexandros* 亦名帕里斯，普里亞摩斯的兒子，將斯巴達王后海倫誘拐到特洛伊。

依諾 Ino *Inō* 卡德摩斯與哈摩妮雅的女兒，戴奧尼索斯的姊姊，阿塔瑪斯的妻子。她說服丈夫收留被滿懷嫉妒的赫拉所追殺的小戴奧尼索斯。赫拉在盛怒之下，把他們夫妻變成瘋子。後來她跳到海裡，成為女神琉科泰婭。

奇里克斯 Cilix *Kilix* 西頓國王阿革諾的兒子，卡德摩斯的兄弟。被父親命令出國尋找他失蹤的姊妹歐羅巴。

奇科聶人 Cicones *Kikones* 居住在特雷司的部族，特洛伊的友邦。奧德修斯從特洛伊回航時途經此地，趁機攻下他們的伊思瑪羅斯城，但立刻遭到圍攻反擊，希臘軍隊只好登船逃逸。

奇美利奧人　Cimmériens　*Kimmerios*　生活在地獄邊界的民族，所住之處永遠看不見陽光。

宙斯　Zeus　*Zeus*　奧林帕斯諸神的統治者。他戰勝了泰坦諸神，並且擊敗那些危害他所締造的宇宙秩序的各種妖魔鬼怪，成為宇宙的最高主宰。拉丁譯名為朱比得。

居野斯　Gyès　*Guēs*　百臂巨人三兄弟之一。

帖蕾法莎　Téléphassa　*Tēlephassa*　阿革諾的妻子，卡德摩斯兄弟與歐羅巴的母親。在歐羅巴失蹤後，阿革諾命她出外尋找女兒。最後客死異鄉。

帕里斯　Pâris　*Paris*　普里亞摩斯與赫庫芭的兒子，又名亞歷山卓斯。剛出生就被遺棄，長大後才被父母接納。他從希臘劫回美麗的海倫，並娶她為妻。

拉達科斯　Labdacos　*Labdakos*　卡德摩斯的孫子。他的母親努恪帖伊是史跋拓人克托尼歐斯的女兒。萊歐斯的父親，伊底帕斯的祖父。裴羅普斯對拉達科斯的子孫做出嚴厲的詛咒。

拉達曼堤斯　Rhadamante　*Rhadamantus*　宙斯與歐羅巴的兒子，與兄弟米諾斯同為克里特島的王。由於他的聰明睿智，後來成為哈得斯地獄的法官。

波呂尼克斯　Polynice　*Poluneikēs*　伊底帕斯的兒子，耶提歐克列的兄弟。兩兄弟為了爭奪底比斯的王位，最後在戰場上同歸於盡。

波呂多羅斯　Polydoros　*Poludōros*　卡德摩斯與哈摩妮雅的兒子。妻子是史跋拓人克托尼歐斯的女兒努恪帖伊。拉達科斯的父親。

波呂伯斯 Polybe *Polubos* 科林斯國王，伊底帕斯的養父。

波呂克斯 Pollux *Polludeukēs* 迪奧庫洛孿生兄弟之一。拳擊高手。他天生注定長生不死，但他願意與兄弟卡斯托爾分享不死的權利。

波呂非摩斯 Polyphème *Poluphēmos* 獨眼巨人，海神波塞冬的兒子。他被奧德修斯以詭計弄瞎了眼睛，因此請求父親嚴懲奧德修斯。

波呂迪特斯 Polydectès *Poludektēs* 賽里弗司國王。愛上了戴娜雅，並要她兒子裴修斯去取回女怪梅杜莎的腦袋。

波塞冬 Poséidon *Poseidōn* 奧林帕斯諸神之一，宙斯的兄弟。在宙斯成為天王後，被派去掌管海洋。

波瑞耶斯 Borée *Boreas* 北風。

法伊耶克人 Phéaciens *Phaiēkes* 航海民族。奧德修斯在經過十年的流浪後，來到他們的島上。他們將奧德修斯送回旖色佳島。

肯陶族 Centaures *Kentauroi* 上半身是人，下半身是馬的生物。在山林裡過著蠻荒生活。他們是希臘英雄少年時的理想導師。

阿加曼儂 Agamemnon *Agamemnōn* 亞各司王，率希臘軍隊遠征特洛伊。勝利回國之後，被妻子克呂泰涅絲特拉與她的情夫所殺。

阿克里休斯 Acrisios *Akrisios* 戴娜雅的父親，亞各司（Argos）的國王。神諭說他將被自己的孫子殺死，使他在孫子裴修斯出生後就將他放逐。許多年後，裴修斯卻在一場運動競技中，將石餅誤擲到他身上，使他當場死亡。

阿革諾 Agénor *agēnōr* 腓尼基人，泰爾（Tyr）或西頓（Sidon）的國王，歐羅巴的父親。

阿特拉斯 Atlas *Atlas* 亞培多斯的兒子，普羅米修斯的兄弟。宙斯懲罰他用肩膀扛著天空。

阿奇里斯 Achille *Akhilleus* 忒提斯與裴流斯之子。特洛伊戰爭中最偉大的英雄。他寧願為不朽的榮耀而早逝，也不願無聲無息地度過平淡的一生。希臘文原名為阿喀琉斯。

阿提密斯 Artémis *Artemis* 宙斯與蕾托（*Lētō*）的女兒，阿波羅（*Apollōn*）的孿生姊妹。狩獵之神。與奧林帕斯諸神一同對抗泰坦神族。拉丁譯名為狄安娜。

阿塔瑪斯 Athamas *Athamas* 貝歐堤亞（Béotie）國王。第二任妻子是卡德摩斯的女兒依諾。

阿瑞斯 Arès *Arēs* 戰神，掌管戰場殺戮之神。拉丁譯名為馬爾斯。

阿爾格斯 Argès *Argēs* 獨眼巨人三兄弟之一，蓋婭與烏拉諾斯的兒子。

阿爾齊諾斯 Alcinoos *Alkinoos* 法伊耶克島的國王，妻子是雅瑞蝶（*Arétè*），女兒是瑙西卡。他盛大招待奧德修斯，並用他的船送後者回旖色佳島。

阿德拉斯特　Adraste　*Adrasteios*　亞各司王，女婿是伊底帕斯的兒子波呂尼克斯。後者被兄弟逐出底比斯城，阿德拉斯特答應助他復國，組織七支遠征軍圍攻底比斯。

菲羅提歐斯　Philaetios　*Philoitios*　旖色佳的牧牛人，奧德修斯的忠僕。

九畫

哈得斯　Hadès　*Haidēs*　奧林帕斯諸神之一，克羅諾斯與瑞雅的兒子。他是死亡之神，掌管著地下幽冥世界。

哈爾普伊　Harpies　*Hapuiai*　一群女妖，有女人的頭與鳥的身體。她們會捕捉人類加以攻擊，使他們從世上消失而不留痕跡。

哈摩妮雅　Harmonie　*Harmoniē*　戰神阿瑞斯和愛與美之女神愛芙蘿黛蒂的女兒，卡德摩斯的妻子。

屋大尤斯　Oudaios　*Oudaios*　五個史跋拓人之一。

恪冽絲　Kères　*Kēres*　黑夜之神的眾女兒，她們是死亡與災難的力量。

紀鋼鐵族　Géants　*Gigantes*　巨人族，烏拉諾斯的血液滴入大地女神蓋婭所生出來的戰士。象徵戰爭與搏鬥。

耶克勇 Échion *Ekhiōn* 五個史跋拓人之一，雅高薇的丈夫，彭修斯的父親。

耶提歐克列 Étéocle *Eteoklēs* 伊底帕斯的兒子，波呂尼克斯的孿生兄弟。在伊底帕斯離開後，他拒絕讓波呂尼克斯分享政權，導致後者出走，帶兵圍攻底比斯。

迪奧庫洛 Dioscures *Diōkouroi* 指波呂克斯與卡斯托爾，宙斯與汀達柔斯的妻子麗妲生下的孿生兄弟。他們是海倫與克呂泰涅絲特拉的兄弟。

十畫

倫丘斯 Lyncée *Lunkeus* 伊達斯的兄弟，迪奧庫洛兄弟的表兄弟，以千里眼的視力聞名。他與伊達斯發動了一場攻擊表兄弟的戰爭，結果被波呂克斯所殺。

埃庇米修斯 Épiméthée *Epimētheus* 普羅米修斯的兄弟，兩人是極端對比。普羅米修斯有先見之明，但埃庇米修斯卻總是後知後覺。諸神將潘朵拉送給他，他第二天就與她結婚。

埃尼亞斯 Énée *Aineias* 安奇歐斯與女神愛芙蘿黛蒂的兒子。與赫克托並肩作戰，護衛特洛伊城。在特洛伊城淪陷時，他帶著年老的父親逃出城外，後來征服了義大利南部地方。

埃里尼斯 Érinyes *Erinus* 一群復仇女神。烏拉諾斯被閹割後，他的血滴在大地女神蓋婭上而生出她們。

埃奇思托斯　Égisthe　*Aigisthos*　圖思特斯（*Thuestēs*）的兒子。圖思特斯與阿特柔斯（*Atreus*，阿加曼儂與梅涅勞斯的父親）都是裴羅普斯的孫子，但卻仇恨彼此。埃奇思托斯趁阿加曼儂遠征特洛伊的時候，到他的王國引誘了王后克呂泰涅絲特拉，兩人聯手在阿加曼儂回國時殺了他。

埃奇潘　Égipan　*Aigipan*　協助赫米斯，從颱風那兒取回宙斯被奪走的筋脈。

埃歐樂斯　Éole　*Aiolos*　掌管一切風力風向的神祇。他在自己的島上熱情款待奧德修斯，並且送他一個牛皮袋，裡面裝了所有風向的種籽。如此一來，世界上只剩下從他的島到旖色佳的風還繼續吹著，使奧德修斯能夠順利返鄉。

柴飛羅斯　Zéphyr　*Zephuros*　規律而柔和的風。

泰坦諸神　Titan　*Titan*　烏拉諾斯與蓋婭的孩子。第一世代的神祇，後來與他們的後代奧林帕斯諸神展開一場爭奪王位的大戰。

泰瑞修斯　Tirésias　*Teiresias*　受阿波羅指引的底比斯先知。當伊底帕斯英雄式地成為底比斯的國王時，他是唯一知道他真實身分的人。

涅梅西絲　Némésis　*Nemesis*　復仇女神，黑夜之神努恪絲的女兒。為了躲避宙斯而將自己變成鵝，但宙斯卻化身為天鵝來與她交合。她因此生下一個蛋，被人抱去送給麗妲當作禮物。

烏拉諾斯 Ouranos *Ouranos* 大天，或是星空，大地蓋婭的兒子。

琉科泰婭 Leucothée *Leukothea* 依諾變成海中女神之後的名字。心地善良，在海上幫助不少受難者。

馬隆 Maron *Marōn* 伊思馬羅斯城裡的阿波羅祭司。奧德修斯攻陷這座城的時候，並沒有殺他。為了答謝，他送給奧德修斯幾袋甘美香醇的酒。

裴利文山 Pélion *Pēlion* 帖撒立亞（約在雅典北方二百公里）的高山。裴琉斯與忒提斯的婚禮在此舉行。喀戎在這裡給予阿奇里斯英雄式的少年教育。

十一畫

寇托斯 Cottos *Kottos* 百臂巨人三兄弟之一，蓋婭與烏拉諾斯的孩子。

梅可涅平原 Mékoné *Mēkōnē* 科林斯附近的富饒平原，有取之不盡的穀物。

梅杜莎 Méduse *Medusa* 葛爾歌女妖三姊妹中唯一會死的一個，被裴修斯割去頭顱。

梅涅勞斯 Ménélas *Menelaos* 阿加曼儂的兄弟，海倫的丈夫。

梅麗亞 Meliai *Meliai* 從烏拉諾斯滴落在大地上的血液所生。她們是梣木的女神，擁有與生俱來的戰鬥精神。

基克洛普斯　Cyclopes　*Kuklōps*　蓋婭與烏拉諾斯的三個兒子，只有在額頭中央長了一隻眼睛，因此也叫做獨眼巨人。他們的名字分別是：布龍鐵斯、史鐵若普斯、阿爾格斯。

莫依萊　Moirai　*Moirai*　命運女神，三姊妹。她們象徵了任何生命，無論是人或神，皆無法逃避的命運。

荷萊伊　Horai　*Hōrai*　時間女神，掌管四時節令。她們是宙斯與泰坦女神帖美絲所生的三姊妹，也是命運女神墨依萊的姊妹。

荷馬　Homère　*Homēros*　史詩《伊里亞德》與《奧德賽》的作者。

荷絲提雅　Hestia　*Hestia*　家庭女神。她是被克羅諾斯吞下的最後一個孩子，因此，當克羅諾斯把吞下的孩子全部吐出來時，她是第一個獲得重生的。

許普諾斯　Hypnos　*Hupnos*　睡眠之神。黑暗之神厄瑞玻斯與夜晚女神努恪絲的兒子，死亡之神韃拿托斯（*Thanatos*）的兄弟。

十二畫

喀戎　Chiron　*Kheirōn*　肯陶半人馬族之一，是半人馬中品德最高，或可說是唯一有品德的。住在裴利文山。極有智慧，樂善好施。他是許多希臘英雄少年時的導師，其中最出色的學生就是阿奇里斯。

喜美樂思 Himéros *Himeros* 情愛欲望之神。

喬卡絲塔 Jocaste *Iokastē* 萊歐斯的妻子，伊底帕斯的母親。她與伊底帕斯同床共寢，而不知枕邊人竟是她的兒子。

彭修斯 Penthée *Pentheus* 底比斯王。母親是卡德摩斯的女兒雅高薇，父親是史跋拓人耶克勇。他認為返回底比斯的戴奧尼索斯嚴重違反當地的風俗法律，遂派遣部隊去逮捕他與他的跟隨者。

提同諾斯 Tithon *Tithōnos* 普里亞摩斯的兄弟。曙光女神愛歐絲迷上他的美貌，擄走了他，並請求宙斯賜予他永生不死。

普里亞摩斯 Priam *Priamos* 特洛伊國王。王后赫庫芭的丈夫，赫克托與帕里斯的父親。

普羅丟斯 Protée *Prōteus* 海神。具有無窮的變身能力，並能預見未來。

普羅伊托斯 Proitos *Proitos* 阿克里休斯的孿生兄弟。兄弟倆還在母親肚子裡就開始爭鬥了。他後來成為堤雲特的統治者。

普羅米修斯 Prométhée *Promētheus* 泰坦神亞培多斯的兒子，為人類做了不少好事。不斷以他的智慧去挑戰宙斯的權威。

琦爾珂 Circé *Kirkē* 太陽神赫利奧斯的女兒，住在埃阿島。她是具有法力的仙女，曾把奧德修斯的同伴變成豬。奧德修斯借助赫米斯找到的藥草，使她的魔法對他起不了作用，而使她降服。她與奧德修斯在一起，兩人在小島上過著神仙美眷般的生活。

斯芬克司 Sphynge *Sphinx* 愛格德娜與颱風所生的怪物。有女人的頭與胸部、獅子的身軀、鳥的翅膀。她殺死所有無法解開她的謎語的人，最後伊底帕斯解開了她的謎語。

萊斯楚貢人 Lestrygons *Laistrugones* 吃人肉的巨人族。

萊爾特斯 Laërte *Laertēs* 奧德修斯的父親。

萊歐斯 Laïos *Laios* 底比斯王。拉達科斯的兒子，喬卡絲塔的丈夫，伊底帕斯的父親。他與兒子在狹路上相逢，在彼此不知對方身分的情形下發生爭執，結果被兒子所殺。

菲尼克斯 Phoenix *Phoinix* 阿革諾的兒子。他和他的兄弟都被父親派去尋找失蹤的姊妹，被宙斯拐走的歐羅巴。

雅典娜 Athéna *Athēna* 戰爭與智慧女神，宙斯與墨提斯的女兒。她是全副武裝從父親頭蓋骨裡生出來的。與赫拉和愛芙蘿黛蒂為爭奪「最美的女性」頭銜，一同去找帕里斯評判。拉丁譯名為米娜瓦。

雅高薇 Agavé *Agauēn* 卡德摩斯的女兒，彭修斯的母親。

雅歌萊　Aglaïa　*Aglaia*　溫柔善意女神。本書中指的是阿克里休斯與普羅伊托斯的母親。

十三畫

塔爾塔羅斯　Tartare　*Tartaros*　昏暗的地下世界，被擊敗的神祇以及死去的人都被禁錮在那兒。

塔索斯　Thasos　*Thasos*　阿革諾的兒子，卡德摩斯的兄弟。

塔羅斯　Thalos　*Talōs*　克里特島的守衛者，身體由青銅鑄成。

塞墨勒　Sémélè　*Semelē*　卡德摩斯與哈摩妮雅的女兒。宙斯為她的美貌所吸引，與她生下戴奧尼索斯。

奧德修斯　Ulysse　*Odusseus*　旖色佳國王。拉丁譯名為尤里西斯。

奧托呂科斯　Autolycos　*Autolukos*　赫米斯的兒子，奧德修斯的外祖父。他是一個騙子、小偷，賊智過人。

奧托諾依　Autonoé　*Autonoē*　卡德摩斯與哈摩妮雅的女兒，阿里司特斯（*Aristeus*）的妻子。她的兒子阿克泰雍（*Aktaiōn*）在打獵時，誤闖阿提密斯正在洗澡的清泉旁，看到女神的裸體，因而被女神變成一隻鹿，遭他所帶去的獵犬咬死。

奧林帕斯山　Olympe　*Olumpos*　奧林帕斯諸神所居住的地方。

奧特修司山　Othrys　*Othrus*　泰坦諸神大戰奧林帕斯諸神時的根據地。

愛恪德娜　Échidna　*Ekhidna*　半人半蛇的女妖，與颱風結合，生下一群妖魔鬼怪。

愛歐絲　Éôs　*Eōs*　曙光女神。她愛上俊美少年提同諾斯，請求宙斯賜予她的愛人永生不死。

愛芙蘿黛蒂　Aphrodite　*Aphrodite*　愛、誘惑與美的女神。烏拉諾斯被閹割後，他的精液滴落海面，與海上的浪花交融，誕生了這位女神。帕里斯將金蘋果給了她，稱她為最美麗的女神。

拉丁文名為維納斯。

瑞雅　Rhéa　*Rheia*　泰坦女神。烏拉諾斯與蓋婭的女兒，克羅諾斯的姊妹與妻子。

瑙西卡　Nausicaa　*Nausikaa*　法伊耶克島上的公主。在海邊遇到奧德修斯，建議他去請求她父母的幫助，並教他怎麼做。她一直以為奧德修斯會是她的理想丈夫。

葛萊婭　Grées　*Graiai*　年老的三姊妹。她們共用一顆牙齒與一隻眼睛。裴修斯趁她們交接牙齒眼睛的時候，奪走了它們。

葛爾歌　Gorgones　*Gorgō*　女妖三姊妹，一與她們目光交觸就會立即死亡。其中只有一個會死，就是後來被裴修斯砍下腦袋的梅杜莎。

十四畫

寧菲 Numphai *Numphai* 一群永遠年輕的仙女，她們是宙斯的女兒。賦予清泉、溪流、森林與田野生命與活力。

碧野 Biè *Biē* 史蒂恪絲的女兒，象徵統治者所主掌的暴力。

蓋婭 Gaïa *Gaia* 萬有萬物之母，也就是大地女神。

蓓麗玻雅 Périboéa *Periboia* 科林斯國王波呂伯斯的妻子。她與丈夫一同收養了被遺棄的嬰兒伊底帕斯，將他當作親生兒子扶養。

裴修斯 Persée *Perseus* 宙斯與戴娜雅的兒子。與母親一同被祖父阿克里休斯放逐到海上，漂流到賽里弗司岸邊。他被這個島上的國王派去取回梅杜莎的頭顱。

裴琉斯 Pélée *Pēleus* 非提亞（Phthie）國王，女神忒提斯的丈夫，阿奇里斯的父親。

裴羅洛斯 Peloros *Pelōros* 五個史跋拓人之一。

裴羅普斯 Pélops *Pelops* 坦達洛斯（*Tantalos*）的兒子，希波答美的丈夫，克里希波斯的父親。他的兒子為了躲避萊歐斯的強迫追求而自殺。於是他對拉達科斯的子孫立下嚴厲的詛咒。

赫卡冬克羅 Hekatonchires *Hekatogkeir* 百臂巨人。蓋婭與烏拉諾斯所生的三兄弟，各有五十個頭，一百隻手，每隻手臂都有無窮的怪力。名字分別是寇托斯、白亞瑞斯、居野斯。

赫卡忒 Hécate *Hekatē* 泰坦神族的女兒。月亮之神，受到宙斯特別的崇敬。她為宇宙秩序帶來偶然。

赫米斯 Hermès *Hermēs* 宙斯與寧菲仙女瑪雅的兒子，奧林帕斯的神祇大使。他掌管溝通、交流、轉變、過程、商業，為天上與人間、人世與陰間搭起溝通的橋樑。拉丁譯名為墨丘利。

赫希歐德 Hésiode *Hēsiodos* 貝歐堤亞（底比斯一帶）的詩人。《神譜》、《工作與時日》的作者。

赫利奧斯 Hélios *Hēlios* 太陽神，泰坦諸神的第二代。

赫拉克勒斯 Héraclès *Hēraklēs* 完成十二項艱鉅任務的大英雄。他的母親是雅珂美內（*Alkmēnē*），人間的父親是安非垂翁（*Amphitruōn*），裴修斯的孫子。他真正的父親是宙斯。拉丁譯名為海格力斯或赫丘利。

赫拉 Héra *Hēra* 宙斯的配偶。

赫墨拉 Hêmerê *Hēmerē* 黑夜之神努恪絲的女兒，象徵白日的光明。

赫庫芭 Hécube *Hekabē* 特洛伊王后。普里亞摩斯的妻子，赫克托與帕里斯的母親。

赫菲斯托斯 Héphaïstos *Hēphaistos* 宙斯與赫拉的兒子。工匠鍛冶之神。

颱風（堤豐） Typhon 或 Typhée *Tuphōn, Tupheus* 大怪物。蓋婭與塔爾塔羅斯的兒子。曾經

攻擊且囚禁宙斯，當過宇宙的臨時霸主

十五畫

墨提斯 Mètis *Mētis* 宙斯的第一個妻子，雅典娜的母親，機智權謀的化身。

歐克亞諾斯 Okéanos *Ōkeanos* 掌管海洋，泰坦諸神之一。他是宇宙之河，將整個世界包圍在他的水域中。

歐呂洛科斯 Euryloque *Eurulokhos* 奧德修斯的姊夫，同時也是他海上漂流時的同伴。口才便給而勇於行動，只可惜思慮不周而流於魯莽。

歐呂珂萊雅 Euryclée *Eurukleia* 奧德修斯的奶媽。當她為化裝成乞丐的奧德修斯洗腳時，摸到他大腿上的疤，而認出他就是當年最心愛的乳兒。

歐邁烏斯 Eumée *Eumaeus* 旖色佳的王室牧豬人，奧德修斯的忠僕。

歐羅巴 Europe *Europē* 泰爾或西頓國王阿革諾的女兒。宙斯為她的美貌所吸引，化身為一頭公牛，把她帶到克里特島。

潘 Pan *Pan* 赫米斯的兒子，牧羊人與羊群之神。

潘朵拉 Pandora *Pandora* 世界上第一個女人。奧林帕斯諸神送給埃庇米修斯的禮物。埃庇米修斯接受了她，並與她結婚，完全忘記了他兄弟普羅米修斯的警告。

潘娜洛比 Pénélope *Pēnelopē* 奧德修斯的妻子，鐵雷馬科斯的母親。儘管丈夫行蹤不明，而被一大群求婚者所包圍，她仍然堅定地等著丈夫歸來。

十六畫

澤托斯 Zéthos *Zēthos* 宙斯與安蒂歐佩（*Antiopē*）的兒子，安非翁的兄弟。在他們兄弟年幼時，底比斯的掌權者呂科斯曾經虐待他們的母親。而長大之後，兄弟倆就殺了呂科斯為母親報仇，並奪下底比斯的王位。

諾托斯 Notos *Notos* 南風。熱而潮濕。

十七畫

戴佛伯斯 Déiphobe *Dēiphobos* 普里亞摩斯與赫庫芭的兒子，赫克托與帕里斯的兄弟。在特洛伊人與希臘人開戰前，他是雙方的調解者。特洛伊城淪陷後，被梅涅勞斯所殺。

戴娜雅 Danaé *Danaē* 阿克里休斯的女兒，被父親關到地牢裡。但宙斯卻化成一陣金雨流入她的囚室，與她纏綿，祕密生下裴修斯。

戴奧尼索斯 Dionysos *Diōnusos* 宙斯與卡德摩斯的女兒塞墨勒的兒子。在長期的流浪後，回到出生地底比斯，希望在此受到眾人的崇敬。

繆斯 Muses *Musai* 歌唱女神，一共是九個姊妹。她們是宙斯與記憶女神寧莫舒乃（*Mnēmosunē*）的女兒。

十八畫

聶柔斯 Nérée *Nereus* 蓋婭與龐多斯的兒子，人稱「海中老者」。他與歐克亞諾斯的女兒朵麗絲（*Dōris*）結合，生下五十個女兒。這些女兒或住在他的宮殿，或住在海底深處，有時也會浮到海面上遊玩。

聶斯托 Nestor *Nestōr* 特洛伊遠征中，最年長的希臘將領。他是個健談的智者，經常緬懷他年輕時的英勇戰蹟。

薩提羅斯 Satyres *Saturos* 半人半獸的生物。上半身是人，下半身是馬或羊。他們是戴奧尼索斯的跟隨者。

十九畫

龐多斯 Pontos *Pontos* 海洋，大地女神蓋婭所生出的原始水域。

麗妲 Léda *Lēda* 卡呂頓國王鐵提歐斯的女兒，汀達柔斯的妻子。宙斯化身成天鵝與她做愛，生下了海倫。

二十一畫

鐵修斯 Thésée *Thēseus* 亞提克（雅典一帶）英雄。他的母親是艾特拉（*Aithra*），人間的父親是愛琴（愛琴海的名字就是因他而來），真正的父親是海神波塞冬。他後來成為雅典國王。

鐵斯提歐 Thestios *Thestiō* 卡呂頓（Kaludon）國王，麗妲的父親。

鐵雷馬科斯 Télémaque *Tēlemakhos* 奧德修斯與潘娜洛比的兒子。

二十三畫

蘿佗法各人 Lotophages *Lōtophagoi* 以蘿佗果（Lotos）也就是忘憂果為食的民族。

索引

六畫

七畫

八畫

九畫

十畫

十一畫

十二畫

十三畫

十四畫

十五畫

十六畫

十七畫

十八畫

十九畫

二十一畫

二十三畫

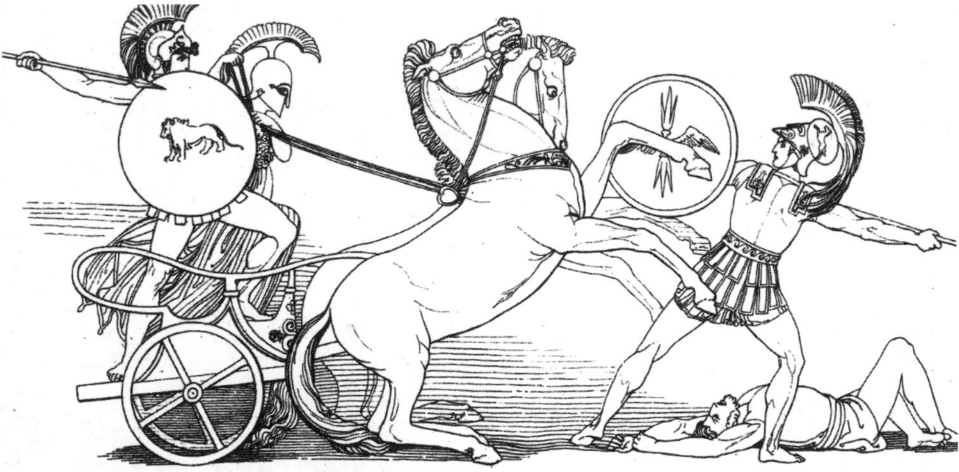